Bibliothek der Internationalen Gustav Mahler Gesellschaft

GUSTAV MAHLER
UNBEKANNTE BRIEFE

Herausgegeben von

Herta Blaukopf

Mit Beiträgen von

KURT BLAUKOPF, WIEN – MARIUS FLOTHUIS, AMSTERDAM – KARL HEINZ FÜSSL, WIEN – STEPHEN E. HEFLING, NEW HAVEN – FRIEDRICH C. HELLER, WIEN – EDUARD REESER, BILTHOVEN – EDWARD R. REILLY, POUGHKEEPSIE – PETER REVERS, WIEN – ZOLTAN ROMAN, CALGARY – RUDOLF STEPHAN, BERLIN – BRUNO UND ELEONORE VONDENHOFF, FRANKFURT AM MAIN – SIGRID WIESMANN, BAYREUTH – FRANZ WILLNAUER, LEVERKUSEN.

PAUL ZSOLNAY VERLAG

WIEN · HAMBURG

Die Beiträge von Edward R. Reilly, Zoltan Roman und Stephen E. Hefling wurden in englischer Sprache verfaßt.
Berechtigte Übersetzung von Herta Blaukopf.

Umschlag und Einband: Werner Sramek
Filmsatz: Typostudio Wien
Druck und Bindung: Wiener Verlag
Printed in Austria
ISBN 3-552-03502-8

CIP-Kurztitelaufnahme der Deutschen Bibliothek
Mahler, Gustav:
Unbekannte Briefe / Gustav Mahler. Hrsg. von Herta Blaukopf.
Mit Beitr. von Kurt Blaukopf . . .
(Die Beitr. von Edward R. Reilly, Zoltan Roman u. Stephen E. Hefling wurden in engl. Sprache verf. Berecht. Übers. von Herta Blaukopf.) –
Wien, Hamburg: Zsolnay, 1983.
(Bibliothek der Internationalen Gustav-Mahler-Gesellschaft)
ISBN 3-552-03502-8
NE: Mahler, Gustav: (Sammlung)

Gottfried von Einem
zum 65. Geburtstag

INHALT

VORWORT

Gustav Mahler hat, anders als Wagner, Strauss, Debussy, Schönberg und mancher andere Komponist, keine Lebenserinnerungen, Tagebücher, Kritiken oder theoretische Abhandlungen zur Musik hinterlassen. Wenn wir von einigen Versen, vertonten und unvertonten, absehen, können nur seine Briefe als Zeugnisse sprachlichen Ausdrucks gelten. Außer Mahlers Musik sind diese Briefe die einzigen Quellen, die Antwort auf die Fragen geben: Was wollte er? Wie sah er sein eigenes Werk? Was für ein Mensch war er?

Das Schreiben von Briefen gehörte für Mahler zu den täglichen Notwendigkeiten und Gewohnheiten. Obwohl fast immer von Pflichten gehetzt, immer „in Eile", wie er in vielen seiner Briefe versichert, verbrachte er doch Stunden um Stunden am Schreibtisch, um die Verbindung zu Angehörigen, Freunden und Kollegen aufrechtzuerhalten. Wenn man Mahlers umfangreiche Partituren durchblättert und wenn man dazu noch seine enorme, jedes menschliche Maß übersteigende Arbeitsleistung als Kapellmeister und Operndirektor in Betracht zieht, könnte man meinen, für Korrespondenzen wäre weder Zeit noch innere Ruhe geblieben. Etliche tausend Briefe von Gustav Mahlers Hand bezeugen das Gegenteil. Manche davon weisen gewiß Flüchtigkeiten in Stil und Form auf, und bestätigen damit Mahlers Eile. Sie belegen aber in gleicher Weise auch seine Energie, seine Konzentrationsfähigkeit und die Gewandtheit seines Ausdrucks.

Bestimmt war auch die Epoche, in der Gustav Mahler lebte, dem Briefeschreiben besonders günstig. Das europäische Eisenbahnnetz hatte eine Dichte und der Zugsverkehr ein Tempo erreicht, die es gemeinsam mit einem leistungsfähigen Postzustelldienst möglich machten, briefliche Anfrage und briefliche Antwort beneidenswert schnell aufeinander folgen zu lassen, fast wie in einem Gespräch. Ein Brief von Budapest oder Wien nach Berlin brauchte bloß einen Tag, eine Rohrpostkarte von Wien nach Wien nur ein paar Stunden, und selbst von New York, damals noch unendlich weit entfernt, konnte ein Schreiben in neun bis zehn Tagen seinen Empfänger in Europa erreichen. Das Telefon – heute der ärgste Feind des Schriftverkehrs – war zwar schon in Gebrauch, spielte aber bloß eine geringe Rolle, obwohl auch Mahler einen Apparat in seiner Wiener Wohnung hatte. Das selbstverständliche Kommunikationsmittel zwischen räumlich Entfernten war die schriftliche Mitteilung.

Der Briefeschreiber Gustav Mahler ist dem breiteren Publikum vor allem durch zwei Sammlungen bekannt geworden, die beide von seiner Witwe Alma Maria Mahler herausgegeben wurden. Die erste, *Gustav Mahler Briefe,* Berlin–Wien–Leipzig 1924 (erweiterte und revidierte Neuausgabe, Wien–Hamburg 1982), umfaßte vornehmlich Briefe an Freunde und Kollegen. Die andere, *Gustav Mahler, Briefe und Erinnerungen,* Amsterdam 1940, enthielt Briefe Mahlers an seine Gattin Alma. Trotz ihres beträchtlichen Umfangs stellten beide Bände bloß eine Auswahl dar. Sie bildeten die metaphorische Spitze des Eisbergs, dessen größerer Teil bis heute, den Blicken entzogen, in privaten und öffentlichen Archiven ruht.

Die Internationale Gustav Mahler Gesellschaft, die sich der Erforschung von Mahlers Werk und Leben widmet, hat in den letzten Jahren zahlreiche Briefe von Mahler entdeckt, die bisher der Öffentlichkeit noch nicht zugänglich waren. Der Inhalt dieser Briefe und – in einigen Fällen – die künstlerische Bedeutung der Empfänger verpflichten uns, diese Briefe herauszugeben. Wenn Mahler in den Briefen an seine Gattin als der große Liebende erschien, wenn er sich in der Briefausgabe von 1924 als mitteilsamer Freund darstellte, so zeigen ihn die nunmehr vorgelegten Dokumente vor allem als den großen Praktiker des Musikbetriebs. Wir dürfen miterleben, mit welchen Mühen und mit welchem Einsatz er seine Symphonien in den Konzertsälen durchsetzte, und erfahren aus der Korrespondenz mit Kapellmeisterkollegen manches Werkstattgeheimnis. Wir lernen ihn als Budapester und als Wiener Operndirektor im Umgang mit Starsängern und Opernkomponisten kennen und bewundern sein Engagement im Dienste der von ihm geleiteten Institute. Wir sehen ihn als ehrfürchtigen Interpreten Richard Wagners, den Cosima doch nie in Bayreuth dirigieren ließ, obwohl sie gerne seinen Einfluß in Anspruch nahm. Wir staunen über den gewiegten Taktiker Mahler im Umgang mit Konzertveranstaltern und studieren mit Rührung die knappen Dokumente seiner Freundschaft mit Arnold Schönberg, den er förderte, obgleich er ihm künstlerisch nicht folgen konnte. Die hier vorliegenden Briefe erweitern nicht bloß unser Wissen von Mahler, indem sie dem bekannten Bild weitere, sehr wesentliche Züge hinzufügen, sondern stellen auch einen Beitrag zur Musik- und Kulturgeschichte seiner Epoche dar.

VORWORT

Von der Schwierigkeit, Mahler-Briefe herauszugeben

Wer sich die Aufgabe stellt, Briefe von Gustav Mahler zu veröffentlichen, sieht sich zwei grundsätzlichen Schwierigkeiten gegenüber. Die erste – und vergleichsweise geringere – besteht darin, daß Mahler seine Briefe selten, man könnte sagen: nur ausnahmsweise, mit einem Datum versehen hat. Die zweite Schwierigkeit resultiert aus dem bedauerlichen Umstand, daß, von wenigen Fällen abgesehen, nur Mahlers Briefe erhalten sind. Die Gegenbriefe, auf die Mahler reagierte, sind verschollen und wohl als für immer verloren anzusehen, und mit ihnen die Vorschläge, auf die er einging, die Fragen, die er beantwortete, die Freundlichkeiten, für die er dankte. So vernehmen wir von dem Dialog, den jeder vollständige Briefwechsel darstellt, nur Mahlers Stimme und müssen aus Inhalt und Tonfall seiner Worte schließen, was der jeweilige Partner gesagt hat. Wenn es uns auch vor allem und in erster Linie auf Mahlers Gedanken ankommt, so müssen wir die Einseitigkeit der überlieferten Korrespondenzen dennoch bedauern, nicht bloß weil sie das Gespräch in einen Monolog verwandelt, sondern weil sie auch die Interpretation von Mahlers Briefen erschwert. Der Herausgeber ist bei der Rekonstruktion von oft komplizierten Sachverhalten einzig und allein auf Mahlers Brieftexte angewiesen. Um diese Texte richtig zu deuten und in den ihnen gemäßen Zusammenhang zu stellen, bedarf es gründlicher Kenntnisse auf den verschiedensten Gebieten, wie etwa der Geschichte der Bayreuther Festspiele, der Organisationsformen des New Yorker Konzertlebens, der Probleme der Budapester Oper oder von Mahlers Repertoirepolitik an der Wiener Hofoper. Die Notwendigkeit solchen Spezialwissens brachte uns auf den Gedanken, die Erfahrungen von mehreren Experten in den Dienst dieser Arbeit zu stellen. Wir wandten uns an jene Mitglieder der Internationalen Gustav Mahler Gesellschaft, die in der Mahler-Forschung tätig sind, mit der Bitte, an diesem Band „Unbekannte Briefe“ mitzuwirken. Die Briefgruppen, die jeweils Schreiben an einen bestimmten Empfänger umschließen, wurden damit verschiedenen Forschern anvertraut. Jeder sollte danach streben, durch eine biographische Einleitung und durch die notwendigen Erläuterungen zu Mahlers Briefen dem „sprachlosen“ Adressaten Stimme und geistige Präsenz zu verleihen, also den Mahlerschen Monolog, soweit dies möglich ist, wieder in den ursprünglichen Dialog zurückzuführen.

Die Zusagen, die wir erhielten und deren Ergebnis in diesem Band vorliegt, brachten nicht bloß diese erhoffte Bereicherung, sondern auch eine andere, unerwartete: Einige Forscher stellten für diesen Band weitere Briefe von Mahler zur Verfügung, die sie in Archiven entdeckt hatten. So wurde es in vereinter Anstrengung möglich, in diesem Band rund hundertfünfzig Briefe und Karten von Mahler zu vereinigen, von fünfzehn Mahler-Forschern aus Europa und Amerika kommentiert.

Auch Briefe haben ihr Schicksal

Die hundertfünfzig Briefe von Mahler sind an siebzehn verschiedene Empfänger gerichtet, die in Mahlers Leben sehr verschiedenen Stellenwert einnahmen. So erleben wir ihn bei der Lektüre dieser Briefe als Bruder, als Freund, als Komponisten, als Konzertdirigenten, als Operndirektor – und als Radfahrer. Die siebzehn Adressaten, deren Gemeinsames ihre Beziehung zu Mahler ist, ließen den Briefen, die sie empfingen, sehr unterschiedliche Behandlung zuteil werden. Der Kritiker William Ritter, der Mahler in hymnischen Berichten verherrlichte, bewahrte die Briefe in ihren originalen Umschlägen auf, wodurch auch die Poststempel erhalten blieben und Mahlers mangelhafte Datierung ersetzen. Mit ähnlicher Sorgfalt, die von Verehrung diktiert war, ging auch Arnold Schönberg mit Mahlers Schriftstücken um. Mahlers Hamburger Freund und Förderer Hermann Behn scheint die Briefumschläge zwar vernichtet, vorher aber die Daten der Poststempel in die Briefmanuskripte übertragen zu haben. Der New Yorker Dirigent und Konzertveranstalter Walter Damrosch fügte den Briefen, die er erhielt, ein umfangreiches, sehr kritisches Protokoll hinzu, durch das die Briefe erst ganz verständlich werden. Die meisten Empfänger freilich begnügten sich damit, Mahlers Briefe respektvoll aufzuheben und, als ihre Tage zu Ende gingen, über ihren Verbleib zu verfügen. So kommt es, daß sich noch manche Briefe im Besitz der Erben der Empfänger befinden – darunter die Briefe an Leo Slezak und an Annie Mincieux – oder als Bestandteil geschlossener Nachlässe in öffentliche Sammlungen gelangten wie die Briefe Mahlers an Arnold Schönberg, an Franz Schalk, William Ritter, Lilli Lehmann, Wilhelm Zinne und andere.

Einige der Korrespondenzen jedoch gerieten in den Autographenhandel, durch den sie, einzeln verkauft oder versteigert, in alle Himmelsrichtungen verstreut wurden. Besonders zerrissen wurde der Bestand von Mahlers Briefen an Hermann Behn, von denen nur ein Teil aufgespürt werden konnte, und an den Konzertveranstalter Emil Gutmann, die sich in mindestens zehn verschiedenen Sammlungen befinden. Diese Beispiele zeigen, daß die Herausgabe der Briefe ohne die jahrelange Vorarbeit und Sammeltätigkeit der Internationalen Gustav Mahler Gesellschaft nicht möglich gewesen wäre. Die Voraussetzungen hiefür wurden von ihrem Präsidenten Gottfried von Einem geschaffen. Ihm ist die Mahler-Forschung zu besonderem Dank verpflichtet.

Die Illustrationen

Unbekannt wie die Briefe sind auch die Illustrationen dieses Bandes. Selbst die zwei vertrauten Porträtphotos von Mahler aus Hamburg und Wien wirken durch handschriftliche Widmungen, die Mahler von seiner liebenswürdigsten Seite zeigen, neu und überraschend. Mit besonderer Freude publizieren wir hier erstmals einige Schattenbilder von Benno Mahler, die uns Herr Felix Mahler, Jegenstorf, freundlicherweise zur Verfügung gestellt hat. Benno Mahler (1882–1942), Sohn eines Cousins von Gustav Mahler, zeigte in jungen Jahren Neigung und Talent zu künstlerischer Arbeit. Die in diesem Band wiedergegebenen Schattenbilder des Siebzehnjährigen, die sich neben den bekannten Silhouetten eines Böhler oder eines Schließmann wohl behaupten können, legen Zeugnis ab von Geschmack und Originalität. Da der Vater früh verstorben war, durfte Benno Mahler nicht seiner Neigung nachgehen, sondern mußte einen „Brotberuf" ergreifen, neben dem seine künstlerischen Anlagen offenbar bald verkümmerten. Die hier veröffentlichten Schattenbilder von Siegfried Wagners „Bärenhäuter", die Mahler im Orchestergraben der Hofoper zeigen, haben eine kleine Geschichte. Benno Mahler hatte vorerst einige Silhouetten, die Mahler dirigierend darstellten, aus dem Gedächtnis angefertigt. Mit diesen sprach er bei Mahler vor, der sie jedoch als verfehlt erklärte, weil sie seine Dirigiergestik falsch wiedergäben. Um dem jungen Mann Gelegenheit zur Korrektur zu geben, schenkte er ihm mehrere Opernkarten. Nach diesen Opernbesuchen entstand eine kleine Serie von Schattenbildern aus dem „Bärenhäuter", von denen hier zwei wiedergegeben sind.

Wir danken an dieser Stelle allen Privatpersonen und Institutionen,

die bei der Beschaffung der Illustrationsvorlagen hilfreich mitgewirkt haben, und zwar: Herrn Hanspeter Hahn-Neuenschwandner, Bern; Herrn Dr. Fr. C. Kaiser, Mainz; Herrn Prof. Dr. Dietrich Kämper, Köln; The Library of Congress, Washington; Herrn Felix Mahler, Jegenstorf; der Österreichischen Nationalbibliothek; Herrn Walter Slezak, Manhasset; den Wiener Philharmonikern.
Besonderen Dank schuldet die Mahler-Gesellschaft Herrn Hofrat Dr. Alexander Bartosch für fachliche Beratung.

Wien, im September 1982 HERTA BLAUKOPF

BEMERKUNGEN ZUR EDITION

Sämtliche Briefe dieser Ausgabe wurden an Hand der Briefautographe veröffentlicht, wobei Mahlers originale Schreibweise gewahrt blieb. Eine Ausnahme bilden die nn und mm, die Mahler, der Gepflogenheit seiner Zeit entsprechend, regelmäßig n̄ und m̄ schrieb und die hier als Doppelkonsonanten wiedergegeben werden.

In runden Klammern stehende Wörter sind von Mahler selbst in Klammern gesetzt. Wörter, Daten etc. in eckigen Klammern stellen Zusätze der Herausgeber dar. [!] oder [sic] betonen, daß der dadurch gekennzeichnete Irrtum von Mahler herrührt.

Satzteile, die Mahler durch Unterstreichungen hervorgehoben hat, sind in dieser Ausgabe durch Kursivschrift betont. Mahlers Hervorhebungen durch Wechsel von der Kurrent- in die Lateinschrift konnten nicht dargestellt werden, ebensowenig die mehrfache Unterstreichung einzelner Wörter.

Originale Datums- und Ortsangaben wurden, auch wenn sie im Autograph am Briefende stehen, aus Gründen der Übersichtlichkeit und Vereinheitlichung über die Brieftexte gestellt. Zuschriften und sonstige Bemerkungen außerhalb von Anrede und Unterschrift wurden unter das Briefende gesetzt.

Standardwerke der Mahler-Literatur werden in den Einleitungen und Kommentaren in folgenden Abkürzungen zitiert:

AM Alma Mahler, *Gustav Mahler. Erinnerungen und Briefe,* Amsterdam 1940.

GMB Neuausgabe *Gustav Mahler Briefe,* Neuausgabe, erweitert und revidiert von Herta Blaukopf, Wien–Hamburg 1982.

HLG Henry-Louis de La Grange, *Mahler,* Vol. I, New York 1973.

NBL Natalie Bauer-Lechner, *Erinnerungen an Gustav Mahler,* Leipzig–Wien–Zürich 1923.

Friedrich C. Heller

GUSTAV MAHLER UND HERMANN BEHN

Der aus einer wohlhabenden und angesehenen Familie stammende Hermann Behn wurde am 11. November 1859 in Hamburg geboren. Er studierte die Rechtswissenschaften und promovierte 1881 in Heidelberg zum Doctor juris. Schon während seiner Studien wurde – besonders durch das Erlebnis der Musikdramen Richard Wagners – sein Interesse an Musik immer bestimmender. Nach dem 1885 in Heidelberg abgelegten Assessor-Examen übersiedelte er daher mit seiner jungen Frau nach Wien. Hier wurde er Schüler Anton Bruckners, dessen Unterricht er ein Jahr lang genoß. Anschließend setzte er seine Studien bei Joseph Rheinberger in München und zuletzt – nach der Rückkehr in die Vaterstadt 1887 – bei Herman Zumpe fort. Als begüterter Mann konnte sich Behn seinen musikalischen Interessen ohne berufliche Einschränkungen widmen; er spielte als Förderer und Mäzen im Kulturleben Hamburgs eine wichtige Rolle. Seit 1897 hielt er im Auftrag der Schulbehörde Vorlesungen über Musikgeschichte. Mehrfach hat er sich in Vorträgen für ein Verständnis der Musik Wagners eingesetzt. Seit 1913 war er Vorstandsmitglied der Hamburger Philharmonischen Gesellschaft, 1917 erhielt er den Professor-Titel. Behn starb am 27. November 1927 in Hamburg.

Wichtiger als sein kompositorisches Schaffen, das neun Liederhefte (alle 1892–97 im Verlag Kistner, Leipzig, erschienen) und eine Klaviersonate (ebendort) umfaßt, erscheint seine Tätigkeit als Bearbeiter und Herausgeber: Neben Arrangements von Teilen Wagnerscher Musikdramen für zwei Klaviere, einer Klavierausgabe berühmter Ouvertüren (Mozart, Beethoven und Weber) und von drei Vorspielen von Max v. Schillings hat er sich besonders mit seinem 1885 hergestellten, vom Komponisten sehr geschätzten Klavierauszug von Bruckners Siebenter Symphonie für zwei Klaviere zu vier Händen[1] einen Namen gemacht. Der Klavierauszug (für dieselbe Besetzung) von Mahlers Zweiter Symphonie[2], vom Komponisten positiv beurteilt[3], stellt eine der frühesten gedruckten Veröffentlichungen Mahlerscher Musik dar.

Mahler lernte Behn in Hamburg kennen, möglicherweise im Haus von Frau Henriette Lazarus, einer Österreicherin, die eine begeisterte

Verehrerin Hans von Bülows war und in ihrem Salon eine geistvolle Künstlerrunde versammelte.[4] Das freundschaftliche Verhältnis zwischen Mahler und Behn währte wohl bis in die späten Jahre von Mahlers Wiener Direktionszeit, wenngleich sein Höhepunkt in den Jahren 1895–1898 anzusetzen ist. Es war sicherlich nicht immer ungetrübt; ob Mahlers Beziehungen zu seinen Hamburger Freunden wegen seiner Machtposition als Hofoperndirektor abkühlten, wie Pfohl vermutet[5], muß dahingestellt bleiben.

Behn war Mahler immer wieder behilflich. Er übersandte ihm die vergessenen Skizzen zur Dritten Symphonie (Briefe 7 und 8), er vermittelte eine Aufführung von drei Sätzen der Dritten Symphonie durch Felix von Weingartner in Berlin (9. März 1897), schließlich ließ er es auch an finanzieller Unterstützung nicht fehlen.[6] Vor allem aber übernahm er in großzügiger Weise – zusammen mit dem Hamburger Kaufmann Wilhelm Berkhan – die beträchtlichen Kosten von 5000 Mark für die Uraufführung der Zweiten Symphonie am 13. Dezember 1895 in Berlin. Die Veröffentlichung des Klavierauszugs geschah auf Behns Kosten, vermutlich hat er sich auch an der Herausgabe der Partitur der Zweiten Symphonie finanziell beteiligt. Zu Ende des Jahres 1895 erhielt Behn von Mahler das Autograph der „Lieder eines fahrenden Gesellen" zum Geschenk, vielleicht als ein Zeichen des Dankes für die Herausgabe des Klavierauszugs der Zweiten Symphonie, der gerade zu dieser Zeit erschien. Diese früheste erhaltene Orchesterfassung der Gesellen-Lieder gelangte später in die Willem Mengelberg Stiftung, Amsterdam, und befindet sich nunmehr im Gemeentemuseum, Den Haag.

Zur Edition der Briefe:

Nur etwa ein Viertel des ursprünglich umfangreicheren Bestandes der Korrespondenz Mahlers mit Behn kann hier vorgelegt werden. Auf der im November 1951 veranstalteten Auktion 45 des Auktionshauses Dr. Hauswedell in Hamburg wurde als Nr. 481 ein Posten von insgesamt achtundvierzig Briefen und Karten (Mahlers an Behn) versteigert. Über den Verbleib vieler Briefe läßt sich derzeit nichts Verbindliches sagen; nur die hier mitgeteilten sind in öffentlichen oder privaten Sammlungen bekannt geworden. Die Briefe lassen alle am oberen Rand der ersten Seite eine ältere handschriftliche Numerierung (von Behn?) erkennen. (Auch die hier enthaltene Abschrift Anna v. Mildenburgs trägt eine Nummer!) Danach läßt sich die Stellung der Briefe im Gesamtbestand einigermaßen abschätzen. Die folgende Übersicht verzeichnet jeweils die Nummer der hier vorliegenden Edition und die ältere Numerierung:

1 = 3	4 = 10	7 = 18	10 = 30
2 = 5	5 = 13	8 = 19	11 = 36
3 = 6	6 = 16	9 = 20	12 = 39
			13 = 41

In offenbar derselben Handschrift wie die Numerierung wurde eine Reihe von Briefen, die Mahler undatiert absandte, nachträglich mit Datumzeilen versehen. Da diese Datierungen, soweit sich dies überprüfen läßt, als durchaus zuverlässig gelten können, ist anzunehmen, daß der Schreiber entweder das Empfangsdatum einsetzte oder das Datum des Poststempels kopierte. Für die zweite Möglichkeit spricht Brief 7, der einzige, von dem ein Umschlag zur Verfügung steht. Auf diesem ist der Poststempel „Steinbach 12. 6. 96" erkennbar; die Datumzeile von fremder Hand über dem Brief lautet ebenfalls „Steinbach, 12. 6. 96".

In der vorliegenden Ausgabe werden diese Datierungen von fremder Hand mit dem Vermerk „Ohne Datum" in eckige Klammern gesetzt. Ungeklärt bleibt die Frage, ob Brief 2, den wir derzeit nur in der Abschrift Anna von Mildenburgs kennen, von Mahler selbst oder vom Empfänger datiert ist.

An dieser Stelle sei allen Eigentümern der Autographe gedankt, die Kopien zur Verfügung stellten und die Veröffentlichung im Rahmen dieses Bandes gestatteten.

1 Erschienen im Verlag A. J. Gutmann, Wien 1896, später Universal Edition.

2 Verlag Friedrich Hofmeister, Leipzig 1896, später Verlag Josef Weinberger, Wien, zuletzt Universal Edition Nr. 2937.

3 Brief Mahlers an Arnold Berliner, GMB, Neuausgabe, Nr. 147, S. 129.

4 Ferdinand Pfohl, *Gustav Mahler,* Hamburg 1973, S. 38.

5 Ebenda, S. 43 f.

6 Vgl. Mahlers Brief mit der Bitte um 300 Mark, in: J. A. Stargardt, Auktionskatalog 534/Nr. 442, Marburg 1957.

1 [Hamburg] 20/X [18]94

Lieber Freund!
Busoni frühstückt nach der morgigen Generalprobe bei uns. Es ist [ein] famoser und sehr interessanter Mensch. – Wollen Sie uns (Sie und Ihre Frau) nicht auch das Vergnügen schenken? Wir giengen dann nach der Probe zusammen zu uns.

Die Probe findet um *10* Uhr präcise im Kleinen Saal statt.

Mit herzlichstem Gruß,

Ihr Gustav Mahler

Autograph: The Pierpont Morgan Library, Mary Flagler Cary Collection, New York. – *Generalprobe:* Mahler dirigierte insgesamt acht Abonnementkonzerte in der Saison 1894–1895 in Hamburg. Das erste fand am 22. Oktober 1894 statt, auf dem Programm standen: Mozart: Symphonie g-moll KV 550, Beethoven: Siebente Symphonie, Brahms: Volksliedbearbeitungen (mit Amalie Joachim als Solistin und Mahler als Klavierbegleiter), Weber: Konzertstück, Liszt-Busoni: Spanische Rhapsodie. Ferruccio Busoni wirkte als Pianist in den beiden letztgenannten Werken.

Ferruccio Busoni und Gustav Mahler. Schattenbild von Benno Mahler, Wien.

HERMANN BEHN

2 Hbg. 2. II. 95

Lieber Freund!
Ihre Lieder sind ja prachtvoll! die müssen unbedingt von allen Sängern gesungen [werden], die mir in die Hände fallen!

Vor allem die *Baritonlieder** sind für *Hofmann wie geschaffen!* Noch heute bekommt er sie von mir u. singt sie Ihnen nächstens vor! Für die Artner habe ich zu nächster Gelegenheit (ihr Benefiz) folgende ausgesucht:

a) Gefunden
b) Minnelied
3) Wiegenlied
4) Liebesflämmchen
5) Liederseelen

Ich freue mich sehr daß sie mir so *gut* gefallen und daß ich sie, ohne Rücksicht auf meine Freundschaft zu Ihrer [sic], ehrlich u. warm empfehlen kann. Die Begleitungen übernehme ich (für Hamburg od. wo ich persönlich anwesend bin) – sonst muß aber unbedingt für einen *orchestral* od. *poetisch* empfindenden Clavierspieler gesorgt werden, sonst werden sie wie Blumen, denen die Blätter abgefallen sind.

Übrigens sollten Sie die „expansiven" orchestrieren!? Da würden sie erst zur Geltung gelangen! Was denken Sie davon?

Auf baldiges Wiedersehn

Ihr Gustav Mahler

* Die andern gefallen mir nicht minder

Quelle: Abschrift von der Hand Anna von Mildenburgs, Österreichische Nationalbibliothek, Wien, Theater-Sammlung. Die Sängerin hatte Behn in Hamburg, wo sie 1895 debütierte, kennengelernt. In ihrem Besitz befanden sich später die Ausgaben aller Liedkompositionen Behns, insbesondere ein in dunkelgrünes Maroquin gebundener Prachtband mit Luxusdrucken der Opera 7–9 (Lieder auf Gedichte von C. F. Meyer). Der Band enthält eine schwärmerische handschriftliche Widmung Behns, in der er – in einem Sonett – die Sängerin als „Dea ex machina" preist (jetzt in der Österreichischen Nationalbibliothek, Musiksammlung, Legat Anna Bahr-Mildenburg). Der Inhalt dieser am 11. März 1898 niedergeschriebenen Widmung könnte die Vermutung bestätigen, Behn habe Anna von Mildenburg leidenschaftlich verehrt (vgl. HLG, S. 356). – *Baritonlieder:* Behn hat drei Sammlungen von Liedern für Bariton veröffentlicht: Opus 3: Fünf Gesänge (nach Texten von Heine, C. F. Meyer und vom Komponisten); Opus 7: Fünf Gedichte von C. F. Meyer; Opus 8: Vier Gedichte von C. F. Meyer (alle erschienen im Verlag Fr. Kistner, Leipzig). – *Hofmann:* Baptist Hoffmann (1864–1937), Bariton, von 1894 bis 1897 am Stadttheater Hamburg tätig, später am Kgl. Opernhaus in Berlin. – *Artner:* Josephine von A. (1867–1932), Sopran. Mahler kannte die Sängerin noch aus seiner Leipziger Zeit (1886–1888), wo sie am Stadttheater engagiert war. Seit 1893 wirkte sie in Hamburg. Bei der Uraufführung von Mahlers Zweiter Symphonie am 13. Dezember 1895 in Berlin sang sie die Sopran-Partie. – *a) Gefunden:* Die erwähnten fünf Lieder von Behn sind in folgenden Ausgaben enthalten: „Gefunden" (Text von Goethe), „Minnelied" = „Altes Minnelied" (Text von Wernher v. Tegernsee), „Wiegenlied" (Text von Hermann Behn) in op. 1 (Sieben Lieder für eine Frauenstimme); „Liebesflämmchen" (Text von C. F. Meyer) in op. 4 (Mädchenlieder für hohe Frauenstimme); „Liederseelen" (Text von C. F. Meyer) in op. 5 (Vier Gedichte von C. F. Meyer für eine mittlere Stimme).

3 [Ohne Datum. Hamburg, 5. II. 1895]

Lieber Freund!
Über beifolgenden Brief (rührt von *Zinne,* Referenten der Frankf[urter] Zeit her) bitte ich um Ihre Meinung. –

Mit Hofmann sprach ich heute von Ihren Liedern, und erzählte ihm „von Ihrer Art" – er ist Feuer und Flamme, und wird sie, sofort nach der donnerstägigen *Walküre,* in Angriff nehmen. –

Herzlichst Ihr
Gustav Mahler

Quelle: Autograph Staats- und Universitätsbibliothek Hamburg, Literatur-Archiv. – *Zinne:* Wilhelm Z. (vgl. Mahlers Briefe an Zinne, S. 241 ff.). – *Hofmann:* siehe Brief 2.

4 [Ohne Datum. Steinbach, d. 19. Juni 95]

Lieber Freund!
Erst heute eigentlich setze ich mich dazu Ihren letzten Brief zu beantworten; die gestrige Karte galt nur „den Geschäften". In Ihre Freundschaftshand, die Sie mir so lieb darbieten, schlage ich freudig ein: und so ist die Sache abgemacht. Ich glaube und hoffe, wir können uns Beide gegenseitig was sein; und ich weiß es, was wir uns sein können, werden wir uns sein.

In unserem Alter bahnt sich ein solches Verhältniß langsam an – aber es dauert. –

Die Bemerkung, die Sie über „Ingwelde" machen, hat mich auf's Höchste überrascht. Sonderbar, wenn es nicht Ironie war, was Sie da schrieben, aber so klang es nicht.

Von meinem Rad noch immer keine Spur! Doppelt schwer fällt es mir, da mein altes Leiden (Hämorrhoiden) mich wieder überfallen hat, und allem Gescheiten verhindert [!]; und das Radfahren wäre für mich, wie ich schon von Hamburg her weiß, das sicherste Remedium.

Lieber Freund, bitte, eruiren Sie, wie sich die Sache verhält. Falls es nicht mit *versicherter Lieferzeit* aufgegeben ist, so wäre es angezeigt, bei der Bahnverwaltung an der Absandtsstelle nachzuforschen, *wo* sich das Rad gegenwärtig befindet, und hierauf den Auftrag zu ertheilen, es pr *Eilgut* hierher zu senden. Der biedere Hr. Reeck hat sich wieder auf's Biederste erwiesen, wenn nicht gar noch eine Bosheit dahintersteckt.

Was machen die Clavierstudien von Fredi? Was arbeiten Sie? Sind Sie Beide herzlichst gegrüßt

von Ihrem
Gustav Mahler

Wann gehen Sie nach Timmendorf?

Autograph: Yale University, New Haven. – *„Ingwelde":* Oper von Max von Schillings, 1894 in Karlsruhe uraufgeführt. – *Von meinem Rad:* Mahler hatte im Frühjahr 1895 mit dem Radfahren begonnen (vgl. die Briefe an Wilhelm Zinne, S. 244 ff.). – *Der biedere Herr Reeck:* Fahrradhändler in Hamburg, der offenbar den Versand von Mahlers Rad übernommen hatte. – *Fredi:* Behns Kind oder Frau? – *Timmendorf:* eigentlich Timmendorferstrand, Urlaubsort der Familie Behn, an der Ostsee (Lübecker Bucht) gelegen, etwa 60 km von Hamburg entfernt.

5 [Ohne Datum. Steinbach, 17. 8. 95]

Lieber Freund!
Leider *fangen* die Ferien an, aufzuhören – glücklicherweise habe ich auch schon lange *aufgehört, anzufangen* – d. h. ich bin mit der III. beinahe fertig. –

Auf der nächsten Seite steht der Titel. Ich komme schon in den nächsten Tagen nach Hamburg, und möchte gerne noch etwas mit *Ihnen* unternehmen. Bitte schreiben Sie mir gleich nach Berlin Hotel Habsburgerhof wie Sie dazu denken.

Symphonie Nro III.
„Die fröhliche Wissenschaft"
Ein Sommermorgentraum.

I. Der Sommer marschirt ein
II. Was mir die Blumen auf der Wiese erzählen
III. Was mir die Thiere im Walde erzählen
IV. Was mir die Nacht erzählt
V. Was mir die Morgenglocken erzählen
VI. Was mir die Liebe erzählt
(nicht die *irdische,* sondern die *ewige*)
VII. Das himmlische Leben.

Alles ist bis auf Nro I fix und fertig in Partitur.

Bitte schreiben Sie mir, welchen Eindruck auf Sie ungefähr der Titel macht – d. h. wie man einen solchen Titel von vorneherein acceptirt.

Nr. IV, V, u. VII ist *Gesang* mit theilweise Frauenchor. Es ist mein reifstes und eigenartigstes Werk, und voller Humor. –

Zeigen Sie bitte den Titel Ihrer Frau und theilen Sie mir mit was sie dazu gesagt hat.

Auf *baldigstes* Wiedersehen
Ihr Gustav Mahler

Autograph: The Pierpont Morgan Library, Mary Flagler Cary Collection, New York. – *Symphonie Nro III.:* Mahler schrieb am selben Tag auch an Arnold Berliner (GMB, Neuausgabe, Nr. 145, S. 126), um ihm die Titel der Symphonie mitzuteilen, und an Friedrich Löhr (GMB, Neuausgabe, Nr. 143, S. 125), dem er die Titel mit gesonderter Post ankündigte. Sie sind in einem Brief vom 29. August 1895 (GMB, Neuausgabe, Nr. 146, S. 127) enthalten. (Zur Reihenfolge der Sätze und Entstehungsgeschichte der Titel vgl. Donald Mitchell, *Gustav Mahler – The Wunderhorn Years,* London 1975, S. 188 ff., und HLG, S. 798 f.) – *VII. Das himmlische Leben:* wurde nicht in die Dritte Symphonie aufgenommen, sondern zum Finalsatz der Vierten Symphonie bestimmt.

6 [Ohne Datum. Mitte Oktober 1895]

Mein lieber Freund!

Schnell in aller Kürze, daß ich für den 13. Dez. d. *Stern*-Gesangsverein und als Solisten die *Götze* (Berlin) und Artner (Hamburg) gewonnen habe. – Ich muß der G. sofort das Urlicht schicken, und bitte Dich, mir durch Eilboten *(nicht Nachts auszutragen)* meinen Clavierauszug, den ich Dir kürzlich durch Deine liebe Frau gesandt, zuzuschicken. – Bezüglich des Separatdrucks bitte ich Dich, in Erwägung zu ziehen, daß mein „Clavierauszug" eigentlich die ursprüngliche *Abfassung* der

Composition [ist], noch, ehe ich wußte, daß ich es instrumentiren und der Symphonie einfügen werde.

Uns verlangt schon sehr nach Dir – sieh nur zu, daß Du bald „erscheinst".

Berliner befindet sich eben bei mir und laßt Euch schönstens grüßen. Laß doch die *Correcturbögen* an mich einsenden, damit ich Dir daran vorarbeiten kann. –

Einige kleine Instrumentationsänderungen habe ich noch vorgenommen, die ich Dir dann hier vorlegen werde – eventuell in die Correcturbögen gleich eintragen werde.

Sei Du und Deine Frau herzlichst von mir gegrüßt. –

Meine Schwestern schlafen noch und ich füge also eigenmächtig ihre Grüße zu.

Herzlich Dein getreuer
Gustav Mahler

Autograph: Yale University, New Haven. – *Datierung:* Das Schreiben ist weder von Mahler selbst noch von fremder Hand (siehe Einleitung) datiert. Die Datierung wurde aus dem Inhalt erschlossen, der sich auf die geplante Uraufführung der Zweiten Symphonie in Berlin (13. Dezember 1895) bezieht. Noch im September war die Frage des mitwirkenden Chors völlig unentschieden (vgl. Mahlers Briefe an Arnold Berliner, GMB, Neuausgabe, Nr. 148, 149, S. 130, 131, sowie den Brief an einen unbekannten Adressaten, möglicherweise Behn, vom 12. September 1895, der den Philharmonischen Chor von Siegfried Ochs in Erwägung zieht, mitgeteilt in: J. A. Stargardt, Auktionskatalog 580, Nr. 657, Marburg 1967). Anfang Oktober 1895 erfuhr Mahler durch den Berliner Konzertagenten Hermann Wolff von der Bereitschaft Friedrich Gernsheims, des Leiters des Berliner Stern'schen Gesangvereins, mit seinem Chor bei der Uraufführung mitzuwirken (vgl. Mahlers Brief an Gernsheim, GMB, Neuausgabe, Nr. 151, S. 131 f.). Am 17. Oktober teilte Mahler Gernsheim das Engagement der Sängerin Marie Götze mit (GMB, Neuausgabe, Nr. 152, S. 132 f.). Der hier vorliegende Brief an Behn wird also um den 15. Oktober geschrieben worden sein. – *Götze:* Marie G. (1865–1922), Mezzosopran, an der Kgl. Oper in Berlin tätig, wirkte schließlich bei der Uraufführung nicht mit, sondern wurde durch Hedwig Felden ersetzt. – *Artner:* siehe Brief 2. – *Urlicht.* 4. Satz der Zweiten Symphonie. Bei dem von Mahler erwähnten „Clavierauszug" handelt es sich um die ursprüngliche Fassung des Wunderhorngesanges „Urlicht" mit Klavierbegleitung, wahrscheinlich 1892 oder Frühjahr 1983 komponiert (vgl. Edward R. Reilly, *Die Skizzen zu Mahlers Zweiter Symphonie,* in: Österreichische Musikzeitschrift Jg. 34 [1979], S. 268 f., und Rudolf Stephan, *Gustav Mahler II. Symphonie,* Meisterwerke der Musik 21, München 1979, S. 11). – *Bezüglich des Separatdrucks:* Gleichzeitig mit dem von Behn hergestellten Klavierauszug der Zweiten Symphonie sollte auch die ursprüngliche Klavierfassung von „Urlicht" erscheinen. Auf dem Titelblatt der im Dezember 1895 im Verlag Hofmeister erschienenen Ausgabe heißt es: Symphonie in c-moll, No. 2, von Gustav Mahler. Für zwei Claviere zu vier Händen gesetzt von Hermann Behn. Hieraus einzeln:

Theil IV Urlicht. Für Pianoforte zu 2 Händen. (Das Copyright lautet 1896.) – *Berliner:* Arnold B. (1862–1942), Physiker, den Mahler 1891–1892 in Hamburg kennenlernte und mit dem ihn seither eine herzliche Freundschaft verband. – *Correcturbögen:* betrifft offenbar den von Behn verfaßten Klavierauszug der Zweiten Symphonie. – *Instrumentationsänderungen:* Behns Klavierauszug verzeichnet die üblichen Angaben zur Instrumentation. – *Meine Schwestern:* Justine und Emma Mahler, die mit ihm in Hamburg lebten.

7 [Expreßbrief ohne Datum. Poststempel: Steinbach, 12. 6. 96]

Lieber Freund!
Denke Dir – ich habe meine Skizzen zum *1. Satz* der 3. in meinem *Schreibtisch vergessen.* Ich bin in purer Verzweiflung. Ich bitte Dich um den Liebesdienst, fahre *sofort* nach Hamburg, hier sind die beiden Schlüssel zum *Schreibtisch.* Suche dort nach in einem der *Fächer* auf der *rechten Seite* liegt so ein Convolut in einem Notenumschlag mit einer Aufschrift: „Entwürfe", oder *„Skizzen"* oder ähnliches. Ich bitte Dich, thue dieß unverzüglich, und sende mir dieß *pr. Express* ein!

Ich kann nicht eher eine Feder anrühren, bevor ich dieß habe! Verzeih meine Eile, ich bin sehr consternirt! Herzlich grüße ich Dich und Deine liebe Frau. Telegrafire mir gleich bei Erhalt dieses Briefes, ob ich darauf rechnen kann! Herzlichst

Dein
Mahler

Autograph: The Pierpont Morgan Library, Mary Flagler Cary Collection, New York. – *fahre sofort nach Hamburg:* Behn befand sich bereits in seinem Urlaubsort Timmendorferstrand.

8 Steinbach, 21. Juni 1896

Mein lieber, guter Freund!
Habe tausend Dank für Alles, was Du gethan. – Den, der Dir vielleicht der liebste wäre, die Vollendung des Angefangenen, kann ich Dir nicht einmal versprechen. So unausgegoren – unruhvoll ist meine jetzige Stimmung; zu nichts eigentlich weniger gestimmt als Musik. – Nun – wie es auch sei: Ich will mich ein bißchen ans Notenpapier setzen. – *Die wenigen Blätter* sind Alles, was ich gebraucht habe: Dir schien es

wol kaum des Suchens werth. Aber trotzdem, lieber Hermann steckten drin die sämtlichen Keime zum ersten Satze. Ich will Dir sie seinerzeit schenken zum Angedenken an Deine Freundesthat – und zugleich zu der retrospectiven Probe auf dieses eigenartige Rechenexempel. In Leipzig und Dresden hatte ich Glück: *Nikisch u. Schuch* versprachen mir Beide Aufführungen meiner Werke in der nächsten Concertsaison. Scheidemantel zeigte sich sehr eingenommen für den „fahrenden Gesellen" und wird wol auch herankommen.

In Berlin fielen die Häuser und Menschen auf mich. Eine solche Bedrängniß fühlte ich im Innern in diesem verwirrenden Getriebe, daß ich, ohne etwas zu unternehmen, was ich vorhatte, gleich den nächsten Morgen abdampfte. In Wien hielt ich mich einige Tage auf, und nützte meine Zeit so gut als möglich mit Anknüpfungen, Besuchen etc. aus.

Nun sitze ich hier mit meinen Schwestern und Frau Bauer; aber alle dießmal sehr herabgestimmt von der Öde und Einsamkeit des Ortes, und der festen Absicht, ihn nicht wieder aufzusuchen. Jetzt, da ich nicht arbeitslustig bin, sehe ich erst, *welches Opfer* mir die armen Frauen gebracht haben, seit Jahren sich den ganzen Sommer mit mir hier zu vergraben.

Von Dir und den Deinen schreibst Du ja gar nichts? Bitte, laß mich doch auch wissen, wie es Euch geht, und was Ihr treibt. –

Die Berechnungen des *Correctors* haben mir ordentlich lange Zähne gemacht, und ich muß wirklich an mich halten, um nicht wieder Dummheiten zu machen – und das wäre es wirklich, wenn ich wieder in meine bereits sehr herabgekommene Tasche greifen wollte, um die C-moll autografiren zu lassen. Aber nothwendig wäre es schon, daß man den Dirigenten die Partitur zustellt. *Alle wenigstens verlangen sie!* Na das Briefpapier geht aus. Bitte, schreibe mal über Euch! Sei herzlichst gegrüßt und *nochmals tausendmal* bedankt von Deinem treuen

Gustav Mahler

[oberhalb des Briefkopfs hinzugefügte Zeilen:]
An Deine liebe Frau von mir und meinen Schwestern die herzlichsten Grüße.

(Frau Bauer ist eben nicht hier, sonst schlöße sie sich wol an.[)]

Autograph: The Pierpont Morgan Library, Mary Flagler Cary Collection, New York. – *tausend Dank:* Behn hatte Mahler die Skizzen zum 1. Satz der III. Symphonie zugesandt (siehe Brief 7). – *Die wenigen Blätter:* Entgegen Mahlers Ankündigung, die Skizzen

Behn als Dank für dessen Hilfe zu schenken, erhielt schließlich Natalie Bauer-Lechner die Blätter mit einer Widmung vom 28. Juli 1896 überreicht (NBL, S. 50 und Abbildung). – *Nikisch und Schuch:* Arthur Nikisch (1855–1922) und Ernst von Schuch (1846–1914), die bekannten Dirigenten. Nikisch war seit 1895 Leiter der Leipziger Gewandhauskonzerte und – als Nachfolger Bülows – des Berliner Philharmonischen Orchesters. Schuch war Generalmusikdirektor an der Kgl. Hofoper in Dresden, die er zu einem der fortschrittlichsten Opernhäuser im damaligen Deutschland machte. Die unmittelbaren Resultate von Mahlers Verhandlungen in Leipzig und Dresden waren: Am 9. November 1896 in Berlin die Aufführung des 2. Satzes der Dritten Symphonie durch die Berliner Philharmoniker unter Nikisch; am 14. Dezember 1896 in Leipzig die Aufführung des 1. und 2. Satzes der Zweiten Symphonie mit dem Orchester des Liszt-Vereins unter Mahler; am 15. Januar 1897 in Dresden die Aufführung des 2., 3. und 4. Satzes der Zweiten Symphonie durch die Dresdner Hofkapelle unter Schuch. – *Scheidemantel:* Karl Sch. (1859–1923), Bariton, 1886 bis 1911 Mitglied der Dresdner Oper. Von einer Aufführung der „Lieder eines fahrenden Gesellen" mit Scheidemantel ist nichts bekannt. – *Berlin:* Mahler war am 1. Juni vorerst nach Berlin gereist (vgl. Brief an Max Marschalk, GMB, Neuausgabe, Nr. 174, S. 158). – *Wien:* Mahler hielt sich vom 5. bis 11. Juni in Wien auf (vgl. die Postkarten an Friedrich Löhr, GMB, Neuausgabe, S. 423). – *Frau Bauer:* Natalie Bauer-Lechner (1858–1921), Geigerin, die mit Mahler und dessen Schwestern den Urlaub in Steinbach verbrachte. – *Öde und Einsamkeit:* Natalie Bauer-Lechners Erinnerungen zufolge war das Wetter in diesem Sommer ziemlich regnerisch (vgl. auch Mahlers Brief an Anna von Mildenburg, GMB, Neuausgabe, Nr. 177, S. 161). – *des Correctors:* offensichtlich geht es um den Druck der Partitur zur Zweiten Symphonie. Sie erschien schließlich im Februar 1897 im Verlag Hofmeister, Leipzig.

9

Steinbach am Attersee, 11. Juli 1896
↖
Beendigung der III.

Mein lieber, guter Freund!
Heute bin ich endlich in der glücklichen Lage, Dir die Beendigung der Composition meines ersten (und letzten) Satzes anzuzeigen. Ich werde mich nun, um ein wenig auszuruhen, auf einige Tage im Gebirge herumtummeln, und komme dann zurück, um den Entwurf in Partitur auszuführen, was nunmehr hauptsächlich eine Frage der Zeit und Geduld ist. Über den Satz selbst unterlasse ich es, etwas zu sagen; Du kennst meine Abneigung, Musik zu beschreiben, und ich hoffe, daß Du ihn, und seine Geschwister [Dir] im nächsten Winter zu Gemüthe führen wirst. Er führt den Titel: *Der Sommer marschirt ein,* und dauert ungefähr – 45 Minuten! Darnach kannst Du urtheilen, welchen Inhalt er hat und ist so ziemlich das Keckste, was ich bis jetzt concipirt. –

Du, lieber Hermann, hast Dich darum redlich verdient gemacht; denn ohne die *Skizzen* hätte ich nichts anfangen können. Ich bin Dir wirklich herzlich dankbar. Dir schienen diese paar Notenblätter allerdings sehr unbedeutend. Aber sie enthielten faktisch (nach meiner Art zu skizziren) alle Keime zum nunmehr völlig ausgewachsenen Baum, und ich hoffe, daß Du dich für Deine Strapazen bedankt fühlen wirst, wenn Du das Ganze übersehen wirst. Nochmals herzlichsten, unvergänglichen Dank! Warum schreibst Du gar nichts von Deiner Familie? Was macht Deine liebe Frau? – Die wird Augen machen, wenn sie das hören wird. Grüße sie herzlichst von mir! Und lasse, bitte, was hören! – Ich bin ganz zapplig und muß hinaus – ich beendige diesen Brief indem ich Dich herzlichst umarme, lieber Freund

Dein
Gustav Mahler

Autograph: The Pierpont Morgan Library, Mary Flagler Cary Collection, New York. – *Beendigung der Composition meines ersten (und letzten) Satzes:* Der 1. Satz der Dritten Symphonie wurde erst nach den Sätzen 2–6 fertiggestellt (siehe Brief 5). – *einige Tage im Gebirge:* In einem Brief an Anna von Mildenburg, ebenfalls am 11. Juli geschrieben, bestätigt Mahler seine Absicht, einige Tage lang Bergtouren zu unternehmen (Kurt Blaukopf, *Gustav Mahler – Sein Leben, sein Werk und seine Welt,* Wien 1976, S. 207).

10 [Ohne Datum. Wien, 26. 11. 97]

Lieber Freund Hermann!
Herzlich haben mich Deine Zeilen gefreut! Natürlich bleiben wir die Alten! Wie konntest Du nur daran zweifeln? Ich habe nicht ein[e] Sekunde Zeit zum Schreiben! Daher, kommt her, da sollt Ihr Euere Freude haben! – Es geht alles viel besser, als ich je gedacht! Und auch viel schlechter, denn meine Stellung absorbirt mich ganz und nimmt mich mit Haut und Haaren in Beschlag. An „*Arbeiten*" nicht zu denken! Daher kann ich mich nicht recht ihrer freuen! Vederemo! Sei Du und Deine Frau vielmals von uns allen gegrüßt! und *auf Wiedersehen, bald, hier!*

Dein Gustav Mahler

Autograph: The Pierpont Morgan Library, Mary Flagler Cary Collection, New York. – *Ich habe nicht eine Sekunde Zeit:* Mahler war am 8. Oktober 1897 zum artistischen Direktor des Wiener Hofoperntheaters ernannt worden.

11

DIE K. UND K. DIRECTION DES
KAIS. KÖN. HOF-OPERNTHEATERS IN WIEN

[Ohne Datum. Wien, 11. 4. 98]

Lieber Freund!
Eben zurückgekehrt, finde ich Deine lieben Zeilen vor, die mich unendlich beruhigt haben. Nimm herzlichsten Dank! Also bis zum 8. Mai dauert voraussichtlich ihre Reconvalescenz. Nun bitte ich Dich, Deinen ganzen (und ev. auch *meinen*) Einfluß aufzubieten, um zu verhindern, daß sie sich etwa von der Hamburger Direktion breitschlagen läßt, nochmals aufzutreten. – Das darf unter *keinen Umständen geschehen!* Sie soll schauen nun bis zum Herbst *ganz* zu gesunden, um hier dann eine ihrer würdige Laufbahn zu beginnen, zu der sie alle ihre Kräfte braucht. Ich bin sehr beeilt, entschuldige meine Kürze! Ich hoffe bald wieder und Erfreuliches zu hören.

Sei herzlichst bedankt

von Deinem
Gustav

Autograph: Privatbesitz, Mindelheim, BRD. – *ihre Reconvalescenz:* Betrifft die Sängerin Anna von Mildenburg, über deren Befinden sich Mahler bei Behn erkundigt hatte. Bemühungen, die Mildenburg von Hamburg nach Wien zu engagieren, hatten schon vor Mahlers Engagement nach Wien eingesetzt (vgl. Mahlers Brief an Anna von Mildenburg, GMB, Neuausgabe, Nr. 175, S. 159 f.). Im Dezember 1897 gastierte sie an drei Abenden an der Wiener Hofoper; mit Vertrag vom 1. Juni 1898 wurde sie Mitglied der Hofoper.

12

DIE K. UND K. DIRECTION DES
KAIS. KÖN. HOF-OPERNTHEATERS IN WIEN

[Ohne Datum. Wien, 4. 6. 98]

Lieber Freund!
Ich war ganz entsetzt darüber, als ich hörte, daß die Mildenburg *aufgetreten* ist. Ich bin meiner Behörde gegenüber nun *desavouirt;* denn

ich verlautbarte, daß sie nicht in der Lage ist aufzutreten. Ich bewillige ihr hiemit auch den Urlaub für August, respective ich *setze sie nicht an,* da ihr sonst, wenn sie mit ärztlichem Attest darum einkäme bedeutende Abzüge gemacht werden. Ich verfahre *incorrect,* denn ich habe eigentlich nicht das Recht, die Statuten zu umgehen. Hoffentlich tritt sie inzwischen nicht wieder auf. Auch bin ich ganz unglücklich, zu hören, daß sie *nicht* im Vollbesitze Ihrer Stimmittel ist. Ich habe sogar die allarmirendsten Gerüchte darüber vernommen. Gebe Gott, daß dieselben übertrieben sind.

Ich finde es gewissenlos, daß sie überhaupt aufgetreten ist. Herzlichsten Dank und Grüße an alle in größter Eile

Dein
Gustav Mahler

Autograph: Privatbesitz, Wien.

13 Vahrn [Ohne Datum. 30. 7. 98]

Lieber Freund!
Deinen letzten Brief erhielt ich noch hier; heute begebe ich mich nach Wien. – Die M[ildenburg] erwarte ich am 15. Aug. – Meine Schmerzen haben noch immer nicht nachgelassen; es scheint eben eine langwierige Geschichte zu sein. Daß ich unter solchen Umständen nicht viel gearbeitet habe, ist natürlich. Einiges aus des *Knaben Wunderhorn* ist zu dem früheren dazu gekommen.

Wäre es nicht gut, der M. das Repertoir der 2. Augusthälfte zuzusenden, damit sie darüber nachdenken könnte, was für Aufgaben sie eventuell im Anfang übernehmen möchte. – In diesem Falle sende mir sofort nach Wien ihre genaue Adresse, damit ich das Repertoir einsenden kann.

Die Emma hat sich allerdings mit dem Bruder des Concertmeister Rosé verlobt; da sie davon Deiner Frau Mittheilung gemacht, so glaubte ich, daß auch Du davon weißt. Übrigens geht die Geschichte im Stillen vor sich, und noch im August dampft das Paar nach *Boston,* dem Aufenthaltsorte des Bräutigams, der Cellist im Symphonieorchester daselbst ist, ab. Ich hoffe Dich, bald in Wien begrüßen zu können und grüße Dich und Deine liebe Frau vielmals.

Dein
Gustav Mahler

Autograph: The Pierpont Morgan Library, Mary Flagler Cary Collection, New York. – *Meine Schmerzen:* lt. HLG, S. 480, hatte sich Mahler am 6. Juni 1898 in Wien einer Hämorrhoidenoperation unterzogen. – *Einiges aus des Knaben Wunderhorn:* „Lied des Verfolgten im Turm" und „Wo die schönen Trompeten blasen". Die Skizzen zu diesen Liedern sind mit Juli 1898 datiert. – *Die Emma:* Mahlers Schwester Emma hatte sich mit Eduard Rosé (1859–1943), dem Bruder des Konzertmeisters der Wiener Philharmoniker, Arnold Rosé, verlobt. Arnold Rosé heiratete 1902 Mahlers Schwester Justine.

Edward R. Reilly

GUSTAV MAHLER UND WALTER DAMROSCH

Als Mahler im Dezember 1907 zum erstenmal in New York eintraf, waren seine Kompositionen in Amerika alles andere als bekannt. Von seinen Symphonien waren bisher nur zwei, nämlich die Vierte und die Fünfte, aufgeführt worden, und zwar erstmalig in den Jahren 1904 und 1905. Die folgenden Briefe an Damrosch und auch die an Wilhelm Gericke (siehe Seite 61 ff.) informieren über Mahlers Beziehungen zu zwei von den insgesamt drei Musikern, die die ersten Aufführungen seiner Symphonien in den Vereinigten Staaten veranlaßten.

Walter Damrosch (1862–1950) war im Musikleben der Stadt New York eine bedeutende Erscheinung. Er stammte aus Breslau, wo sein Vater Leopold Damrosch (1832–1885), ein Freund Wagners und Liszts, Ruhm als Geiger und als Dirigent erlangt hatte. Im Jahre 1871 ging Leopold Damrosch nach New York, um die Arion Society, einen Männergesangsverein, zu leiten, und gründete in der Folge sowohl die New York Symphony Society als auch die New York Oratorio Society. Die Familie kam bald nach, und Walter Damrosch betrieb sein Musikstudium vorerst bei seinem Vater, später in Europa bei einer Reihe von angesehenen Persönlichkeiten, darunter Felix Draeseke und Hans von Bülow. Nach dem Tod seines Vaters leitete Walter Damrosch von 1885 bis 1927 die Symphony Society und von 1885 bis 1928 die Oratorio Society. Zeitweise wirkte er auch als Opernkapellmeister. Die Urteile über seine Fähigkeiten als Dirigent weichen stark voneinander ab, doch wurde er fast allgemein wegen der Frische und des Innovationsreichtums seiner Programme anerkannt. Damrosch führte viele zeitgenössische Werke von Rang in die Vereinigten Staaten ein.

Einem Artikel in der *New York Times* zufolge, der zur Zeit der amerikanischen Erstaufführung von Mahlers Vierter Symphonie (unter Damroschs Leitung am 6. November 1904) erschien, waren die beiden Musiker erstmals im Jahre 1895 in beruflichen Kontakt gekommen. Damals hörte Damrosch die „Meistersinger“ unter Mahler in Hamburg und war so beeindruckt, daß er an ihn schrieb und „seinem Vergnügen“ Ausdruck gab. Früh am nächsten Morgen kam durch Eilboten die Antwort, in der Mahler für das ihm durch den Besucher gespendete Lob dankte und hinzufügte, daß er damit „zum erstenmal in seinem Leben ein Wort der Anerkennung von seiten eines Kollegen erfahren habe".[1] Damroschs Aufführung von Mahlers Vierter Symphonie im Jahre 1904 wurde als bedeutende Novität herausgestellt und allgemein günstig aufgenommen, obwohl die kritischen Meinungen bei weitem nicht einmütig waren.

Die folgenden sechs Briefe von Mahler an Damrosch stammen alle aus der Zeit bald nach Mahlers erstem Auftreten in Amerika, als er mit beachtlichem Erfolg an der Metropolitan Opera dirigierte. Bei der von Mahler geleiteten Vorstellung von „Tristan und Isolde" am 18. Januar 1908 war Damrosch, wie es heißt, unter den Zuhörern, zugleich mit drei anderen bekannten Dirigenten: Alfred Hertz (1872–1942), Victor Herbert (1859–1924) und Frank van der Stucken (1858–1929).[2] Van der Stucken hatte am 24. März 1905 die erste, recht erfolgreiche amerikanische Aufführung von Mahlers Fünfter Symphonie mit dem Cincinnati Symphony Orchestra dirigiert.

Es ist sehr gut möglich, daß Damrosch mit Mahler schon vor dessen Ankunft in New York in Verbindung war, da die *New York Times* am 6. Oktober 1907 berichtete, daß Mahler in der Saison 1907–08 seine Siebente Symphonie dirigieren werde, „wenn die Pläne der Society [d. h. der New York Symphony Society] nicht fehlschlagen".[3] Die erhaltene Korrespondenz setzt Mitte März 1908 ein, als ein früheres Projekt bereits ins Wasser gefallen war. Wie der erste Brief zeigt, lag die Ursache der Schwierigkeiten in der Unnachgiebigkeit des Direktors der Metropolitan Opera. Wahrscheinlich Ende März 1908, als weitere Schwierigkeiten in den Verhandlungen um das für den Frühling dieses Jahres geplante Auftreten Mahlers mit dem Symphony Orchestra auftauchten, verfaßte Damrosch selbst ein maschinschriftliches Memorandum über die vorangegangenen Kontakte. In diesem zitiert Damrosch in englischer Übersetzung aus mehreren Briefen Mahlers, offenbar in der Absicht, die vorhandenen Probleme gütlich zu lösen oder gerichtliche Schritte einzuleiten. Erst durch Damroschs Kommentar wird deutlich, in welchem Zusammenhang Mahler die ersten fünf Briefe geschrieben hat, weshalb es notwendig erscheint, auch diese Bemerkungen hier wiederzugeben. Mahler war durch Klauseln in seinem Kontrakt mit der Metropolitan Opera behindert, Auftritte als Konzertdirigent zu vereinbaren; außerdem trat eine Gruppe von Mäzenen an ihn heran, die Konzerte unter seiner Leitung finanzieren und vielleicht ein neues Orchester für ihn aufstellen wollte.

WALTER DAMROSCH

Obwohl Damrosch in seinem Memorandum (das samt den Briefen in der New York Public Library aufbewahrt wird) nicht alle Briefe Mahlers zitiert und auch nicht von allen zitierten vollständige Übersetzungen vorlegt, werden im folgenden die Texte von Mahlers Briefen in voller Länge nach dem Autograph wiedergegeben. Für die Abdruckgenehmigung sei der *Damrosch Collection. Music Division. The New York Public Library, Astor, Lenox & Tilden Foundations*, gedankt.

[Damroschs Memorandum:]
Da die Symphony Society von New York ein ständiges Orchester unterhält, erwartet sie, daß dieses auch hervorragenden ausländischen Dirigenten, die unser Land besuchen, zur Verfügung steht.

In Verfolgung dieses Zieles war es unser Wunsch gewesen, Mr. Gustav Mahler für einige Konzerte dieser Saison zu verpflichten. Ich hatte Bedingungen, Daten und Programme in hinreichender Weise vorbereitet, aber im letzten Moment zog Mr. Conried[4] seine Genehmigung zurück und behauptete, daß die Proben zu diesen Konzerten zuviel von Mr. Mahlers Zeit in Anspruch nehmen und ihn von seinen Pflichten am Opernhaus abhalten würden.

Am 16. März erhielt ich von Mr. Mahler einen Brief, in dem er seinen Wunsch mich zu treffen ausdrückte.

[Mahlers erster Brief, in Damroschs Memorandum nicht enthalten:]

1

HOTEL MAJESTIC
WEST SEVENTY-SECOND ST. AT CENTRAL PARK

New York. 16. März 1908

Lieber Herr Damrosch!
Ich hatte gestern keine Gelegenheit, Ihnen persönlich noch auszudrükken, wie leid es mir that, heuer nicht bei Ihnen dirigiren zu können, und wie sehr ich die Ungelegenheiten bedauerte, die Ihnen die Verständnißlosigkeit meines „Chefs" bereitete.

Ich möchte aber das Versäumte wenigstens nächste Saison nachholen; und da es nunmehr bei meiner bevorstehenden Vertragserneuerung von mir abhängt, nach dieser Richtung freie Hand zu haben, so frage ich nun bei Ihnen [an], ob Sie mich nächstes Jahr haben wollen; und wenn ja so möchte ich mündlich mit Ihnen das Nähere besprechen, um allen Schwierigkeiten aus dem Wege zu gehen.

Mit herzlichsten Grüßen Ihr ganz ergebenster

Mahler

[Damrosch:]
In Beantwortung dieses Schreibens drückte ich meine Freude aus und schlug Sonntag, den 22. März, für ein Treffen vor. Mahler erklärte sich damit in dem folgenden Brief vom 18. März einverstanden.
[Mahlers zweiter Brief, in Damroschs Memorandum zur Gänze aufgenommen bis auf Briefkopf und Schlußformel:]

2

HOTEL MAJESTIC
WEST SEVENTY-SECOND ST. AT CENTRAL PARK

[Ohne Datum. New York, 18. März 1908. Datum von fremder Hand, in Bleistift, vermutlich von Damrosch]

Lieber Herr Damrosch!
Wenn es Ihnen keine Ungelegenheiten verursacht, so bäte ich, daß Sie am Sonntag Vormittag zu mir kommen, da ich mit meiner Zeit am Vormittag sehr geizen muß. Um 12 Uhr muß ich über's Land. Darf ich Sie zwischen 11 und 12 Uhr erwarten?

Mein Engagement an der Metropolitan beginnt am 7. Jänner. – Wäre es möglich vorher in knapper Aufeinanderfolge 2 Conzerte bei Ihnen zu arrangiren. Das erste mit einem classischen Programm und das 2. mit meiner Chorsymphonie?

Das wäre mir am sympathischsten. Ich könnte mich ganz meiner Aufgabe widmen, da ich an der Oper noch kein Amt hätte; und könnte mich so in New-York vor Antritt der nicht sehr erquicklichen Stellung in bedeutender Weise präsentiren.

Also wir besprechen das Alles am Sonntag, und zu diesem Behufe wäre es gut, wenn Sie Ihre Concertdaten für diese Zeit – ungefähr 20 Dezember bis 6 Jänner – mitbrächten.
Mit freundlichsten Grüßen Ihr ergebener

G. Mahler

[Damrosch:]

Wir trafen einander demgemäß im Hotel Majestic und schlossen nach einem kurzen und freundlichen Gespräch ein vollständiges mündliches Abkommen, das alle Fragen klärte, wie: drei Konzerte – am Sonntag, dem 27. Dezember, mit einem Mozart- und einer Beethoven-Symphonie; am Sonntag, dem 3. Januar; und am Dienstag, dem 5. Januar, mit Mahlers Zweiter Symphonie. Die Bedingungen wurden festgelegt, ebenso die Anzahl der zusätzlichen Musiker und der Solisten, die für seine Symphonie benötigt werden. Mein Archivar sollte am nächsten oder übernächsten Tag in sein Hotel kommen, um Partitur und Stimmen seiner Symphonie zu holen, und ich dachte, ich würde Gelegenheit haben, sie irgendwann während des Sommers mit dem Orchester durchzugehen. Herr Mahler stellte nur eine Bedingung, nämlich daß unser Abkommen für ihn nur dann bindend sein sollte, wenn er die Conried Opera Company zwingen könnte, ihm das Recht auf einige Konzertverpflichtungen vor Beginn seines Opernkontraktes am 7. Januar einzuräumen. Er sagte jedoch: „Darüber gibt es keinen Zweifel, weil ich ihren Kontrakt nicht unterschreiben werde, wenn sie dem nicht beipflichten." Um 12 Uhr kam Mrs. Mahler ins Zimmer, entschuldigte sich für die Störung, sagte jedoch, sie müsse Mr. Mahler mahnen, sich zur Abfahrt fertig zu machen. Mr. Mahler sagte lachend zu ihr: „Das ist in Ordnung. Wir sind fertig und völlig einig. Mit Mr. Damrosch ein Abkommen zu treffen, dauert nicht so lang wie ein Abkommen mit der Metropolitan Opera."

Am nächsten Tag, dem 23. März, dirigierte ich ein Beethovenkonzert mit unserem Orchester in der Academy of Music in Philadelphia. Zu meiner Überraschung war Mr. Mahler im Saal. Er war wegen einer „Siegfried"-Matinee am folgenden Tag herübergekommen. Von der Aufführung zeigte er sich überschwenglich begeistert. Nach der Eroica kam er ins Künstlerzimmer. Ich stellte ihm zwanzig oder dreißig Orchestermitglieder vor, die sich um uns drängten, und sagte: „Sie werden sich besonders freuen, Mr. Mahler kennenzulernen, da er im nächsten Winter drei unserer Konzerte dirigieren soll." In seiner Erwiderung drückte er seine Freude darüber aus, daß ihm ein so gutes Orchester zur Verfügung stehen werde.

Am nächsten Tag [Dienstag, 24. März] schickte ihm der Sekretär der Symphony Society eine schriftliche Bestätigung unserer Vereinbarung. Am Mittwoch erhielt Mahler (wie ich später erfuhr) von einem Damenkomitee eine Einladung, eine Reihe von Konzerten zu dirigieren. Ich rief ihn an und fragte ihn am Telefon, was der Artikel bedeute, den ich soeben im New Yorker *Sun* gelesen hatte. In diesem Artikel wurde eine nicht namentlich genannte Person zitiert, derzufolge ein Fonds geschaffen worden sei mit dem Zweck, daß Mr. Mahler im nächsten Winter einige Symphoniekonzerte dirigieren solle und daß nichts mehr fehle als seine Einwilligung. Mr. Mahler entgegnete, daß auch er diese Notiz gesehen und angenommen habe, sie beziehe sich auf das Abkommen, das er mit mir geschlossen hatte. Dann fügte er noch hinzu: „Sie können sicher sein, daß ich mit niemandem außer Ihnen arbeiten würde."

Am Donnerstag, dem 26. März, erhielt ich den folgenden Brief.

3

HOTEL MAJESTIC
NEW YORK

[Ohne Datum. in Damroschs Übersetzung: 26. März]

Lieber Herr Damrosch!
Zwischen Thür und Angel haben sich einige Schwierigkeiten eingefunden, die ich zwar zu überwinden hoffe, die mich aber zunächst noch veranlassen, Sie zu bitten, mit unserer Angelegenheit noch ein wenig warten zu wollen.

Ich bitte freundlichst meine nächste Nachricht noch abwarten zu wollen, bevor wir die Angelegenheit als definitiv ansehen können.
Freundlichst grüßend und in Eile

Ihr ergebenster
G. Mahler

[Damrosch:]
Bei einem Telefonanruf versicherte er mir, daß die genannten Schwierigkeiten mit seinem Opernkontrakt in Zusammenhang stünden, jedoch sehr bald zufriedenstellend geregelt sein würden.

Samstag, 28. März, rief ich ihn wieder an um nachzufragen, ob er schon endgültige Vereinbarungen mit Mr. Kahn[5] von der Conried [Metropolitan] Opera Company getroffen habe. Er sagte, daß er ein abschließendes Gespräch am Sonntag Nachmittag erwarte.

[Damrosch macht von Mahlers Brief 4 keine besondere Erwähnung, doch ist deutlich, daß dieser als Erwiderung der Telefonanrufe vom 27. oder 28. März geschrieben wurde.]

4

HOTEL MAJESTIC
NEW YORK

[Ohne Datum. 28. März 1908]

Lieber Herr Damrosch!

Leider werde ich morgen wieder nicht von Ihrer Güte Gebrauch machen können, da ich 1/24 bei einer Sitzung des „Executive Comittee" zu sein habe, in der das letzte Wort auch in meiner Angelegenheit gesprochen wird. Verzeihen Sie, bitte, mein Nichterscheinen, und legen Sie mir dieß nicht als Mangel an Interesse aus. Ich hoffe sicher zur IX. zu können.

Über unsere Angelegenheit hoffe ich auch in den nächsten Tagen mich entscheiden zu können.

Mit herzlichstem Gruß

Ihr ergebenster
Gust. Mahler

[Damrosch:]
Sonntag, den 29. März, traf ich Mr. Kahn bei einer Abendgesellschaft und fragte ihn, ob er Mr. Mahler das Recht eingeräumt habe, Konzerte zu dirigieren, was ich insbesondere wissen wollte, weil meine Abmachung mit Mr. Mahler von diesem Recht abhinge. Mr. Kahn antwortete, daß die Company dieses Recht Mr. Mahler eingeräumt habe.

Am nächsten Tag, dem 30. März, schrieb ich dementsprechend an Mr. Mahler, drückte meine Genugtuung aus, daß nun alles definitiv abgemacht sei und erhielt folgendes als Antwort.

5

HOTEL MAJESTIC
CENTRAL PARK WEST 72d to 71st Sts.

[Ohne Datum. New York, 31. März 1908]

Lieber Herr Damrosch!
Mir hat Kahn allerdings die Bahn frei gegeben. Damit ist die Sache aber nur für die Metropolitan-Compagnie gelöst, denn ich muß für diese Freigabe auf 3000 $ meiner Bezüge verzichten. Ich muß also nun erst sehen, wo ich das wieder hereinbringe; und außerdem sind die Beziehungen, die ich angeknüpft (resp. die mit mir angeknüpft wurden und die mir zunächst noch *eine Wartezeit* [?] auferlegen – davon gelegentlich mündlich) noch nicht gelöst. – Ich habe mir von Kahn eine Bedenkzeit von 10 Tagen ausgebeten; und solange bitte ich auch Sie, sich zu gedulden.

Daß mir die Verbindung mit Ihnen die sympatischste ist, habe ich Ihnen bewiesen. Aber Sie werden begreifen, daß ich unter solchen Umständen, auch noch andere Gesichtspunkte in's Auge fassen muß. Auch über die Daten und manche Kleinigkeiten müssen wir noch sprechen. Ich habe eben versucht, mit Ihnen telephonisch verbunden zu werden, aber es gelang nicht. Wir sprechen also über Alles gelegentlich mal ausführlich. Für heute nur soviel, daß ich mich sehr freuen würde, und es ganz meinen künstlerischen Intentionen entsprechen würde, bei Ihnen zuerst zu dirigiren.
Mit herzlichsten Grüßen

Ihr ergebenster
Mahler

[Damrosch:]
Wie man aus diesen Briefen merken wird, gab er sich während der ganzen Zeit seiner Verhandlungen mit dem „Damenkomitee" mir gegenüber den Anschein, als wäre die Tatsache, daß seine kontraktlichen Beziehungen zur Opera Company noch nicht völlig bestimmt seien, der einzige Grund, der ihn von einer Bestätigung unseres Abkommens abhielte. Er wußte nämlich so gut wie ich, daß dies der einzige fragliche Punkt in unserer Vereinbarung war.

Hier endet Damroschs Protokoll über seine Verhandlungen mit Mahler. Die Abfassung dieses Berichtes mag von einem Brief des Rechtsanwaltes Dave H. Morris vom 1. April 1908 beschleunigt worden sein. Dieser vertrat die Damen, die an Mahler nach dessen vorangegangenen Gesprächen mit Damrosch herangetreten waren. Der Brief des Anwalts stellt deutlich dar, wie die Dinge zu dieser Zeit standen.

DAVE H. MORRIS
COUNSELLOR AT LAW
68 BROAD ST., N. Y.

1. April 1908

Sehr geehrter Mr. Damrosch,
Ein Komitee von Damen hat mich beauftragt, die juristischen Formalitäten im Zusammenhang mit etlichen Konzerten zu betreuen, die sie im nächsten Herbst unter der Leitung von Gustav Mahler veranstalten wollen. Unter anderem wollten sie meine Ansicht darüber wissen, ob es Mr. Mahler möglich sei oder nicht, mit ihnen einen Vertrag zu schließen. Nachdem ich sie angehört und Mr. Mahler befragt hatte, kam ich zu dem Schluß, daß es Mr. Mahler frei stehe, jeglichen Vertrag zu schließen, den er will, da ich nicht feststellen konnte, daß er sich außer an die Conried Opera Company an irgendjemand gebunden habe und daß ihn gewisse Vereinbarungen mit dieser in den Stand setzten, Konzertverträge mit anderen abzuschließen. Beim Abschluß des Conried-Kontraktes mußte er eine bestimmte Konzession machen, um die Konzertrechte zu erhalten, und er war, wie ich von ihm erfahre, zu dieser Konzession bereit im Hinblick auf das Angebot des Damenkomitees, das ich vertrete. Dieses Angebot hat er bereits schriftlich akzeptiert, und ein Vertrag darüber wurde ordnungsgemäß abgeschlossen.

Sowohl Mr. Mahler als auch das Komitee haben vorgeschlagen, daß ich Sie aufsuche, da sie mich als Ihren Freund und persönlichen Bewunderer kennen, um Ihnen den Fall so auseinanderzusetzen, daß Sie verstehen können, was sich ergeben hat. Ich würde sehr gerne Ihre Ansicht über die provisorischen Verhandlungen mit Mr. Mahler hören, da ich es äußerst bedauern würde, eine Meinung zu äußern, die von den Tatsachen in diesem Fall nicht gerechtfertigt ist und Ihre Interessen irgendwie nachteilig beeinflussen könnte. Ich bin sicher, daß das Komitee und Mr. Mahler ähnlich gesinnt sind. Obwohl sie mir gegenüber die Tatsachen so sorgfältig und gewissenhaft wie möglich vorgebracht haben, haben sie doch das Gefühl, sie könnten etwas unbeachtet gelassen haben, und wünschen, daß Sie dies richtigstellen respektive ergänzen.

Würden Sie daher, im Falle, daß Sie Wert darauf legen, die Sache mit mir zu verhandeln, zum ehesten Zeitpunkt Ihrer Wahl eine Verabredung mit mir vereinbaren?

Ihr ergebener
Dave H. Morris

Offenbar ging Damrosch auf diesen Vorschlag ein und gewann auch die Unterstützung Kahns als Mittelsmann. Mahler, der seine Kontakte zum Damenkomitee vor Damrosch zweifellos verheimlicht hatte, scheint peinlich darauf geachtet zu haben, ihn dennoch fair zu behandeln. Ob das Komitee wirklich, wie Damrosch meint, an Mahler zum erstenmal am 25. März herangetreten ist, bleibt ungewiß. An einem Tag vor dem 14. April schrieb Mahler seinen letzten Brief an Damrosch, worin er seine Hoffnung auf weitere gute Beziehungen aussprach und seine Überzeugung, daß eine Lösung des Problems gefunden werden könnte.

6

HOTEL MAJESTIC
NEW YORK

[Ohne Datum. zwischen 2. und 7. April 1908]

Lieber Herr Damrosch!
Herr Kahn hat mir gestern Ihre neue Proposition mitgetheilt. Doch kann zu meinem Bedauern die Situation hiedurch nicht geändert werden. – Mir persönlich thut dieß außerordentlich leid. – Nicht nur, daß ich riesig gern mit Ihrem prachtvollen Orchester arbeiten würde, sondern auch meine Sympathie für Ihre Person, und die große Achtung, die ich Ihren künstlerischen Leistungen und Zielen entgegenbringe, würde es mich schmerzlich empfinden laßen, wenn unsere freundschaftlichen Beziehungen dadurch leiden könnten.

Mir ist jedoch soeben ein Ausweg eingefallen, durch den beiden Theilen geholfen wäre. Ich werden[!] diesen ventiliren, und in wenigen Tagen Gelegenheit nehmen, mit Ihnen persönlich darüber zu berathen.

Bis dahin herzlichste Grüße und die Bitte, meine aufrichtigen Wünsche für ein gutes Einvernehmen [1 oder 2 Wörter durchgestrichen] zwischen uns versichert zu sein.

Ihr ganz ergebener
Gust. Mahler

Da Mahler vom 8. bis inklusive 11. April ein Gastspiel der Metropolitan Opera in Boston dirigierte, ist anzunehmen, daß obiger Brief vor seiner Abreise geschrieben wurde. Kurz nach seiner Rückkehr nach New York wurde die Angelegenheit zwischen Damrosch und dem Damenkomitee geregelt. Am 14. April kündigte die *New York Times* an, daß Mahler in der folgenden Saison drei Konzerte der New York Symphony Society dirigieren werde.[6] Diese Konzerte fanden im November und Dezember 1908 unmittelbar nach Mahlers Rückkehr aus Europa statt. Das erste am 29. November brachte Schumanns Erste Symphonie, Beethovens Coriolan-Ouverture, die Ouverture zur „Verkauften Braut" von Smetana und das Vorspiel zu den „Meistersingern von Nürnberg" von Wagner. Am 8. Dezember leitete Mahler die erste Aufführung seiner Zweiten Symphonie in Amerika. In seinem dritten Programm am 13. Dezember dirigierte er Wagners Faust-Ouverture, Webers Ouverture zu „Oberon" und Beethovens Fünfte Symphonie. Wie zu erwarten, stießen diese Konzerte, besonders das mit Mahlers Zweiter Symphonie, auf unterschiedliche Stellungnahmen. Abgesehen von der Symphonie jedoch war das kritische Echo eher positiv als negativ. Und obwohl es hieß, daß Mahler über das unentschuldigte Fernbleiben mancher Musiker von den Proben ganz unglücklich war, meinten mehrere Kritiker, daß er aus dem Orchester – wenn auch keine restlos befriedigende – so doch eine über dem Durchschnitt liegende Leistung herausgeholt habe.[7]

Fünf Tage, nachdem über Mahlers Pläne mit dem Symphony Orchestra berichtet worden war, am 19. April 1908, kündigte Mary R. Sheldon (Mrs. George R. Sheldon), Präsidentin des „Damenkomitees" (das übrigens auch einige Herren zu seinen Mitgliedern zählte), in der *New York Times* an, daß Mahler im März und April 1909 drei Festkonzerte eines eigens zusammengestellten Orchesters dirigieren werde.[8] In einer gedruckten Mitteilung, datiert 24. April 1908, verbreitete das Komitee die Nachricht von demselben Plan (der bei einer zwanglosen Zusammenkunft bei Mrs. Sheldon am 15. April entwickelt worden war) und auch von den viel weiterreichenden Bemühungen, ein neues Orchester zu gründen mit Mahler als vorgesehenem Dirigenten. „Das Orchester wird nicht für einen beliebigen Dirigenten gebildet, sondern wir sehen uns in der glücklichen Lage, für die Gründung einer solchen ständigen Organisation Mr. Mahler gewonnen zu haben."[9]

Diese Pläne wurden in den folgenden Monaten abgeändert, doch das Ziel blieb das gleiche. Nachdem der Dirigent Wassili Safonow (1852 bis 1917) die reguläre Konzertsaison 1908–09 des New York Philharmonic Orchestra abgeschlossen hatte, dirigierte Mahler dieses Orchester in zwei (und nicht drei) Sonderkonzerten. Im ersten Konzert am 31. März 1909 brachte er Schumanns „Manfred"-Ouverture, Beethovens Siebente Symphonie, Wagners Siegfried-Idyll und „Tannhäuser"-Ouverture, im zweiten Konzert am 6. April Beethovens „Egmont"-Ouverture und Neunte Symphonie. Obwohl die Kritiker einige der Schwächen des Orchesters registrierten, wurden die Konzerte im ganzen mit großer Begeisterung aufgenommen und Mahlers Geschick, disziplinierte und zugleich musikalisch fesselnde Aufführungen hervorzubringen, herzlich begrüßt.[10] Die Heranziehung des Philharmonic Orchestra verrät die zweite Wendung, die während des abgelaufenen Jahres stattgefunden hatte. Statt ein neues Orchester zu gründen, hatten sich die Förderer entschlossen, das Philharmonic Orchestra zu reorganisieren. Die Veränderungen vor Mahlers erster Saison (1909–1910) waren radikal. Die ursprünglich genossenschaftliche Organisation wurde durch ein Abkommen mit einem finanzkräftigen Direktorium ersetzt, das den Aufwand des Orchesters für drei Jahre garantierte. Die Zahl der Konzerte wurde mehr als verdoppelt, die Abonnementtage wurden abgeändert. Eine besondere historische Konzertreihe und ein Beethoven-Zyklus wurden angeboten und mehr Konzerte außerhalb von New York veranstaltet. Bis zum Beginn der Saison wurde etwa die Hälfte der Orchestermitglieder des Vorjahres ausgewechselt.[11] Durch alle diese Veränderungen begann die New Yorker Philharmonische Saison jene Gestalt zu gewinnen, die sie als direkten Vorgänger der heutigen Konzerte dieses Orchesters erkennen läßt.

Über Mahlers weitere Beziehungen zu Walter Damrosch ist bisher praktisch nichts bekannt geworden. In seinen Memoiren „My Musical Life", 1922 geschrieben und im darauffolgenden Jahr veröffentlicht, nennt Damrosch Mahler „einen großen Musiker und einen der besten Dirigenten Europas". Mahlers Kompositionen hingegen findet er unoriginell, gekünstelt und überlang.[12] Dieses Urteil behauptete sich in Amerika in weiten Kreisen noch nach dem Zweiten Weltkrieg.

[1] Richard Aldrich, *Mahler – His Personality and His Symphony,* in: The New York Times, 6. November 1904, Part 4, 2. Magazine Section, S. 4.

[2] Marvin Lee von Deck, *Gustav Mahler in New York: His Conducting Activities in New York City, 1908–1911,* Ph. D. Dissertation, School of Education, New York University, 1973, S. 104.

[3] Von Deck, S. 82.

[4] Heinrich Conried (1848–1909), Direktor der Metropolitan Opera bis zum Ende der Spielzeit 1907–08.

[5] Otto H. Kahn (1867–1935), Präsident der Metropolitan Opera Company.

[6] Von Deck, S. 90 f.

[7] Von Deck, S. 148–156.

[8] Von Deck, S. 119 f.

[9] Ein Exemplar dieser gedruckten Notiz befindet sich bei Mahlers Briefen unter den Damrosch-Akten in der Library and Museum of the Performing Arts, New York. Diese Notiz enthält eine Liste der dreizehn Komiteemitglieder. Der Anwalt Dave H. Morris fungierte als Schatzmeister.

[10] Von Deck, S. 139–145.

[11] Von Deck, S. 146, 176–178.

[12] Walter Damrosch, *My Musical Life,* New York 1923, S. 354 f. Damroschs Urteil über Mahler als Komponist erscheint hart, muß jedoch im Zusammenhang mit seinen Urteilen über andere zeitgenössische Komponisten, darunter Richard Strauss, betrachtet werden.

Rudolf Stephan

GUSTAV MAHLER UND OSKAR FRIED

Gustav Mahler lernte den Komponisten und Dirigenten Oskar Fried (1871–1941) im Frühjahr 1905 kennen. Fried war aus Anlaß der Erstaufführung seines Chorwerks „Das trunkene Lied" (am 6. März 1905) nach Dichtungen aus Nietzsches „Also sprach Zarathustra" nach Wien gekommen.[1] Er hat offensichtlich rasch Mahlers Vertrauen gewonnen. Nach einem Gespräch, das der Interpretation von Liszts „Legende von der Heiligen Elisabeth" galt, soll Mahler, der Erzählung Frieds zufolge, in ihm, Fried, einen geeigneten Interpreten seiner Zweiten Symphonie erkannt haben. Der Bericht Frieds hat alle Wahrscheinlichkeit für sich; denn nicht nur war die von Fried vorbereitete und in Mahlers Anwesenheit geleitete Aufführung am 8. November des Jahres 1905 in Berlin ein außerordentlicher Erfolg sowohl für Mahler als auch für Fried (und die von diesem geleiteten Körperschaften), Fried sollte überhaupt einer der bedeutendsten Mahler-Interpreten seiner Zeit werden. Von der Aufführung seiner Zweiten Symphonie war Mahler sehr beeindruckt, er bekannte, daß er das Scherzo so nicht getroffen haben würde.[2]

Fried hat Mahler in den folgenden Jahren mehrfach besucht, wurde auch nicht zu selten zu wichtigen Aufführungen Mahlerscher Werke, die der Komponist selbst leitete, beordert. Der Dirigent Fried hat davon in solchem Maße profitiert, daß seinen Aufführungen der Charakter der Authentizität zuerkannt werden konnte. Und als der damals noch in Berlin wirkende Kritiker Paul Bekker Fried einmal als Schüler von Carl Muck – dieser hatte Frieds „Trunkenes Lied" erfolgreich uraufgeführt – bezeichnete, sagte er: „Es ist wahr. Ich verdanke ihm außerordentlich viel. Aber schließlich könnte man mich ebenso gut als Schüler Mahlers betrachten".[3] Offenbar schon bald nach der ersten Begegnung mit Mahler fühlte sich Fried als dessen Schüler. Ob die Nähe zu Mahler allmählich in Fried den Wunsch, selbst schöpferisch tätig zu sein, erstickt hat? Immerhin war er ja ein erfolgreicher und in weiteren Kreisen bekannter Komponist. Jedenfalls ist Fried, der als Komponist derzeit verschollen ist, als Mahler-Apostel in die Musikgeschichte eingegangen.

Die folgenden Briefe Mahlers an Fried sind Teil einer wohl umfangreicheren Korrespondenz. Die Originale der Briefe 1–4 und 6–12 befinden sich in der Pierpont Morgan Library, Mary Flagler Cary Collection, New York, das Autograph von Brief 5 im Besitz von Kammersänger Dietrich Fischer-Dieskau, Berlin. Den Eigentümern ist für die freundliche Genehmigung zu danken, die Briefe hier wiederzugeben zu dürfen.

Die Schriftstücke sind stets undatiert, und da die Umschläge nicht mehr vorhanden sind, sind auch die Poststempel verloren. Die Chronologie der Briefe war also aus dem Inhalt zu ermitteln. Die Gegenbriefe Oskar Frieds müssen als verloren gelten. Der am Schluß abgedruckte Nachruf, den Fried unter dem unmittelbaren Eindruck der Todesnachricht niedergeschrieben hat, rundet das Bild der eigenartig tiefen freundschaftlichen Beziehung ab.

[1] Oskar Fried, Erinnerungen an Mahler, in: Musikblätter des Anbruch I (1919/20), S. 16–18, teilweise nachgedruckt, in: Kurt Blaukopf, *Mahler. Sein Leben, sein Werk und seine Welt in zeitgenössischen Bildern und Texten,* Wien 1976.

[2] P. Stefan, *Oskar Fried. Das Werden eines Künstlers,* Berlin 1911, S. 33.

[3] P. Bekker, *Oskar Fried. Sein Werden und Schaffen,* Berlin 1907, S. 47.

1 [Ohne Datum, wohl Ende April 1905]

Lieber Herr Fried!
Ihre Karte geht mir erst heute zu, da ich während der Osterferien verreist war. Mein Verleger scheint also trotz seines mir umgehend gegebenen Versprechens die Partitur nicht eingeschickt zu haben. Ich weiß nicht, ob ich das auf die hier in Österreich so beliebte „Schlamperei“ oder auf Rechnung seiner Ungefälligkeit setzen soll.

Ich selbst *habe* kein Exemplar meines Werkes sonst würde ich Ihnen dieß leihen. – Ich bitte, schreiben Sie doch selbst einige Zeilen an

Direktor
Josef Stritzko
Wien
VII *Seidengasse* 7–9
Eberle u. Companie

Ich mag den Herrn nicht zum 2.male bitten; aber auf einen 2. Wink von Ihnen wird er dann sicher reagiren. Die herzlichsten Grüße und auf Wiedersehen im Mai

Ihr ergebenster
Mahler

die Partitur: der Zweiten Symphonie. Die der Dritten wurde erst 1906 an Fried geschickt (vgl. Brief 9), die späteren erschienen nicht mehr bei Eberle & Co. – *Wiedersehen im Mai:* Vgl. den folgenden Brief.

2

GRAND HOTEL DE LA VILLE DE PARIS
STRASSBURG i. E.

[Ohne Datum. Mitte Mai 1905]

Mein lieber Herr Fried!
das macht mir ja eine riesige Freude, von Ihnen so verstanden zu werden. – Wenn ich kann, so komme ich sicher nach Berlin dazu.

Hier dirigire ich (am 21. d[es] M[onats]) die V. von mir. Und ob ich Ihnen rathen könnte, dazu her[zu]kommen, weiß ich nicht. – Bei solchen Gelegenheiten muß man die Dinge laufen laßen und in Bausch und Bogen dirigiren. Leuten „unserer Art“ ist es sehr zuwider auf das Ausarbeiten des Einzelnen zu verzichten. Die jetzigen Meister aber nennen das *„großen Zug“*! Also – wenn Sie es darauf hin wagen wollten, dann bitte ich um ein Aviso, um Ihnen ein Zimmer und einen Sitz rechtzeitig reserviren zu laßen. (denn es ist ein nicht zu großer Saal und allem Anschein nach *überfüllt*). – Sein Sie herzlichst gegrüßt und bedankt von

Ihrem ergebensten
Mahler

nach Berlin: zur Aufführung der Zweiten Symphonie unter Frieds Leitung. – *Hier dirigire ich:* Am 21. Mai 1905 dirigierte Mahler seine Fünfte Symphonie im Rahmen des „Ersten elsaß-lothringischen Musikfestes“ in Straßburg.

3 [Ohne Datum. Sommer 1905]

Lieber Freund!
Der Vermerk auf der ersten Seite der Partitur ist nicht mehr gültig. Das Material ist von *Weinberger* u. *Cie* in Wien zu beziehen, und ich habe ersucht, Ihnen die billigsten Bedingungen zu stellen. –

Hoffentlich erledigt sich also alles nach Ihren Wünschen. –

Wie meint das Ternow? Er will meine Orchesterlieder aufführen? Ich habe ungefähr *30* geschrieben (resp. drucken lassen) – davon sind *15* in Graz gemacht worden.

Er will ungefähr 5–6 davon aufführen, wahrscheinlich die „Kindertodtenlieder“ bleiben also noch genug für andere Concerte.
Machen Sie eventuell *„Reveille“* welches ich für sehr wirkungsvoll halte. (für Tenor der aber eine gute Mittellage auch Tiefe hat)

Verzeihen Sie, daß ich Ihr letztes Schreiben noch nicht beantwortet habe. Ich bin in den Ferien sehr unregelmäßig und läßig in der Correspondenz, was Sie mir vielleicht nachfühlen werden.

In *jedem Falle* ziehe ich eine Aufführung meiner Werke unter Ihnen vor!

Herzlichsten Dank und schönste Grüße von Ihrem ergebensten
Mahler

Vermerk (. . .) Partitur: die „Anmerkung für den Dirigenten“ am Anfang der Zweiten Symphonie, die, obgleich durch die Revisionen teilweise überholt, niemals gestrichen wurde. – *Weinberger:* 1905 Inhaber der Verlagsrechte. – *Ternow:* nicht feststellbar. – *Graz:* am 1. Juni 1905, im Rahmen des Tonkünstlerfestes des Allgemeinen Deutschen Musikvereins. – *„Reveille“:* eine Aufführung dieses Liedes unter Fried fand damals nicht statt.

4 [Briefkarte. Ohne Datum, Herbst 1905]

Liebster Freund!

Ich bin nun wieder im Joch!

Eine neue Symphonie (die 7.) ist im Sommer fertig geworden. Was haben Sie gearbeitet. Ich schreibe Ihnen heute nur, weil mir einfällt, daß ich im Verlaufe einige nicht unwesentliche Retouchen an der Partitur meiner II. vorgenommen habe, welche Ihnen vielleicht bei der bevorstehenden Aufführung von Werth sein könnten. –

Am Besten wäre es, wenn Sie mir das in Ihrem Besitz sich befindende Exemplar der Partitur einsenden wollten; ich könnte dann meine Correktur mit rother Dinte hinein zeichnen, so daß ein Copist ohne besondere Mühe dieselben in das Orchestermaterial eintragen kann. – Ich mache Sie besonders auf den *großen* Appell aufmerksam, der *beizeiten* in einer oder

2 Spezialproben (4 Hörner hinter der Szene
die 4[.] Trompete hinter der Szene
gr[oße] Trommel
1. Fl[öte] } im Orchester)
Picc[olo]

studirt sein müssen so daß die Herrn im Orchester gar keines Taktes mehr bedürfen. Als Aufstellung empfehle ich Ihnen die seinerzeit von mir approbirte, an die sich gewiß noch Einzelne der Mitwirkenden erinnern werden. Mit herzlichsten Grüßen

Ihr
sehr ergebener
Mahler

bei der bevorstehenden Aufführung: am 8. November 1905 in Berlin unter Fried. – *die seinerzeit von mir approbirte:* Mahler hatte am 13. Dezember 1895 die Zweite Symphonie in Berlin uraufgeführt.

5 [Ohne Datum. Wien, Herbst 1905]

Lieber Freund!
Wenn Sie wünschen, so stelle ich Ihnen beide Sängerinnen von unser[er] Hofoper, (die gewiß gegen Erstattung der Reise[-] und Aufenthaltskosten zur Verfügung stehen werden).

Meine Gesänge sind durchwegs für eine Männerstimme gedacht. Hiefür wäre, falls Sie es wünschen, auch der hiesige Interpret gegen Erstattung der Reisekosten zu haben. Wäre es aber nicht möglich das Werk, das über 1 1/2 Stunden dauert, ganz allein zu bringen (wie ich es seinerzeit und überall gethan?[)] – Dieß ist nur eine unmaßgebliche Bemerkung, denn die Berliner Verhältniße müssen Sie ja besser kennen!

Grüßen Sie, bitte, Buths herzlichst von mir und Ihnen Beiden alle meine Wünsche. Ihr freundschaftlich ergebener

Mahler

beide Sängerinnen: Das Angebot, zwei Sängerinnen der Wiener Hofoper nach Berlin zu entsenden, hat Fried nicht angenommen. Auch der Plan, vor der Symphonie einige Lieder Mahlers aufzuführen, ließ sich nicht verwirklichen. Fried hat das Konzert vom 8. November 1905 mit der Kantate „O Haupt voll Blut und Wunden" von Max Reger eröffnet, der noch zwei Orchesterlieder von Franz Liszt folgten. – *der hiesige Interpret:* Friedrich Weidemann (siehe Brief 8) – *Buths:* Julius B. (1851–1920) war von 1890 bis 1905 Städtischer Musikdirektor in Düsseldorf, wo er 1903 Mahlers Vierte und 1905 die Zweite Symphonie, letztere im Rahmen eines Niederrheinischen Musikfestes, aufführte.

6 [Ohne Datum. Frühherbst 1905]

Lieber Freund!
Wann und Wohin soll ich die besprochenen 300 Mk für die 4. Probe schicken?

Für alle Fälle mache ich auch noch darauf aufmerksam, daß das Sopransolo seinerzeit in München recht gut von Frau *Stavenhagen* und in Basel von Frau *Knüpfer* gesungen wurde. –

Frl. Akté bewirbt sich nämlich eifrigst um ein Gastspiel an der Wiener Hofoper, und da ich ihr dies nicht gewähren kann, so ist es für Sie *immerhin gut,* zu wissen, wo Sie sich einen Ersatz holen können für den Fall, daß Frl. Akté ihre Aufgabe nicht mehr so begehrenswerth finden sollte. – Ich freue mich schon wie ein Schneekönig.

Herzlichst Ihr freundschaftlich ergebener

Mahler

300 Mk: Mahler bezahlte offenbar aus eigener Tasche eine zusätzliche Probe für die von Fried dirigierte Aufführung seiner Zweiten Symphonie. – *Frau Stavenhagen:* die Sängerin Agnes Denis, seit 1890 verheiratet mit dem Dirigenten Bernhard Stavenhagen (1862–1914). – *Frau Knüpfer:* Marie Knüpfer-Egli (1872–1924), Sopranistin. – *Frl. Akté:* Aino Ackté (1876–1944), finnische Sopranistin, von 1903 bis 1905 an der Metropolitan Opera, New York, tätig, dann wieder in Europa.

7 [Ohne Datum. Wien, wohl Oktober 1905]

Lieber Freund!
Ich lasse diese Stelle immer von derjenigen der beiden Solistinnen ausführen, der es besser „liegt". Stapelfeld[t] soll sich zu diesem Zweck ein bischen neu beledern wol[l]te sagen *beseelen* lassen. Stimmlich macht sie es sehr gut. In vorliegendem Falle (da ich nämlich ein unüberwindliches Mistrauen gegen Ihre Primadonna assoluta habe[)], glaube ich selbst, daß es besser ist, die Stelle von Frl. St[apelfeldt] singen zu laßen. – Wohin soll ich die 300 schicken laßen? Bitte, ich *thue es mit Vergnügen,* und es ist gar kein besonderes Opfer für mich!

Herzlichst
Ihr Mahler

Ich hoffe *bestimmt,* am 7. oder 8. kommen zu können.

In vorliegendem Falle: die fragliche Stelle, die nicht näher bezeichnet wird, sollte von Marta Stapelfeldt gesungen werden und nicht von Emmy Destinn (1878–1930), die hier als Primadonna assoluta bezeichnet wird. – *am 7. oder 8.:* Mahler war bei der Aufführung am 8. November anwesend.

8 [Ohne Datum. Wien, wohl Ende November 1905]

Mein lieber Freund!
Das ist ja recht hübsch – und leider nicht unerwartet. Nikisch hat die Sache sich vorher nicht angesehen und *flüchtig* probirt, wie mir Weidemann schreibt. Mein Gott, wir müssen Alle auf so etwas gefaßt sein (denken Sie an Schalk und Ihr Werk)!. – Da sind dann solche Abende, wie der Ihre, und solche Menschen, wie Sie, ein Lichtblick im Dasein, der uns für Alles entschädigen muß. Mir geht der Abend noch im Kopfe und im Herzen herum. Vielleicht bereiten Sie diesen Dingern

auch noch eine Auferstehung aus dem Grab in das sie Nikisch (wie seinerzeit die V.) geschmissen. Riesig gefreut habe ich mich über die Würdigung die Ihr Können und Ihr „Sein" in der Öffentlichkeit gefunden, und die nun in Berlin wol für immer gegründet ist. – Ich bin wieder recht eingekeilt in der dumpfen Athmosphäre des Opernsumpfs! Mit tausend Grüßen an Sie und Ihre liebe Frau von Ihrem

Mahler

Bitte, erinnern Sie sich während der Proben nur recht oft an Alles, was ich Ihnen gesagt!

die Sache: die Aufführung der „Kindertotenlieder" durch Arthur Nikisch und die Berliner Philharmoniker am 13. November 1905 (Solist: Friedrich Weidemann). – *Weidemann:* Friedrich W. (1871–1919), Bariton, seit 1903 Mitglied der Hofoper in Wien. – *Schalk und Ihr Werk:* Franz Schalk war der Dirigent der Wiener Aufführung von Frieds „Trunkenem Lied" am 6. März 1905. – *der Abend:* der Berliner Aufführung von Mahlers Zweiter Symphonie unter Fried. – *seinerzeit die V.:* Nikisch hatte am 20. Februar 1905 Mahlers Fünfte Symphonie in Berlin aufgeführt.

9 [Korrespondenzkarte ohne Datum. Poststempel: Wien, 4. 1. 06, Poststempel: Nikolassee 5. 1. 06]

Lieber Freund!
Frl. K[ittel] steht zur Verfügung. Ich bin seit einigen Tagen infolge einer Verletzung an das Zimmer gefesselt, glaube aber schon in den nächsten Tagen wieder ausgehen zu können und werde mit der Kittel Alles verabreden. Vielleicht aber schreiben Sie ihr auch ein Wörtchen. Meine D-moll S[ymphonie] sende ich Ihnen gelegentlich zu. In Essen bei der Tonkünstlerversammlung kommt meine VI. Ich hoffe Sie bestimmt dabei zu sehen. Über Str[auss'] Salome müssen wir einmal sprechen. Ich habe darüber meine eigenen Gedanken. Tausend Dank für Revelge etc. Ich weiß mich bei Ihnen so wol geborgen. Herzlichste Grüße an Sie und Ihre liebe Frau

Ihr
Mahler

An Herrn Kapellmeister / Oskar Fried / in Nikolassee / a. d. Wannseebahn / via Berlin

Frl. K[ittel]: Hermine K. (1876–1948), Altistin, seit 1900 an der Hofoper in Wien. – *Meine D-Moll:* Mahlers Dritte Symphonie.

10 [Ohne Datum, vermutlich Maiernigg, August 1906]

Lieber Freund!

Entschuldigen Sie die Verzögerung dieser Antwort. – Ihr Brief traf mich mitten in der Arbeit, die nun endlich zu glücklichem Ende gekommen ist. Meine 8. ist fertig. – Die Proben, die Sie angeben, sind vielleicht etwas spärlich bemessen; und Sie müssen unbedingt auf der Probe am Vormittag des Conzertes *bestehen.* Hauptsächlich mache ich Sie auf das Trio des Scherzo[s] aufmerksam, das nicht oft genug gespielt werden kann. Die Leute müssen es rein auswendig können. – Die Proben in Scheveningen rathe ich Ihnen *jedenfalls* zu machen, da es von größtem Vortheil ist, wenn wenigstens die *1.* Bläser, 1. Streichpulte und die Paukisten Bescheid wissen. Sie werden sich dann in Berlin wesentlich leichter arbeiten. Ich freue mich schon bombenmäßig auf die Aufführung. *Sehr leid* thut mir die Wendung in Frankfurt, und ich kann mir denken wie deprimirend so was für Sie ist. Aber leider habe ich es kommen sehen! An der Stelle muß die Race Kogels und Hauseggers haben – Können ist Nebensache. Aber, lieber Freund, *Kopf hoch!* Trösten Sie sich an mir, dem es ja die längste Zeit hindurch so gegangen ist. Man muß eben weiter aufpassen und – irgend einmal gelingt es schon wo hineinzurutschen. – *Ich* halte auch die Augen offen. In *Berlin* müssen Sie sich halten und – lieber Fried – werden Sie ein wenig netter gegen die Menschen, die ja nicht verstehen können, woher Ihr Wesen fließt. Ich verweise Sie immer nur auf mich, der ja das Alles zur Genüge kennt. Mich hat schließlich dieses ewige Misverstandenwerden, und die Hinderniße, die sich dadurch für die *Sache* aufthürmen, der man nachstrebt, auch genöthigt mit den Thierchen einen modus vivendi zu finden. Und – vergessen Sie nicht – unseren Hauptfehler die Race, können wir nicht ändern. Da müssen wir wenigstens trachten, die *wirklich* störenden Äußerlichkeiten unseres angeborenen Wesens ein wenig zu mildern. Dafür wollen wir dann *sachlich um so weniger nachgeben.* Ich hoffe das Beste und verzagen Sie ja nicht! Herzlichst in der Eile der Abreise

Ihr
Mahler

Die Proben, die Sie angeben: zur Aufführung der Sechsten Symphonie, die am 8. Oktober 1906 unter Frieds Leitung in Berlin stattfand. – *Wendung in Frankfurt:* die Hoffnungen Frieds auf eine feste Position erfüllten sich nicht. – *Kogels und Hauseggers:* Gustav Kogel (1849–1921) war von 1891 bis 1903 Dirigent der Museumskonzerte in Frankfurt am Main, sein Nachfolger von 1903 bis 1906 daselbst war Siegmund von Hausegger (1872–1948).

11 [Ohne Datum, wohl Wien, Ende Dezember 1906]

Lieber Freund!
Ich dirigire Montag 7. Jänner in Reichenberg (6 Stunden von Berlin) meine I. Symphonie. Hätten Sie nicht Lust und Zeit hinzukommen? Wir führen den nächsten Morgen zusammen nach Berlin, wo meine Proben zur III. anfangen? Generalprobe ist Sonntag.

Herzlichst
Ihr
Mahler

7. Jänner: 1907. – *Proben zur III.:* die Aufführung unter Mahlers Leitung fand am 14. Januar 1907 in der Berliner Philharmonie statt.

12 [Ohne Datum. Wien, September 1909]

Mein lieber Fried!
Nun ist die Sache doch zu Stande gekommen: Die Aufführungen finden statt:

1) *Haag,* 2. Okt
2) *Amsterdam,* 3. Okt
3) Amsterdam 7. Okt.

Sie *müssen* kommen. Ich erwarte Sie bestimmt. Nachrichten treffen mich bis Sonntag Abends Wien Hohewarte, Wollergasse 10. Von da ab bis incl. 7. Okt[.:] Amsterdam Concertgebouw[.] Verzeihen Sie die Schmierage. Bin in wahnsinniger Hetze. Die 9. ist fertig.

Ihr alter
Mahler

Die Aufführungen: von Mahlers Siebenter Symphonie in Holland im Oktober 1909. Fried, der bei den Konzerten zugegen war, führte die Nachtmusiken aus der Symphonie bereits am 17. Januar 1910 in Berlin auf, die ganze Symphonie am 24. Januar 1911.

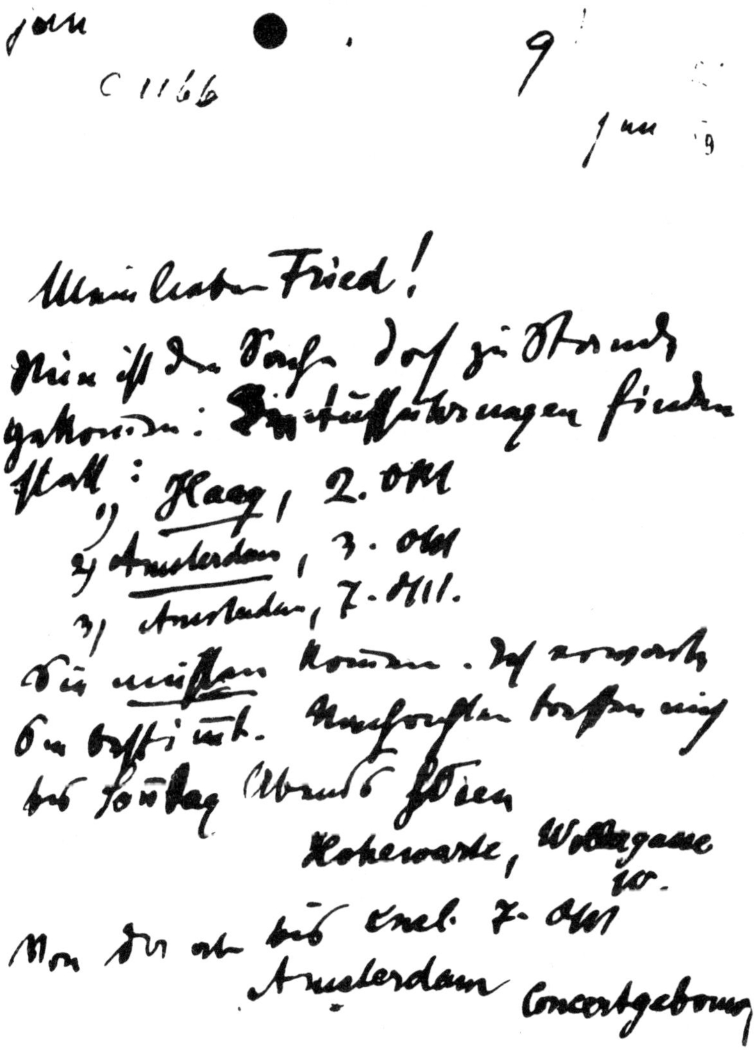
C 1166

Mein lieber Fried!
Nun ist die Sache doch zu Stande gekommen: Drei Aufführungen finden statt:
1) Haag, 2. Okt
2) Amsterdam, 3. Okt
3) Amsterdam, 7. Okt.
Sie müssen kommen. Ich erwarte Sie bestimmt. Nachrichten treffen mich bis Sonntag Abends Wien
Hohewarte, Wollergasse 10.
Von da ab bis incl. 7. Okt
Amsterdam Concertgebouw

Erste Seite von Mahlers Brief an Oskar Fried (Nr. 12).

Gustav Mahler[1]

VON OSKAR FRIED

I.

Du warst, Gustav Mahler, Zeit deines Lebens wohl gehasst und wohl beschimpft.

Du warst anders, und das ist verboten. Du warst sachlich und stelltest deine Kraft in den Dienst einer künstlerischen Sendung. Das darf nicht sein. Du warst Schwärmer, Träumer – hattest aber die rücksichtslose Kraft: deine Träume, deine Schwärme zur Tat werden zu lassen. Das darf nicht sein. Du warst ein Berserker, schobst alles Gleichgültig-Widerspenstige mit dem Rücken der Hand weg. Das darf nicht sein.

Deshalb, Gustav Mahler, wurdest du Zeit deines Lebens wohl gehasst und wohl beschimpft.

II.

Aller Orten ist im Musikleben grobe Mittelmässigkeit. Industrielle Ausbeutung der Lebenswerte greift auch nach Kunstwerten. Besser als Können und Genie bleibt Routine und Geld. Man kauft sich Anerkennung, einen Namen; – Dinge, die sich wieder in Geld umsetzen lassen.

Du, Mahler, warst geschworener Hasser der Mittelchen und des Mittelmässigen. Der Feind des Geschäftsmässigen. Daher die Abneigung deiner Fachgenossen.

Im Leben dir zurufen – das haben sie nicht getan. Aber im Tode dir nachrufen – das tun sie.

Dein erster Schritt war peinliches Aufsehen. Die kompakte Mehrheit und ihre Zeitungsschreiber nannten dich einen Geniesimulanten.

Anders sein: ein Glück für den Künstler; ein Unglück für sein Erleben. Simulant! Andres sein wollen! Eine Sensation für die Viel zu Vielen!

OSKAR FRIED

III.

Durchsetzen was einem als das Notwendige für die Kunst erscheint, ist eine Herausforderung.

Man hat sich vor dir gebeugt, weil du stark warst: aber die Wut brach bei jedem Anlass durch. Sie hinderte, was zu hindern; sie zerstörte, was zu zerstören war.

Deine Freunde sind nicht zahlreich gewesen, als du noch atmetest. Die Besten aber bleiben dir treu, in Verehrung und Liebe, – über den Tod hinaus.

Du selbst warst ein edler, einfacher Mensch . . . voller Liebe.

Voller Liebe.

Alles Genie; den tiefen sittlichen Ernst der Hingabe; alles Höchste des Herzens mit der wundersamen Ausstrahlung deines Wesens: alles hat die Gemeinheit nicht unterdrücken können.

Ein Kämpfer ist gestorben – in der Kraft.

Wir müssen zusammenrücken. Wir müssen weiterkämpfen, Schulter an Schulter. Wider bösartigen Unverstand – wider alle Mittelmässigkeit.

Schlaf' in Frieden.

[1] Aus: Pan. Halbmonatsschrift, herausgegeben von Wilhelm Herzog und Paul Cassirer, Jg. 1, Nr. 15, 1. Juni 1911, S. 496 f. (Reprint: Nendeln/Liechtenstein, 1975)

Edward R. Reilly

GUSTAV MAHLER UND WILHELM GERICKE

Die Lebenswege Gustav Mahlers und Wilhelm Gerickes (1845 bis 1925) haben einander mehrmals gekreuzt und sind zuweilen in seltsamer Weise parallel verlaufen. Gericke kam in Graz zur Welt (Schwanberg war nicht, wie oft behauptet wird, sein Geburtsort, obwohl er dort aufwuchs) und besuchte von 1862 bis 1865 das Wiener Konservatorium, wo er unter anderen bei Otto Dessoff (1835 bis 1892) studierte. Der schon traditionellen Laufbahn folgend – die auch Mahler später einschlug –, verbrachte Gericke seine Lehrjahre in kleineren Städten als Kapellmeister oder in größeren in zweitrangiger Stellung. Sein erster Posten war in Laibach (Ljubljana). Dann kamen Triest, Kronstadt, Rostock, Basel, Budapest und Linz. 1874 erhielt er eine Stellung als Kapellmeister am Wiener Hofoperntheater, wo er mit der Erstaufführung von Goldmarks „Königin von Saba" im Jahr 1875 (Mahlers erstem Wiener Konservatoriumsjahr) Dirigentenlorbeer errang. 1880 wurde er auch Leiter der Gesellschaftskonzerte der Gesellschaft der Musikfreunde in Wien, eine Position, die 1872 bis 1875 Brahms eingenommen hatte. Angesichts dieser Erfolge ist es nicht überraschend, daß wir den nunmehr Fünfunddreißigjährigen auch als Mitglied der Jury antreffen, die 1881 den Beethoven-Kompositionspreis vergab.[1] Das von Mahler eingereichte „Klagende Lied" wurde nicht ausgezeichnet.

Während der Saison 1883/84 wandte sich an Gericke ein außergewöhnlicher amerikanischer Bankier, Henry Lee Higginson (1834 bis 1919), der selbst von 1856 bis 1860 in Wien Musik studiert hatte. Higginson brauchte einen neuen Dirigenten für das Boston Symphony Orchestra, das er drei Jahre zuvor gegründet hatte, und bot Gericke diese Stellung an. Unter jenen, die Gericke empfohlen hatten, befand sich Higginsons Lehrer, der Pianist Julius Epstein (1832–1926), der wenige Jahre vorher Gustav Mahler zum Musikstudium ermutigt hatte und sein Lehrer geworden war. Offenbar wegen einer Differenz mit seinem Vorgesetzten, dem Hofoperndirektor Wilhelm Jahn (Mahlers unmittelbarem Vorgänger in diesem Amt), ging Gericke auf Higginsons Vorschlag ein. Zwischen 1884 und 1889 formte er aus diesem neuen Orchester ein erstrangiges künstlerisches Ensemble. Von den Belastungen in Boston ermüdet, kehrte Gericke Ende der Saison 1889 nach Wien zurück und wirkte von 1890 bis 1895 wieder als Konzertdirektor der Gesellschaft der Musikfreunde. Nach einem Intervall von drei Jahren, in denen Gericke als Dirigent ohne feste Bindung tätig war, gelang es Higginson, ihn zu einer Rückkehr nach Boston im Jahr 1898 zu bewegen, wo er nun bis 1906 blieb.

1889 bis 1893, während Gericke in Europa wirkte, war Arthur Nikisch dem Bostoner Orchester vorgestanden. Als dessen Engagement auslief, gab es ein Gerücht, daß Mahler sein Nachfolger werden sollte[2], doch zog dieser vor, in Hamburg zu bleiben. Im Jahre 1908, bald nachdem Mahler zum erstenmal in Amerika eingetroffen war, wurde er offenbar von Higginson aufgefordert, die Leitung des Orchesters zu übernehmen. Mahler empfahl an seiner Statt Willem Mengelberg, an den er auch in diesem Sinne schrieb und dabei seiner Bewunderung für die Qualität des Bostoner Orchesters lebhaften Ausdruck gab.[3]

Als Gericke seine letzte Saison (1905/06) mit dem Boston Symphony Orchestra plante, für dessen Aufstieg er so viel getan hatte, entschloß er sich, Mahlers Fünfte Symphonie aufs Programm zu setzen. Warum er dieses Werk wählte, ist unbekannt, doch erregte gerade in dieser Zeit Mahlers Musik in Europa mehr Aufsehen. Deutsche und österreichische Dirigenten amerikanischer Orchester wetteiferten miteinander um die Erstaufführung bedeutender neuer Werke.[4]

Die drei Briefe von Mahler an Gericke stehen mit der Aufführung der Symphonie in Zusammenhang und bedürfen kaum eines besonderen Kommentars. Ihre größte Bedeutung liegt wohl darin, daß sie die Sorge des Komponisten um Berücksichtigung seiner Korrekturen ausdrücken. Ein Artikel in der *New York Times*[5] nach der New Yorker Aufführung bestätigt, daß die Korrekturen berücksichtigt wurden. H. Earle Johnson berichtet in seiner Geschichte des Boston Symphony Orchestra, daß Mahlers Symphonie (Aufführung in Boston am 3. Februar 1906) als die „eindrucksvollste neue Musik des Jahres“[6] innerhalb der Bostoner Konzertsaison betrachtet wurde. Gericke führte die Symphonie auch in Philadelphia (am 12. Februar) und in New York (am 15. Februar) auf. In der *Sunday New York Times*[7], die vor dem New Yorker Konzert erschien, wurde die Aufmerksamkeit in einem Artikel von Richard Aldrich auf die neue Komposition gelenkt. Die Reaktionen auf das Werk nach dem Konzert waren unterschiedlich, was zu erwarten war, wenn man bedenkt, daß auch die Werke von

Richard Strauss in der vorangegangenen Dekade keineswegs allgemein günstig aufgenommen worden waren. Die Kritiken belegen jedoch das hohe Niveau von Gerickes Interpretation.

Die Autographe von Mahlers Briefen an Gericke befinden sich in der Houghton Library, Harvard University, Cambridge, USA, der wir für die Abdruckgenehmigung zu Dank verpflichtet sind.

[1] Die übrigen Mitglieder der Jury waren Joseph Hellmesberger sen., Johann Nepomuk Fuchs, Hans Richter, Franz Krenn, Johannes Brahms und Carl Goldmark. (Vgl. Kurz Blaukopf, *Mahler. Sein Leben, sein Werk und seine Welt in zeitgenössischen Bildern und Texten,* Wien, 1976, S. 161). Über Gerickes Wiener Konzerte von 1884 schrieb Hugo Wolf einige sehr günstige Kritiken, die am 9. März, am 13. und 27. April 1884 veröffentlicht wurden. Diese Rezensionen zeigen, daß Wolf in Gericke eher einen Repräsentanten der fortschrittlichen als der konservativen Kräfte der Stadt sah.

[2] GMB, Neuausgabe, Wien 1982, Brief 124, S. 110.

[3] Ebenda, Brief 383, S. 331 f.

[4] Wie das Publikum auf Erstaufführungen neuer europäischer Werke in Amerika während der letzten Jahrzehnte des neunzehnten Jahrhunderts reagierte und wie die Dirigenten in der Darbietung von Novitäten miteinander wetteiferten, zeigt in lebendiger Darstellung H. Earle Johnson, *First Performances in America to 1900: Works with Orchestra,* Detroit 1979.
Im vorliegenden Fall mag auch ein Eigeninteresse Gerickes mitgespielt haben, da er nach Wien zurückkehren wollte und Mahler damals als Hofoperndirektor in der Lage war, beachtlichen Einfluß zugunsten Gerickes auszuüben. In all den vorangegangenen Jahren in Boston hatte Gericke allerdings seinen völlig selbstlosen und weltoffenen Zugang bei der Erprobung neuer Werke bewiesen.

[5] Anonyme Kritik, wahrscheinlich von Richard Aldrich, „Mahler Fifth Symphony Played", *The New York Times,* 16. Februar 1906, S. 9.

[6] H. Earle Johnson, *Symphony Hall, Boston,* Boston 1950, S. 46 f.

[7] Richard Aldrich, „A New Symphony by Gustav Mahler", in: *The New York Times,* 11. Februar 1906, Part Four, S. 1.

1 [Ohne Datum. Poststempel: Wien 2. 11. 1905]

Verehrtester Herr College!
Ich lese eben, daß Sie in das heurige Programm meine V. Symphonie aufgenommen haben. Ich erlaube mir Ihnen meinen herzlichsten Dank zu sagen und zugleich darauf aufmerksam zu machen, daß ich in der Partitur nachträglich einige wichtige Retouchen vorgenommen habe, die für die Aufführung von höchster Wichtigkeit sein[!]

Falls Sie nicht schon im Besitze des Materials sind, so wäre es vielleicht am zweckmäßigsten, wenn Sie bei Bestellung desselben (bei Peters in Leipzig) veranlassen wollten, daß dasselbe mir zuerst zugesandt würde, damit ich die Änderungen gleich hier vornehmen könnte. – Andernfalls aber bitte ich um Einsendung Ihrer *(großen)* Partitur, in welcher ich diese Änderungen ersichtlich bezeichnen, und aus welcher sie dann leicht in das Orchestermaterial übertragen werden könnten. –

Mit freundlichsten Empfehlungen
Ihr ganz ergebenster
Gustav Mahler

Herrn Capellmeister Wilhelm Gericke/
Dirigenten der Symphonie-Concerte/
in Boston, Amerika

2 [Ohne Datum. Poststempel: Wien. 9. 12. 1905]

Hochgeehrter Herr Kapellmeister!
Die kleine Partitur weicht so sehr von der großen ab, daß es unmöglich ist, die Retouchen in jener übersichtlich zu gestalten. – Ich entschließe mich daher lieber, Ihnen *mein Exemplar* zu senden – mit der Bitte mir dasselbe ehebaldigst wieder zurückzusenden, da ich dasselbe für noch ausstehende Aufführung[en] dringend benöthige. – Diese Retouchen haben sich in einer vor kurzer Zeit in Wien von mir dirigirten Aufführung sehr bewährt, und ich bitte sich freundlichst durch die Umständigkeit[!] nicht abhalten zu laßen, sie auch Ihrer Aufführung zu Grunde zu legen. Es ist nur so in der sehr complizirten Partitur Klarheit und Deutlichkeit (worauf es mir einzig ankommt) zu erzielen. –

Indem ich Ihnen nochmals meinen herzlichsten Dank für die Aufnahme meines Werkes in Ihre Programme ausspreche, bin ich mit der Bitte, mir gelegentlich einmal auf einer Correspondenzkarte eine kurze Mittheilung über die Aufführung und deren Schicksale zukommen zu laßen

Ihr Hochachtungsvoll ergebener
Gustav Mahler

Herrn Kapellmeister Wilhelm Gericke/in Boston Amerika

Die kleine Partitur: die Studienpartitur, die vor der Uraufführung gedruckt worden war. Die große Partitur (Dirigierpartitur) enthielt bereits die bei der Uraufführung (18. Oktober 1904 in Köln) gemachten Änderungen. – *vor kurzer Zeit in Wien:* Mahler dirigierte die Wiener Erstaufführung der Fünften Symphonie am 7. Dezember 1905.

3 [Ohne Datum. Poststempel: 28. 2. 1906]

Verehrter Herr Kapellmeister!
Herzlichsten Dank für Alles Liebe, was Ihnen mein Werk zu danken hatte. Über die Kritiken bin ich ganz „paff"! Nicht, als ob dieß ein Erhebliches zu meinem freudigen Gefühl beitragen könnte; denn der Umstand, daß ein Musiker wie Sie Interesse für mein Werk gewonnen und es mit soviel Liebe in die Öffentlichkeit brachte, wiegt für mich mehr als die lauteste Zustimmung. Aber wie famos muß auch die Aufführung gewesen sein, die im Stande war, den Zuhörern ein so complicirtes Gefüge deutlich zu machen, und so wenig gefällige und anspruchsvolle Tongebilde dem innern Sinn zuzuführen.

Nehmen Sie nochmals herzlichsten Dank und die Versicherung, daß ich über Ihren Bericht eine Freude empfand, die mir noch lange nachklingen wird.

Mit dem Ausdrucke aufrichtiger Verehrung
Ihr ergebenster
Mahler

Amerika
Herrn Capellmeister Wilhelm Gericke
28 East Preston St.
Boston
Massachusetts [ab Boston Adresse gestrichen], Upland Road, Brookline, Baltimore Md. [in fremder Handschrift hinzugefügt].

Peter Revers

GUSTAV MAHLER UND EMIL GUTMANN

Schon der erste Band mit Briefen Gustav Mahlers, der, von Alma Mahler herausgegeben, im Jahre 1924 im Paul Zsolnay Verlag erschien, enthielt elf Briefe an den Konzertunternehmer Emil Gutmann. Dies war überraschend angesichts der Leitlinien, die sich Alma Mahler setzte, da sie im übrigen nicht ohne Absicht alle Briefe ausschloß, die Mahler als den eminenten Praktiker und Taktiker darstellen konnten, der er zweifellos war. So fehlten in der Originalausgabe von *Gustav Mahler Briefe* alle jene Dokumente, die ihn als Partner von Konzertveranstaltern oder Verlegern darstellen, darunter so wichtigen wie die Philharmonic Society, New York, oder der Verlag Peters, Leipzig, um nur zwei Beispiele zu nennen. Wenn Alma dennoch etliche Briefe an Emil Gutmann aufgenommen hat, so geschah dies wohl in der Erinnerung an die bedeutende Rolle, die dieser Konzertmanager in Mahlers letzten Lebensjahren spielte. Als sich Mahler im Dezember 1907 zum erstenmal nach Amerika einschiffte, hatte er die Brücken zum Wiener Musikleben für immer abgebrochen. In den folgenden Wintern dirigierte er in New York und kehrte nach Ende seiner Verpflichtungen nach Europa zurück, um einige Wochen in Wien zu verbringen, wo er aber nie mehr öffentlich auftrat, und die anschließende Ferienzeit in Toblach seinem kompositorischen Schaffen zu widmen. Dennoch scheint ihm, gerade im Hinblick auf sein Werk, daran gelegen gewesen zu sein, die Verbindung zu den europäischen Konzertsälen aufrechtzuerhalten, wobei er sich des Konzertbüros Gutmann bediente. Mahlers Konzerte in Deutschland wurden entweder von Gutmann selbst veranstaltet oder durch ihn abgeschlossen, und neben den Aufführungen, die zustandegekommen sind, gab es, wie die Briefe verraten, eine Reihe von Projekten, auch außerhalb von Deutschland.

Die bisher zugänglichen biographischen Angaben über den Münchener Konzertbüroinhaber Emil Gutmann beschränken sich auf wenige, in mancher Hinsicht widersprüchliche Dokumente. Gutmann wurde am 24. Februar 1877 als Sohn von Albert und Herta Gutmann, Konzertagenturinhaber in Wien, geboren. Laut polizeilichem Melde-

AUSSTELLUNG MÜNCHEN 1910

◆ MUSIKFESTE ◆

Neue Musikfesthalle :: :: 3200 Sitzplätze

Entworfen von Prof. Theodor Fischer

20.–23. Mai:

ROBERT SCHUMANN-GEDENKFEIER

Zwei Orchester- und Chor-Konzerte in der Musikfesthalle

Zwei Kamme musik- und Lieder-Matineen

im Münchener Künstlertheater

Mitwirkende:

Ferdinand Löwe (Dirigent), Orchester des Konzertvereins München, Oratorienverein Augsburg, Wiener A capella-Chor, Petri-Quartett, Wilh. Backhaus, Hoftheaterintendant Ferdinand Gregori, Tilly Cahnbley-Hinken, Mme. Charles Cahier, Jean Buysson, Alexander Heinemann.

5. August–4. September:

BEETHOVEN-BRAHMS-BRUCKNER-ZYKLUS

Zwölf symphonische Festkonzerte in der Musikfesthalle

Dirigent: Ferdinand Löwe

Orchester des Konzert-Vereins München.

CHOR-KONZERTE

24. Mai:

Wiener A capella-Chor

Dirigent: Eugen Thomas

im Münchener Künstlertheater.

9. September:

Singverein der K. K. Gesellschaft der Musikfreunde Wien

Dirigent: Hofkapellmeister Franz Schalk

Beethoven: „Missa Solemnis"

in der Musikfesthalle

14. September:

Riedel-Verein Leipzig

Dirigent: Dr. Georg Göhler

Händel: „Deborah"

in der Musikfesthalle

23.–28. Juni:

RICHARD STRAUSS-WOCHE

Drei Fest-Vorstellungen

im Münchener Prinzregenten-Theater, veranstaltet von der Generalintendanz der K. Hoftheater, München:

Feuersnot — Salome — Elektra

Drei Fest-Konzerte

der **Wiener Philharmoniker**

(K. K. Hoforchester)

in der Musikfesthalle

Zwei Kammermusik- und Lieder-Matineen

im Münchener Künstlertheater

Mitwirkende:

Maud Fay, Zdenka Faßbender, Tilly Koenen, Margarete Preuse-Matzenauer, Lisbeth Ulbrig, Edyth Walker; Wilh. Backhaus, Paul Bender, Friedr. Buxbaum, Fritz Feinhals, Bapt. Hoffmann, Ernst Kraus, Arnold Rosé, Ant. Ruzitska.

Fest-Dirigenten:

Felix Mottl · Rich. Strauß · E. v. Schuch

12. September:

GUSTAV MAHLER URAUFFÜHRUNG DER VIII. SYMPHONIE

in der Musikfesthalle

unter Leitung des Komponisten

Einzige Wiederholung: 13. Sept.

1000 Mitwirkende

Ausführende:

Singverein der K. K. Gesellschaft der Musikfreunde Wien — Riedel-Verein Leipzig — Knabenchor (München) — Verstärktes Orchester des Konzert-Vereins München — Acht hervorragende Solisten

Auskünfte, Prospekte, Billettbestellhefte

durch die Geschäftsstelle der Ausstellung (Musikfeste), München, Theatinerstraße 38, Reisebureau Schenker & Co., München, Promenadeplatz 16, Bayer. Landesverband für Fremdenverkehr, München-Hauptbahnhof, alle Reisebüros und Musikhandlungen.

Emil Gutmanns Büro in der Theatinerstraße war die offizielle Geschäftsstelle der Musikfeste 1910.

register befand er sich seit 16. März 1906 in München und meldete dort am 15. Juni dieses Jahres eine Konzertagentur in der Theatinerstraße 38 an. Trotz erfolgreicher Entwicklung des Unternehmens wurde dieses am 20. August 1913 abgemeldet.

Welche Bedeutung das Konzertbüro Emil Gutmann im damaligen Münchener Musikleben hatte, läßt sich schon daraus erkennen, daß Gutmann das gesamte von Mai bis September 1910 dauernde Musikfest der Ausstellung München veranstaltete, dessen denkwürdigen Höhepunkt die Uraufführung von Mahlers Achter Symphonie bildete. Die Jahre des Ersten Weltkriegs verbrachte Gutmann als Soldat in Ungarn. Nach Kriegsende lebte er offenbar nur noch wenige Monate in München. Spätestens seit Herbst 1919 befand er sich (vermutlich aus gesundheitlichen Gründen) in Davos und wurde am 1. Juli 1920 in die Nervenheilanstalt Eglfing (Garmisch-Partenkirchen) eingewiesen.

Mahlers Verbindung mit Gutmann zeitigte neben kleineren Veranstaltungen zwei wichtige musikalische Ereignisse: die Münchener Aufführung von Mahlers Siebenter Symphonie am 27. Oktober 1908 und die monumentale Uraufführung der Achten Symphonie am 12. September 1910 (Wiederholung: 13. September) in der Münchener Ausstellungshalle. Die Vorgeschichte dieser Konzerte wird in den hier erstmals veröffentlichten Briefen vernehmlich behandelt. Mahler stand dem Projekt, die Achte Symphonie uraufzuführen, anfangs äußerst skeptisch gegenüber. „Mein Glück wäre ein vollständiges, hätte ich mich nicht in den Netzen des Herrn Gutmann gefangen",[1] schrieb er Ende März 1910 an Bruno Walter. Er fürchtete das Abgleiten in bloße Sensation – „Symphonie der Tausend" hatte Gutmann das Werk genannt – ins Spektakelhafte und forderte mit Nachdruck Zurückhaltung bei der Propagierung.[2] Die Planung der Proben selbst erfolgte von seiten Mahlers mit äußerster Genauigkeit. Trotz einiger Versuche Gutmanns, die Probenzahl zu reduzieren, setzte sich Mahler rigoros durch. Bedenkt man den ungeheuren organisatorischen Aufwand, den dieses Vorhaben mit sich brachte: Vorproben in Wien, in Leipzig und in München, so werden Mahlers prinzipielle Zweifel verständlich. Daß die zahllosen Schwierigkeiten der Vorbereitungsphase schließlich überwunden wurden, ist jedoch gewiß dem unbedingten Einsatz Emil Gutmanns zu danken. „Aber Gutmann macht seine Sache famos"[3], schrieb Mahler im Juni 1910 aus München an Carl Moll.

Emil Gutmann hat seine Erinnerungen an Mahler im Zusammenhang mit der Uraufführung der Achten Symphonie in einem Aufsatz beschrieben, der den Titel „Gustav Mahler als Organisator"[4] trägt. Dieser Aufsatz weist Gutmann als gebildeten und künstlerisch verständnisvollen Partner des Komponisten aus. Da Gutmanns Briefe an Mahler – wie fast alle an Mahler gerichteten Briefe – als verloren anzusehen sind, geben wir im Anschluß an Mahlers Briefe den Aufsatz von Gutmann wieder, der uns zeigt, welche Wirkung Mahlers „zahl- und maßlose kritische Forderungen" (Gutmann) auf den Konzertagenten übten.

Zu den elf Briefen Mahlers an Emil Gutmann, die schon in GMB, 1924, veröffentlicht wurden, treten in dieser Ausgabe fünfzehn weitere hinzu. Gewiß sind auch damit noch nicht alle Briefe erfaßt, die Mahler an Gutmann gerichtet hat, und es erscheint zweifelhaft, ob jemals alle erfaßt werden können. Vermutlich wurde die Korrespondenz des Konzertbüros Gutmann bald nach Auflösung der Firma oder spätestens nach Gutmanns Erkrankung in alle Windrichtungen zerstreut. Charakteristisch hiefür ist, daß die fünfzehn Briefe, die im folgenden abgedruckt sind, aus nicht weniger als zehn verschiedenen Sammlungen stammen, denen an dieser Stelle gedankt sei, und zwar: Bayerische Staatsbibliothek, München, Autogr. Cim. Mahler Gustav (Brief 10), Deutsche Staatsbibliothek, Berlin (11), Gemeentemuseum Den Haag (14), Gesellschaft der Musikfreunde, Wien (6), Harvard University Library, Boston (3), The Pierpont Morgan Library, Mary Flagler Cary Collection, New York (1, 2, 4, 7, 9, 13), Privatbesitz Italien (12), Herr Walter Slezak, Manhasset, N. Y. (5), Stadtbibliothek München (8), Universitätsbibliothek Leipzig (15).

1 GMB Neuausgabe, Nr. 435, S. 381.

2 Vgl. Brief 5.

3 GMB, Neuausgabe, Nr. 438, S. 384.

4 Emil Gutmann, *Gustav Mahler als Organisator,* in: Die Musik, Jg. 10, Nr. 18, 2. Juniheft 1911, S. 364–368.

1

HOTEL MAJESTIC
NEW YORK

[Ohne Datum. New York, Anfang 1908]

Lieber Herr Gutmann!
Eben fällt mir ein: die Wiesbadener Curverwaltung hat mir bei meiner letzten Anwesenheit für Mai einen Vertrag gemacht, dort einige Conzerte zu dirigiren. Ich behielt mir die Antwort für das Frühjahr [vor].

Ich bin also bereit im Mai ungefähr zwischen 15–20. einige Conzerte da zu dirigiren. Als Honorar verlange ich 1500 Mk pro Conzert. – Falls die Herren es wünschen, so bitte ich um ein Cabel.

Herzliche Grüße
Ihr
Mahler

Datierung: aufgrund eines von Mahler dirigierten Konzertes in Wiesbaden am 8. Mai 1908.

2

[Ohne Datum. Frühsommer? 1908]

Lieber Herr Gutmann!
Als Datum paßt mir der 5. November ganz gut. Doch weiß ich noch nicht, ob ich meine 7. zur Aufführung empfehlen kann. – Das muß ich ganz von der Uraufführung im September abhängig machen. Verlegt ist das Werk noch nicht; und müßte ich mir im Falle einer Aufführung irgendwo ernstlich bedingen, daß das *Material,* wenn das Werk gedruckt werden sollte zu dem *üblichen Preis,* wie solche Werke (von Strauss oder mir) vom Verleger normiert werden, dann bezogen werden müßte. Das Datum in München bitte ich auch erst zu bestimmen, wenn die kleine Tournee zusammengestellt ist, da ich nicht kreuz und quer herumfahren will.

Principiell bitte ich Sie zu versuchen, daß ich auf meinem Wege nach Paris (von wo ich am 12. abfahren muß) einige Conzerte dirigire. Wo und was, ist mir gleich. Es kann auch ein Concert mit classischem Programm sein. Für den Fall, daß meine 7. mir zur unmittelbar folgenden Propagierung nicht tauglich erscheint, schlage ich Ihnen für

München meine 5. vor, die dort Novität ist. Aber in beiden Fällen müßte ich erst wissen, was für ein Orchester ich habe, um danach die Anzahl der Proben bestimmen zu können. –

Für ein Concert mit classischem Programm bin ich mit 3 Proben zufrieden. Für meine Werke müßte ich jedoch um 5 bitten – wenn das Orchester wirklich vorzüglich ist.

Mit besten Grüßen Ihr
ergebenster
Mahler

Datierung: ein inhaltlich ähnlicher Brief Mahlers an Gutmann, vermutlich 23. Juli 1908 datiert, ist als Nr. 398 in GMB, Neuausgabe, S. 346 veröffentlicht. Obiger Brief scheint früher geschrieben worden zu sein, da darin noch von einer „kleinen Tournee" die Rede ist, von der später abgesehen wurde. – *Uraufführung im September:* Die Uraufführung von Mahlers Siebenter Symphonie fand am 19. September 1908 in Prag statt.

3 [Toblach] 13. 8. 1908

Lieber Herr Gutmann!
Sie müssen sich vorstellen können, daß ich am Lande, wo ich meine Daten nicht beisammen habe, und aus verschiedenen Gründen (hauptsächlich weil ich arbeite) zerstreut und flüchtig bin, einen Irrthum begehen kann.

Sie haben mir den 5. vorgeschlagen, und ich bedachte nicht, daß ich am 5. in Hamburg sein muß. – Ebenso war es mit der Programmfrage. –

Ich sagte Ihnen für ein Werk von mir zu. – *Sie wußten doch* schon damals, daß ich eine Symphonie von mir *nicht* mit 3 Proben spielen kann. Sie schlugen mir sogar die Uraufführung meiner 7. vor. Ja, zum Teufel noch einmal. Haben Sie denn gedacht, daß ich so was mit 3 Proben machen kann? – Sie schlugen mir das Hoforchester vor! Jetzt wissen Sie noch nicht einmal welches spielen wird. –

Als Sie von 3 Proben sprachen wehrte ich mich, und sagte mehr so leichthin, daß ich für ein *classisches Programm* mit 3 auskomme, nicht aber mit einem Werk von mir. – Sie nehmen mich darauf schleunigst beim Wort. – Ja, da muß ich doch an Ihrem Ernst zweifeln. Nochmals sage ich: Wenn ich einmal wieder in Europa bin, so übernehme ich auch gerne so was. – Aber jetzt erscheint es mir zu dumm, daß ich den Münchnern wiedermal das Tristanvorspiel oder die C-moll von Beethoven vorspielen soll. – Das hat doch gar keinen Sinn.

Also nochmals der *3.* November ist der letzte Termin. – Und wenn Sie mich für ein Werk von *mir* haben wollen stehe ich zur Verfügung. Wenn nicht, dann lassen wir es doch! Eventuell im April wenn ich von New York zurückkomme . . .

Mit besten Grüßen
Ihr Mahler

N.B. Ich würde mich in diesem Fall mit 1000 Mk (aber rein) zufriedenstellen um Ihnen die Kosten für die Extraproben hereinzubringen.

Sie haben mir den 5. vorgeschlagen: Der Termin wurde vorverlegt. Mahler dirigierte seine Siebente Symphonie in München am 27. Oktober.

4 [Ohne Datum. New York, Spätherbst 1909]

Mein lieber Herr Gutmann!
Lassen Sie folgendes Ultimatum gelten: die Clavierauszüge werden von der Edition in Wien mit aller Eile gefördert. Ich habe bereits einen Theil in Händen.

Dir. Hertzka versichert mich, daß am 1. Jänner Clavierauszüge und Chorstimmen in den Händen der betreffenden Vereinigungen sein werden. – Falls es Ihnen gelingt, Herrn *Mengelbergs* Chor zu gewinnen, so erbitte ich mir *sowol* von Hr. Mengelberg als auch von *Oscar Fried,* die schriftliche Zusicherung, daß sie mit dem Studium rechtzeitig fertig werden, und zu den Proben in München rechtzeitig einlangen werden. N.B. nachdem die Herren ihre Aufgabe kennengelernt haben. Ebenso von Walter in Wien, daß er die 8 Solisten gefunden, und mit ihnen bis zum Herbst das Studium im Zimmer vollendet haben wird. Ferner vom Dirigenten des Münchner Knabenchors, daß er ungefähr 250 Knaben zur Verfügung haben, und mit diesen rechtzeitig bis zum Herbst fertig werden wird. – Wenn ich diese Zusicherungen in Händen habe, dann gebe ich *mit Vergnügen* meine Zustimmung und Sie können ganz frei die Sache weiter verfolgen. Ich würde in diesem Falle im Frühjahr sowol nach *Amsterdam* als auch nach *Berlin* fahren, um dort einige Proben zu halten, hierauf nach *München,* um dort mit dem Knabenchor und mit dem Orchester ebenfalls einige Vorproben zu halten. Hierauf in Wien mit den Solisten einige Ensembleproben halten. –

Im August käme ich dann nach München um alles seinem Ende zuzuführen. – Aber nochmals: Sie werden sehen, dieß wird den Hr. Mengelberg u. Fried unmöglich erscheinen. – Also daran wird es eben scheitern, trotzdem ich ihnen alles mögliche zutraue, lieber Gutmann! Aber Sie kennen den Umfang der Aufgabe nicht, und befinden sich daher nach dieser Richtung im Unklaren.

Wenn es möglich wäre, so wäre niemand glücklicher als ich, und ich würde gerne meinen ganzen Sommer dieser Woche widmen. – Falls nun, wie ich voraussehe, für dieses Jahr die Sache ins Wasser fällt, so können wir ja eventuell etwas anderes dafür im Herbst machen. –

Ich erwarte dann Ihre Vorschläge. –

Mich rührt es sehr, mit welchem Feuereifer Sie an diese Sache herantreten, und schon um dessentwillen würde ich Ihnen das beste Gelingen wünschen. Aber – das Unmögliche kann eben niemand möglich machen.

Herzlichen Gruß und aufrichtigen Dank, lieber Gutmann von Ihrem

Mahler

Datierung: aufgrund des im Brief genannten Termins vom 1. Jänner erschlossen. Dies ist der früheste bisher bekannt gewordene Brief Mahlers an Gutmann über die Uraufführung der Achten Symphonie. – *Dir. Hertzka:* Emil H. (1869–1932), Direktor der Universal Edition, Wien. – *Clavierauszug und Chorstimmen:* zu Mahlers Achter Symphonie. – *Herrn Mengelbergs Chor:* Willem M. (1871–1951), holländischer Dirigent, und sein Chor wirkten bei der Uraufführung der Achten Symphonie nicht mit. – *Oscar Fried:* deutscher Dirigent und Komponist (siehe auch Mahlers an ihn gerichtete Briefe, S. 47 ff.), wirkte ebenfalls nicht mit. – *von Walter in Wien:* Bruno W. (1876–1962), deutscher Dirigent, am Wiener Hofoperntheater tätig. Er studierte mit den Sängern die Solopartien der Achten Symphonie ein. – *Also daran wird es eben scheitern:* Mahler zweifelte auch noch im Sommer 1910 am Zustandekommen der Uraufführung im September.

5 [Ohne Datum. New York, März 1910]

Lieber Herr Gutmann!

Die letzte Correktur kam *Ende Jänner* hier[her]. – Da die Hauptbedingung war, daß Anfang Jänner mit dem Studium begonnen würde (und ich außerdem um diese Zeit auf Reisen und furchtbar in Anspruch genommen war) so hielt ich die Sache für erledigt und ließ mir die nöthige Zeit dazu. –

Die Hauptfrage ist jetzt für mich, ob die Chöre im Sommer beisammen sind und studieren? Meines Wissens hört im Mai – längstens Juni alles auf und beginnt erst wieder im Herbst. *In diesem Falle* ist an eine Aufführung meines Werkes *nicht* zu denken und ich versichere Sie, daß ich unter keiner Bedingung eine Aufführung dirigiren oder zulassen würde. Ich bitte mich daher darüber aufzuklären. Am 17. April wie Sie wissen dirigire ich in Paris; treffe zu diesem Zweck schon am 12. dort ein; wohne Hotel Majestic.

Da ich unmittelbar nach der Aufführung nach Rom abreise, wo ich am 8. Mai fertig bin, um dann nach Wien zu fahren, so würde ich es für unbedingt nöthig halten, daß Sie wenigstens auf einen Nachmittag hin kämen, damit wir in Ruhe über alles sprechen können. – *Eines aber bitte ich Sie schon heute und* für alle Fälle. *Lassen Sie alle* Comité-torei und (völlig überflüssige) Reclame. – Um ein Conzert zu machen braucht man kein Comité. Und ich hasse das alles und fühle mich *prostituirt* bei solchem Humbug.

Entweder fühle ich mich bei meiner Ankunft in Europa befriedigt bezüglich der künstlerischen Bedingung, die ich für mein Werk vorfinde, und dann geht es auch ohne Barnum und Bayley Methode. Oder ich bin nicht befriedigt vom Stand der Dinge, und dann *sage* ich *Ihnen augenblicklich* und *definitiv* ab! (Sie kennen mich zur Genüge, daß Sie dem Glauben schenken) – Und dann ist es ohnehin besser, wenn nicht so viel darüber gedroschen wurde. – Nochmals *kein Comité!* Ich verbiete mir alles dergleichen!

Mit herzlichsten Grüßen
Ihr ergebenster
Mahler

Datierung: Zwischen dem vorigen Brief (4) und dem obigen (5) schrieb Mahler an Gutmann einen Brief, der in GMB, Neuausgabe, als Nr. 433 (S. 378 f.) aufscheint. Aus diesem Schreiben, versuchsweise Februar–März datiert, geht hervor, daß der Wiener Singverein und der Riedelverein, Leipzig, bereits die Choreinstudierung übernommen hatten. Mahler schrieb: „Ich halte es für ausgeschlossen, daß die Chöre fertig werden!" – *Am 17. April:* Mahler dirigierte am 17. April 1910 in Paris seine Zweite Symphonie. Anschließend leitete er Konzerte in Rom.

6 Paris, 18. 4. 1910

Lieber Herr Gutmann!
1. Die Orchesterproben in München müssen zwischen 1. Juni und 1. Juli sein! Vom 1. Juli ab will ich Ferien haben. – (auch alle Chor und Soloproben). –

2. Alle Sängerfragen bitte ich mit Walter [zu] besprechen, der übrigens Hr. Vogelstrom kennen muß. (Ich nicht).

Herzlichst grüßend
Ihr Mahler

Die 200 Mk. habe ich erhalten.

Die Orchesterproben in München: Es handelte sich um Vorproben. Die eigentlichen Proben zur Uraufführung der Achten Symphonie fanden im September 1910 statt. – *Walter:* siehe Brief 4. – *Hr. Vogelstrom:* Fritz V. (1882–1963), Tenor, hatte 1909, also nach Mahlers Abgang, an der Wiener Hofoper gastiert.

7 [Ohne Datum. Wien, Mai 1910]

Lieber Freund
1.) Wenn Sie Knote die ganze Partie übergeben haben, so erschrickt er (denn er kann musikalisch den ersten Satz nicht bewältigen) und refusirt.

Bitte richten Sie sich immer nach meinen Angaben.

Senius (ideal für den ersten Satz) und Knote (famos für das andere) verbürgen einen Erfolg. –
2.) Hier gibt es Schwierigkeiten mit dem Singverein, die das ganze Unternehmen gefährden. Ob ein Ausweg möglich, kann nur bei Ihrer Anwesenheit zu beantworten unternommen werden. Kommen Sie so bald als möglich her!

Gruß in Eile
Ihr Mahler

Datierung: Die erwähnten „Schwierigkeiten mit dem Singverein“ deuten darauf hin, daß der Brief bereits aus Wien geschrieben wurde, also nach den Konzerten in Rom Anfang Mai. – *Knote:* Heinrich K. (1870–1953), berühmter Wagnertenor, sang in Mahlers Antrittsvorstellung an der Metropolitan Opera in New York am 1. Januar 1908 den Tristan. – *Senius:* Felix S. (1868–1913), Tenor, Konzert- und Oratoriensänger. Senius übernahm schließlich die Tenorpartien in beiden Teilen der Achten Symphonie.

8 [Ohne Datum. Wien, Mai 1910]

Lieber Herr Gutmann!
1.) Da ich ohnehin nicht früher fertig werden kann, so hat es ja gar keinen Zweck, daß ich schon am 5. Juni in Leipzig eintreffe, und ich bitte es bei dem alten Arrangement bewenden zu lassen, daß ich am 11. und 14. Juni in Leipzig probire. In München träfe ich dann am *16.* zu den Orchesterproben ein. Wollen Sie nun freundlichst arrangiren, daß ich in der Zeit, die ich in München verweile, 4–5 Proben mit dem Kinderchor, und 2–3 Tage mit den zusammen berufenen Solisten probiren kann. Letztere könnten allenfalls statt nach München zwischen 10. und 15. auch nach Leipzig kommen, wenn es sich so leichter arrangiren läßt. – Jedenfalls *muß ich* die *Ensembleproben mit den Solisten jetzt halten,* weil ich dann im September nicht mehr Zeit dazu habe. – Wollen Sie bitte auch dafür sorgen, daß ich eine volle Besetzung des Orchesters in München vorfinde:

5 Flöten (resp. Picc[olo])	1 Contrafagott
5 Oboen (resp. 1 engl. Horn)	*2 Harfen*
1 Es-clarinette	und das gewöhnliche
3 Clarinetten	Schlagwerk.
1 Bassclarinette	sehr stark besetzte
4 Fagotte	Streicher

---

8 Hörner
4 Trompeten
4 Posaunen
1 Basstuba
Außer diesem schon genannten Orchester brauche ich noch – (aber erst im September)
1 Piccolo
1 Es-clarinette
4 Trompeten in der Höhe
3 Posaunen
4 weitere Harfen (letztere vielleicht bloß zu den letzten 4 Proben im September). –
Wollen Sie bitte, diese meine Aufstellung notiren lassen damit keine Confusion entsteht.

2.) *Wer spielt die Orgel?* Ich mache darauf aufmerksam, daß ich für die Orgel einen Künstler ersten Ranges brauche! Und er muß sich zu den *Juni*-Proben in München (wenigstens zu den *letzten* 4) einfinden. Also, mindestens vom 19. Juni angefangen, wenn es ein Auswärtiger ist. – Ist in München ein solcher Orgelspieler? Oder was meinen Sie zu Struve in Leipzig? Und hätte dieser Zeit, im Juni hinüberzukommen?

3.) Wie ich aus einer Unterredung mit dem Vorstand des Singvereins erfahren habe, denken die Herrschaften nicht nur nicht daran die Aufführung der Missa solemnis aufzugeben, sondern haben auch außerdem noch andere Abhaltungen wie *Ausflüge, Begrüßungen* vor, und erwarten, daß die beiden mir zur Verfügung stehenden Proben nicht mehr als ungefähr 3 Stunden in Anspruch nehmen. Ich halte es für meine Pflicht, Ihnen nochmals auf's Bestimmteste zu wiederholen, daß ich auf dem von uns in *Paris* festgestellten Probenplan unbedingt fest halte, und *insbesondere* darauf *unbedingt* bestehe, daß an den 3 Probetagen: 9. 10. 11. September mir *der gesamte Apparat total* zur Verfügung steht wann – und wie lange ich seiner auch benöthige. In diesem Punkt bleibe ich *intransigent,* falls sich dieß nicht erzielen ließe, so bitte ich schon jetzt meine dießfallsige *Resignation* entgegen zu nehmen.

4) Ich komme also am 16. Morgens von Leipzig in München an, und bitte Sie schon jetzt für mich ein comfortables, (ruhiges) Appartement mit Bad zu reserviren, damit ich in den heißen und anstrengenden Junitagen nicht ganz herunterkomme. Ich rechne da ganz auf Ihre Freundschaft. Vielleicht finden Sie irgendwo draußen etwas Passendes für mich.

5) Senius für den 2. Theil ist unmöglich! Wir müssen dafür einen dramatischen Sänger mit großer Stimme und Höhe finden. Es ist die wichtigste Partie des Abends und für den Erfolg absolut Ausschlag gebend. Bitte sehen Sie zu *Burrian* oder solch Einen zu bekommen. (Burrian freilich ist ein *unsicherer* Kantonist und aus diesem Grunde nicht zu empfehlen.) Vielleicht Jörn? etc.

Nun die herzlichsten Grüße und antworten Sie mir [auf] alle diese Punkt[e].

Ihr ergebenster
Mahler

Datierung: Der Brief wurde vermutlich zwischen den Briefen 7 und 9 geschrieben. – *in Leipzig:* Proben mit dem Chor des Riedelvereins. – *Struve in Leipzig:* gemeint ist möglicherweise der berühmte Leipziger Organist und Thomaskantor Karl Straube (1873–1950). Der Orgelpart wurde schließlich von Adolf Hempel, München, übernommen. – *die Aufführung der Missa solemnis:* Der Wiener Singverein gab noch vor der Uraufführung von Mahlers Achter Symphonie in München unter Franz Schalk am 9. September ein Konzert mit Beethovens Missa solemnis. – *in Paris festgestellten Probenplan:* Gutmann hatte Mahler offenbar Mitte April 1910 in Paris aufgesucht. – *Burrian:* Karel Burian, respektive Carl Burrian (1870–1924), tschechischer Tenor, hatte unter Mahler in New York gesungen. – *Jörn:* Karl J. (1873–1947), Wagnertenor, von 1908 bis 1914 an der Metropolitan Opera, New York, tätig. Zur Besetzung der Solopartien vgl. Mahlers Briefe an Bruno Walter in GMB, Neuausgabe, Nr. 435 und 436, S. 381 ff.

9 [Ohne Datum. Wien, Ende Mai 1910]

Lieber Herr Gutmann!
Die angegebenen Daten des Knabenchors sind mir ganz recht. Leider habe ich die Daten der Orchesterproben verworfen, und kann nicht beurtheilen, inwiefern dieselben übereinstimmen. Bitte, schicken Sie mir einen genauen Probenplan. Leider schreibt mir Senius eben beifolgenden Brief. Ich kann nun nicht beurtheilen, inwiefern seine Behauptung, daß ihm der 2. Theil besonders gut liege, der Wahrheit entspricht. (Schalk und andere behaupten das Gegentheil). Übergeben Sie ihm nunmehr die ganze Partie, und sorgen Sie dafür, daß die sämtlichen Solisten im Juni in München (oder eventuell an einem anderen Platze, sodaß ich zwischen meinen Proben in Leipzig oder München hingelangen kann) zusammen kommen. Ich werde ja dann wol sehen. Heute abend I. Probe im Singverein. Vederemo!

Herzlichst grüßend
Mahler

Datierung: ergibt sich aus den Briefen 8 und 10. – *Senius:* siehe Briefe 7 und 8. – *Schalk:* Franz Sch., Dirigent am Wiener Hofoperntheater, Leiter der Gesellschaftskonzerte der Gesellschaft der Musikfreunde, leitete die Vorproben des Wiener Singvereins (siehe auch Mahlers Briefe an Franz Schalk, S. 155 ff.). –

10 [Ohne Datum. Wien, 7.? Juni 1910]

Lieber Herr Gutmann!
Gestern war die dritte Probe. Die hat mich nun völlig deprimirt. Im Anfang waren ungefähr 8 Herren da. – Im Verlaufe der Probe – gegen Schluß – wuchs die Anzahl auf *70.* (darunter die 5 Extra-Tenoristen).

Was aber das Betrübendste dabei ist, sie sind noch *ganz unsicher* – keine Aussicht auf fernere genügende Proben! Und jedenfalls *ganz ungenügend* in der Zahl. Mein Optimismus nach der zweiten Probe (als Sie gerade da waren) ist gänzlich gewichen. Schalk selbst ist der Ansicht, daß die Aufführung noch immer nicht gesichert erscheint. Unbedingt muß eine *starke Vermehrung* der Herren *durch bezahlte sichere* Sänger erfolgen. Am 22. Juni wird mir Schalk berichten und ganz *offen* sein. Freitag fahre ich nach Leipzig. Finde ich es da *ebenso,* so muß ich die *Consequenzen* ziehen. Bitte, lassen Sie mir in mein Hotelzimmer ein *Clavier* für die Soloproben schaffen.
Ich erwarte da also *Senius* und die Metzger. –

Aber es ist *unmöglich* auf die Ensembleproben in München *zu verzichten!* Sie müssen die Beiden veranlassen *nach München* zu kommen. Wenn dieß unmöglich wäre, so müß[t]en Hr. *Maikl* und Frau *Cahier,* mit denen ich hier ihren Part durchgegangen, *wenigstens* für die *Ensembleproben* hinkommen.

Sie müssen Ihnen [!], wie wir hier besprochen, die Reise und Aufenthalt zahlen (so wie auch *Förstl, Winternitz-Dorda* und *Mayr.* [)] Frau *Cahier,* wie Hr. *Maikl* müssen das Versprechen erhalten, daß sie in *Aussicht* genommen sind, falls „wie es den Anschein hat" sich bei Senius oder Metzger eine Absage ergeben sollte. Dieß müssen wir vorschützen, um sie zu den Ensembleproben zu bekommen – sonst kämen sie wol nicht. Außerdem halten wir so eine 2. Besetzung im Feuer. Aber eine *Ensembleprobe* muß in in München haben, wenigstens damit Orchester und die anderen Solisten sicher werden. Wie ich jetzt schon sehe, werden die Wiener Künstler sicher erst spät hier beurlaubt werden (im September) und so könnte es dann passiren, daß im September auch keine Ensembleprobe mehr erreicht werden könnte. Dieß würde die Aufführung ebenso unmöglich machen wie eventuell ein unsicherer Chor.

Ich muß Sie aber bitten *sofort* die nöthigen Einladungen an die Betheiligten ergehen zu laßen – denn bis jetzt wissen Sie [!] noch nichts. Kommt Geisse-Winkel sicher nach München? Denn wenn nicht, so wäre hier Hr. Steiner auch zu den Proben bereit. Aber das ist Alles so schrecklich – und eine der ersten Bedingungen, die ich gestellt, war: daß ich im Sommer ausreichende Ensembleproben mit den Solisten bekommen sollte! Sehen Sie nun zu, wie Sie dieselben ermöglichen. Ich muß dieselben *unbedingt* haben, und verzichte keinesfalls darauf.

Ich sehe Alles noch ganz unsicher, und glauben Sie mir, daß die Aufführung noch immer wackelt. –

Concessionen nach artistischer Richtung werde ich *nicht* machen. Darauf können Sie zählen. Ich fahre Freitag Abends von hier nach Leipzig und hoffe bis dahin von Ihnen noch ausführliche Nachrichten zu erhalten. Bitte bestellen Sie gleich für mich ein angenehmes Appartement in Leipzig mit Bad. (Hotel Sedan? heißt es doch?)

Herzlichst grüßend
Ihr Mahler

Hier steht es sehr schlimm.

Datierung: es handelte sich vermutlich um die Probe vom 6. Juni, über die Mahler auch seiner Frau brieflich berichtete (AM, S. 446). – *die Metzger:* Ottilie M. (1878–1943?) sang in der Uraufführung der Achten Symphonie die 1. Altpartie des 1. Teils und die Mulier Samaritana des 2. Teils. – *Hr. Maikl:* Georg M. (1872–1951), Mitglied der Wiener Hofoper, war für die Tenorpartie vorgesehen, die schließlich von Felix Senius gesungen wurde. – *Frau Cahier:* Madame Charles C. (1870–1951), seit 1907 Altistin an der Wiener Hofoper, wirkte in München nicht mit. – *Förstl:* Gertrud Förstel (1880–1950), Sopranistin der Wiener Hofoper, sang in München den 1. Sopran und die Magna peccatrix. – *Winternitz-Dorda:* Martha W.-D. (1880–1958), aus Wien stammende Sopranistin, sang den II. Sopran und Una poenitentium. – *Mayr:* Richard M. (1877–1935), Bassist am Wiener Hofoperntheater, sang die Baßpartie des 1. Teils und den Pater profundus. – *Geisse-Winkel:* Nicola G.-W. (1872–1932) sang die Baritonpartie und den Pater Ecstaticus. – *Hr. Steiner:* nicht identifiziert, möglicherweise Franz St. (1876–1954), ungarischer Bariton. – *Ich fahre Freitag ... nach Leipzig:* Mahler reiste Freitag, 10. Juni, ab und hielt sich vom 11. bis 13. Juni in Leipzig auf, um Chorproben mit dem Riedel-Verein abzuhalten.

11 [Toblach] 13. Juli 1910

Lieber Freund!

Wer A gesagt hat muß auch B sagen. Wenn Sie nur nicht am Ende noch verlangen, daß ich das ganze Alphabet durchgehe. –

Also ich willige ein; jedoch muß es mir ermöglicht werden, am 2. September in Wien und am 3. September in Leipzig noch einmal mit dem betreffenden Chor eine ordentliche Probe zu halten. Ich würde dann in der Nacht des 2. September nach Leipzig, und des 3. September nach München reisen, wäre dann am 4. Sept. an Ort und Stelle, um für den 5. noch alles in Ordnung zu bringen. Die I. Gesamtprobe am

10. September also Samstag um 9 Uhr. Ich fürchte daß der Vormittag mit Aufstellung vergehen wird. – Jedenfalls müssen wir diese Sache im Verlaufe der vorhergehenden Tage so ordnen, daß möglichst jedem Sänger sein Sitz angewiesen werden kann.

Bitte vergessen Sie nicht, anzugeben daß ich für den 1. Extratrompeter einen Musiker *I. Ranges* haben muß, weil die kleine Partie die schwierigste Stelle der ganzen Symphonie ist, und eine colossale Höhe verlangt. Er muß in F

schmetternd blasen können. Es muß von vorneherein beim Engagement darauf Rücksicht genommen werden. Vergessen Sie nicht die Partie des *Mayr* doppelt zu besetzen, und mir eventuell den Remplaçanten nach Toblach zu schicken. Denn wenn mit Mayr was passiert können Sie die Concerte absagen.

Last not least – daß die Orchesterstimmen *nicht abhanden* kommen. Es gibt keine mehr, da das Werk erst nach der Aufführung gedruckt wird.

Was heißt: „die Halle wird nach Ihren Wünschen *ein bischen* hergerichtet"?

Werde mich sehr freuen, Sie bald hier zu sehen und grüße Sie

herzlichst Ihr
Mahler

die Notizen über Wien sind zu dumm. – Ich habe übrigens von den Münchner neuesten Nachrichten keinerlei Anfrage erhalten und daher auch nicht eine Antwort darauf ertheilt.

um für den 5. noch alles in Ordnung zu bringen: am 5. September 1910 begannen die Proben zur Achten Symphonie in München. – *die Notizen über Wien:* Gerüchte, die von einer Rückkehr Mahlers an die Wiener Hofoper wissen wollten.

12 [Maiernigg 5. 8. 1910]

Lieber Herr Gutmann!
eben erhalte ich Ihren Brief betreffs der Chorverstärkung, nachdem der meinige schon abgegangen war. Ich beeile mich, Ihnen nur zu sagen, dass selbstverständlich ich mich absolut nicht in das geschäftliche

Arrangement mische, sondern einfach nur auf der Sache bestehe. Wie Sie das zu Wege bringen, ist mir egal. Ich bin überzeugt und Sie haben mir schon die glänzendsten Beweise davor gegeben, dass Sie jedenfalls und in der richtigsten Weise durchsetzen werden.

Frau Erler-Schnaudt hat mir also gestern vorgesungen. Aber, mein lieber Gutmann, ich glaube nicht, dass das gehen wird. Schauen Sie jedenfalls die Kittel als Eisen im Feuer zu behalten, ohne dass ich schon heute ein giltiges Urteil abgeben will.

Noch etwas Wichtiges: Ich lese zu meinem Entsetzen, dass eine findige Verlagshandlung schon einen „Führer" für die VIII. herausgegeben hat (Schlesinger's Musikal). Ich bin entsetzt, und bitte schon heute darum, dass in der *Festhalle* unter keinen Umständen etwas Anderes ausgegeben wird als die gewöhnlichen einfachen Programme mit Text, und eventuell auch die Clavierauszüge mit Text. Bitte im ganzen Rayon darauf zu sehen. Sie würden mir die *ganze* Aufführung verderben, wenn ich auch nur einen „Musikführer" darin bemerken würde.

Schönsten Gruss von Ihrem
Mahler

Quelle: „L'Approdo Musicale", 16–17, o. J. (1964), S. 158 f., aufgrund eines Autographs in italienischem Privatbesitz, davon 1 Seite im Faksimile wiedergegeben. – *Datierung:* auf dem Autograph von fremder Hand zwischen Klammern. – *Frau Erler-Schnaudt:* Anna E.-S. sang bei der Uraufführung der Achten Symphonie die II. Altpartie und die Maria Aegyptiaca. – *die Kittel:* Hermine K. (1876–1948), Altistin der Wiener Hofoper. – *Schlesinger's Musikal:* offenbar ein Lesefehler in der genannten Quelle. Mahler meinte zweifellos die Thematische Analyse der Achten Symphony von Edgar Istel, veröffentlicht in „Der Musikführer", Schlesinger'sche Buch- und Musikhandlung, Berlin.

13 [Ohne Datum. Etwa August 1910]

Lieber Herr Gutmann!
Der 14. Oktober ist ganz unmöglich für mich, da ich erst [Datum unleserlich] in Paris eintreffen kann. Sie können also [am] 16., 17. oder 18. über mich verfügen. – Die Proben müßten aber schon vorher (eventuell in München am 14.) sein. – Entschuldigen Sie die Schmierage und Eile!

Also nehmen Sie im *Continental* ein Appartement von 2 Zimmern und Badezimmer womöglich in die hintere Straße, wo nicht ein so starker Verkehr ist, vom 5. September ab. Aber Neusser versicherte mich, daß die *Jahreszeiten* in den Villenhof hinaus ziemlich ruhige Appartements haben. Scheint Ihnen das nicht sicherer?

Bitte erkundigen Sie sich dort – ich habe auch schon mit dem Director (im Juni) verhandelt. Bitte um dießbezügliche Nachricht.

Ihr ergebenster
Mahler

Als Sänger rechne ich auf den Holländer (mir fällt der Name eben nicht ein).

Datierung: Da die Proben zur Achten Symphonie am 5. September begannen und Mahler von diesem Tag an im Hotel Continental wohnte, muß dieser Brief einige Tage oder Wochen vorher geschrieben worden sein. – *Der 14. Oktober:* Die Daten des ersten Briefabschnitts weisen darauf hin, daß Mitte Oktober 1910 ein Konzert in Paris, möglicherweise ein Liederabend, geplant war. – *Neusser:* Der berühmte Dermatologe Albert Neisser (1855–1916) in Breslau, mit dem Mahler befreundet war. Das Münchner Hotel „Vier Jahreszeiten" ist auch in einem Brief Mahlers an Neisser vom Herbst 1906 erwähnt (GMB, Neuausgabe Nr. 367, S. 317). – *den Holländer:* Die Nachschrift bezieht sich offenbar auf das Pariser Konzert. Es könnte sich um den holländischen Sänger Johannes Messchaert handeln (1857–1922), den Mahler am 14. Februar 1907 in Berlin am Klavier begleitet hatte (vgl. Eduard Reeser, *Gustav Mahler und Holland,* Wien 1980).

14 [Ohne Datum. Ende August/Anfang September 1910]

Lieber Freund!
Ich komme *Samstag Abends* mit dem Zug, der hier um circa *1 Uhr* weggeht, und bitte, freundlich im Hotel Continental *1 Zimmer mit Bad* von den 3en (die ich dann alle vom 6. bereit stellen zu lassen bitte) für mich reserviren zu lassen. Am Sonntag möchte ich dann einen Platz für das Löwe-Concert haben.

Herzlich grüßend
Ihr Mahler

Samstag Abends: offenbar Samstag, 3. September 1910. – *Löwe-Concert:* Ferdinand Löwe (1865–1925) dirigierte in der Münchner Musikfesthalle einen Beethoven-Brahms-Bruckner-Zyklus, dessen letztes Konzert am 4. September 1910 stattfand.

15

HOTEL SAVOY
NEW YORK

31. 1. 1911

Lieber Herr Gutmann!

1. Frankfurt ist von selbst erledigt. Sonst hätte ich es erledigen müssen. – Zu dem Programm, das Sie aufgestellt haben, hätte ich 4 Wochen gebraucht. Ich habe Ihnen schon vorigen Sommer gesagt, daß ich einzelne Concerte oder Opernvorstellungen, wenn ich die nöthige Zeit zur Vorbereitung habe, sehr gerne übernehmen werde. Für eine Oper, die auch inscenirt und den Sängern einstudirt werden muß, brauche ich 2–3 Wochen – für ein Concert 3–4 Proben. Sie wissen ja schon. Bitte in Zukunft nur solche Anträge, die ich berücksichtigen kann.

2. Sie wünschen in Bausch und Bogen das Recht der Uraufführung meiner IX.? Ich habe diesen Sommer weder eine solche intendirt, noch könnte ich sie jemandem zusichern ohne die näheren Umstände vorher zu kennen. Ich wünsche für dieses Werk eine ganz stille – *nicht sensationelle* – Einführung irgendwo mit einem vorzüglichen Orchester und angemessener Vorbereitung. –

3. Das Münchner Orechester hat sich sehr unfreundlich gegen mich benommen. Sie wissen dieß so gut als ich – und auch, daß ich seinerzeit Ihnen aufgetragen, mein Anerbieten, das ich im Vertrauen auf das fernere Entgegenkommen der Herren gethan, zurückzuziehen. – Die Herren haben es auch nicht der Mühe werth gefunden, mir eine Erklärung oder gar Entschuldigung für ihr Benehmen zukommen zu lassen. – Sie ignoriren dieß nun Alles und sprechen als ob nichts vorgefallen von meiner Mitwirkung in München.

Ja, mein lieber Gutmann – ich finde es doch eigenthümlich, daß Sie stets in recht unbefangener Weise alle Antecedentien als nicht vorhanden betrachten und in allen Angelegenheiten mir Zumuthungen machen, als ob Sie mich eben erst kennengelernt hätten. – Das ist doch recht ermüdend für mich und wenn Sie eine Geschäftsverbindung zwischen uns ernstlich anstreben, so sollten Sie doch ein besseres Gedächtniß dafür mitbringen und das Bestreben, sich nach meinen Principien und Neigungen einzurichten.

Wenn die Herren vom Concertorchester München in gebührender

Weise an mich herangetreten wären, so hätte sich ja darüber sprechen lassen.

4. Was das nächste Jahr betrifft so ist es, wie ich vorausgesehen, schwer, hier wegzukommen. Die Leute machen alle Anstrengungen, und wahrscheinlich fangen sie mich wieder ein. Ich glaube, ich muß einmal heimlich durchgehen, sonst komme ich hier nicht weg.

In aller Eile und herzlichsten Gruß von

Ihrem ergebensten
Mahler

Frankfurt: ein bisher nicht bekannt gewordenes Projekt. – *Uraufführung meiner IX.:* Mahlers Neunte Symphonie wurde erst ein Jahr nach Mahlers Tod uraufgeführt: am 26. Juni 1912 in Wien unter Bruno Walter. – *Das Münchner Orchester:* der Münchner Konzertverein, der bei der Uraufführung der Achten Symphonie mitgewirkt hatte. (Vgl. GMB, Neuausgabe, Nr. 460, S. 400.)

Gustav Mahler als Organisator

VON EMIL GUTMANN

„Kunst ist der Pfad des Künstlers zu seinem Kunstwerk."

Die suggestive Wirkung Gustav Mahlers, gleichviel ob er als Schaffender oder als Nachschaffender in die Erscheinung trat, erklärt sich am vollkommensten aus der Stärke dieses Charakters: Charakter in der Deutung Emersons verstanden, d. i. als der menschliche Genius, der lieber zum Schelmen und Narren dieser Welt wird, als daß er seine weißen Hände durch Nachgiebigkeiten befleckte. Die geradezu seherische Zielsicherheit und die großartige Sachlichkeit dieses Musikers wurden von keinem der Mitstrebenden unserer Zeit erreicht, weil keiner von ihnen (in diesem Sinne) künstlerisch so charakterstark war wie Gustav Mahler.

In seinem eigensten Schaffen diese grandiose Folgerichtigkeit seines Charakters nachzuweisen, ist nicht meines Amtes. Sie wird auf diesem Gebiete auch mehr geahnt und empfunden, als nachgewiesen werden können, zumal Schöpfertrieb und Vorgang der Schöpfung zuletzt auch dem bewußtesten Künstler selbst mit dem Schleier des Mysteriums verhüllt bleiben. Desto reiner kann der Nachweis in der anderen Hälfte der Mahlerschen Wirkungssphäre gelingen: dort, wo seine reproduzierenden Fähigkeiten walteten, die immer unbestrittene Bewunderung, aber – bisher wenigstens – noch keine analysierende Erläuterung gefunden haben.

Die reproduktive Potenz Mahlers erschöpfte sich nämlich nicht in einem bloßen genialen Dirigieren oder Inszenieren. Sie war ein Kunstwirken höherer Ordnung, das nicht nur jedem Kunstwerk vor den Rezipierenden eine neue Deutung gab, sondern auch die Darstellung an sich, die sonst nur eine technische Leistung ist, zu einem künstlerisch hochbedeutsamen geistigen Vorgang machte. Die zahllosen Proben, die Mahler verlangte, zielten nämlich nicht auf äußerste Disziplin, nicht auf vollkommenste Beherrschung des Stofflichen, auch nicht auf die endliche Unterjochung der einzelnen Subjektivitäten unter den Willen des Kunstwerks allein ab. Mahlers Arbeit ging dahin, das ursprünglich zerstreute Material der ausführenden Kräfte in ein homogenes umzugestalten. („Homogenes Material" war eine Lieblingsbezeichnung Mahlers!) Er verschmolz Sänger, Orchester, Szene zu einer Kunsteinheit, die nichts anderes darstellte als den spezifischen Organismus des Kunstwerks. In diesem Sinn geschah es unter Mahler also nicht bloß, daß eine Symphonie oder eine Oper aus der Notenschrift in Klang und Bewegung umgesetzt wurde, sondern: er schuf dem Kunstwerk, das bisher nur ersonnen, aber noch nicht geschaffen war, den Körper, in dem es lebte, in dem es seinen Kopf, seine Füße, sein Herz und seinen Pulsschlag fand. Mahler reproduzierte nicht, er organisierte das Kunstwerk.

Gerade dieses außerordentliche Verständnis für die organischen Erfordernisse, für die Lebensbedingungen des Kunstwerks, das in den spekulativ nicht zugänglichen Gründen alles Werdens und Vergehens wurzelt, und deshalb elementar genannt werden muß, zeigt am deutlichsten die eigenartige Gottähnlichkeit des wahren Künstlers. Der divinatorische Instinkt für die Existenzbedingungen des Kunstwerks erklärt auch die Strenge und Unnachgiebigkeit des „Tyrannen" Mahler gegenüber all den kleinen Nachlässigkeiten der Praxis: wer den Schöpferwillen zur Belebung hat, kann sich nicht wissentlich zur Verkrüppelung oder gar zum Mord seiner Kreatur hergeben.

Die Fähigkeit, das zerstreute Material der reproduzierenden Kraft in ein homogenes, in eine Kunsteinheit, in den Kunstwerkkörper selbst umzuschaffen, ist eine originäre Künstlerqualität, sie ist einzigartig, genau wie der Goethesche Pantheismus oder der Rodinsche Pleinairismus, und muß daher als ursprünglich-künstlerische Begabung, als „Genialität" gewertet werden. Auch sie, oder gerade sie, macht Mahler zu dem einzigartigen Phänomen, das er in unserer Kunstepoche darstellt. Bewiesen wird diese Fähigkeit durch ihre (vollkommen bewußte) Betätigung.

Wenn ich als kurz erläuterndes Beispiel dieser Fähigkeit nicht die Inszenierung eines Musikdramas durch Mahler, sondern die Aufführung seiner Achten Symphonie wähle, so geschieht dies nicht bloß deshalb, weil mir der Einblick in die Operntätigkeit Mahlers einigermaßen mangelt, während ich die organisatorische Belebung dieses Werkes nicht nur beobachtet, sondern an ihr von Anfang zu Ende mitgearbeitet habe; viel mehr und besonders geschieht es deshalb, weil dieses eigenartige organische Verständnis am deutlichsten sich dort erhellt, wo es zum Selbstverständnis wird. Und weil die Körperschaffung für dieses Werk (das er wiederholt sein Lebenswerk genannt hat) die komplizierteste Aufgabe war, die sich Mahler jemals selbst gestellt hat.

Über die Vorarbeiten, d. h. über die Materialbeschaffung, möchte ich hinweggleiten. Mahler konnte nur bestes Material brauchen und bestand überall ganz unnachgiebig auf der Bereitstellung eines solchen. (Er wurde genau vor einem Jahre im Auslande einmal wirklich „kontraktbrüchig", d. h. verweigerte eine Konzertverpflichtung und reiste ab, weil das ihm zur Verfügung gestellte Orchestermaterial in seinem Sinne nicht bearbeitungsfähig war; was juristisch vielleicht nicht ganz stichhaltig ist, aber seinen künstlerischen Ernst glorifiziert.) Von vornherein begnügte sich Mahler nicht, die und die Orchesterbesetzung, so und so viele Chöre und Solisten zu fordern. Ich besitze von ihm eine schriftliche Orchesteraufstellung für die Achte Symphonie, wo fast jedem Instrument eine individuelle Qualitätsforderung angefügt ist und die dergestalt als Muster vorbildlicher Detailarbeit bezeichnet werden muß. Gleich genau war er in seinen Chorforderungen, bestand darauf, daß ganz autoritative Dirigenten die Vorbereitung leiteten und vereinbarte mit diesen bis in die kleinste Einzelheit die Einteilung und Erledigung des Arbeitspensums. Ebenso individuell wurden die Solisten ausgewählt, von denen nicht nur die Anwesenheit bei den letzten Gesamtproben, sondern auch Klavierproben in Wien, München und Toblach gefordert und – dies ist noch bezeichnender – freudig bewilligt wurden. Diese umständlichen Vorbedingungen, diese zahl- und maßlosen kritischen Forderungen waren für Mahler typisch und hatten einen bestimmten Zweck. Jeder einzelne der Beteiligten geriet in Erregung wegen dieses immer angedrohten „über eure Kraft", spannte seine Kräfte aufs äußerste an und war schließlich besessen auf den Nachweis, daß er das Unüberwindliche doch zu überwinden vermöge. So erreichte es Mahler stets, alle seine Mitarbeiter nicht nur aus persönlichen (ehrgeizigen) Gründen, sondern vor allem sachlich für die Aufführungen zu interessieren. Er selbst war unermüdlich, reiste zu den Chorproben, studierte das Orchester ganz allein, korrigierte Werk und Leistungen und opferte so nach schwerer Winterarbeit auch noch den ganzen Sommer.

Die Vorproben mußten die absolute Beherrschung des Stofflichen und Technischen zeitigen, auf den Ensembleproben studierte er nur mehr den Ausdruck. Auch hier arbeitete er immer nur gruppenweise, nie zusammenfassend. Jedes Glied des Riesenkörpers bekam seine speziellen Weisungen und Erklärungen, die dabei immer so gefärbt waren, daß jeder Gruppe ihre Aufgabe als die wichtigste erscheinen mußte, während sie sich um die Leistungen der anderen Beteiligten überhaupt nicht zu kümmern brauchte. (Es geht den Arm nichts an, wie sich das Bein bewegt; wichtig ist nur, daß sich beide auf die vollkommenste Art bewegen.) Durch diese unvergleichliche Konzentration aller Beteiligten auf ihre spezielle Aufgabe schloß Mahler jede Ablenkung, jedes Versagen und Verfehlen der Musiker aus, zumal er es verstand, den Ausdruck, den er verlangte, greifbar deutlich mit Wort und Gesten zu umschreiben. Ein Trompeter kann giksen, solange er das Bewußtsein hat, daß er ein schweres hohes C zu blasen hat; sobald ihm aber Mahler erläutert hat, daß es sich um kein C, sondern um einen Schrei, um eine Lebensfunktion dieses in der Trompete verkörperten musikalischen Organs handelt, dann gikst er gewiß nicht mehr.

Die Organisierung des Kunstwerkes beendete Mahler jedoch nicht bei den Mitwirkenden. Er schuf ihm auch die Luft, in der es atmen sollte. Ein Kunstwerk lebt erst, wenn es aufgenommen, rezipiert wird. Mahler unterließ nichts, was er für diese Aufnahme durch den Hörer für erforderlich hielt. Die äußere Gruppierung der Massen war ihm sehr wichtig, um auch für das Auge die Einheit des Kunstwerkkörpers sinnfällig zu machen, und Roller, der Getreue, wußte seinen Absichten durch eine architektonisch höchst wirksame Gliederung in Rumpf und Extremitäten gerecht zu werden. Darüber hinaus noch regelte Mahler die Beleuchtung, ja er setzte es sogar durch, daß die Trambahnen, die an der Festhalle entlang rasselten, zur Verhinderung dieser Fremdgeräusche während der Dauer der Aufführungen langsam und ohne Glockenzeichen vorübergleiten mußten!

Er verhinderte den Vertrieb der „Führer", denn was ist das Nachlesen eines Themas und sein Wiedererkennen gegenüber der Erkenntnis und Empfängnis des Kunstwerkes als lebendiger Einheit, wie er es anstrebte! Die Sorge um diese Einheit des Organismus und um seine einheitliche Rezeption leitete ihn bis in die Redigierung des Textprogramms, das wirklich nur den Text, d. h. die gesungenen Worte, enthielt, sonst aber nicht einmal die Angaben, welche Textstellen vom ersten oder zweiten Chor, welche von den Solisten gesungen wurden. Aus diesem Grunde wehrte er sich gegen jede Deutung, gegen jeden überflüssigen Zusatz. (Aus einem Briefe an mich: „Meine Symphonie heißt nicht Faust-Symphonie, ist keine Faust-Symphonie und ich verbitte mir jede Bezeichnung.")

Ich glaube, daß es für Mahler keine Programm-Musik gab, weil es für ihn auch keine absolute Musik gab: er kannte nur eine absolute Kunst, die in jedem Kunstwerk einheitlich verkörpert sein sollte.

Zoltan Roman

GUSTAV MAHLER UND LILLI LEHMANN

„Selten wohl treffen so viel berechtigte und notwendige Vorbedingungen zusammen als bei mir", schrieb Lilli Lehmann im Jahre 1900 wenige Wochen vor ihrem zweiundfünfzigsten Geburtstag.[1] Obwohl dies kaum als bescheidene Selbsteinschätzung gelten kann, war es vermutlich eine richtige. Denn Lilli Lehmann, die einer Sängerfamilie entstammte, war eine der vielseitigsten und technisch vollkommensten Sopranistinnen ihrer Zeit, sowohl im Koloratur- wie auch im dramatischen Fach. Zuletzt umfaßte ihr Repertoire 164 Partien in 114 Opern (die im Anhang ihrer Autobiographie[2] angeführt sind) und dazu etliche hundert Lieder.

Nach ihrem Debut in Prag, 1865, sang Lilli Lehmann vor allem in Danzig und Leipzig, bis sie 1870 nach Berlin engagiert wurde. Ein Kontraktbruch im Jahr 1885 führte dazu, daß sie bis 1891 auf deutschen Opernbühnen nicht auftreten durfte. Während dieser Zeit sang sie hauptsächlich in den Vereinigten Staaten und gab kurze Gastspiele in Europa außerhalb des Deutschen Reichs wie etwa 1887 und 1890 in Budapest. Nachdem der deutsche Kaiser sie pardoniert hatte, ließ sie sich in Berlin nieder. Ihre weitere Laufbahn, die auf der Bühne bis 1909 und im Konzertsaal bis 1920 dauerte, führte sie als Gast in zahlreiche Musikzentren. Nach der Jahrhundertwende war sie viele Jahre lang dem Salzburger Mozarteum und den Salzburger Mozart-Festen verbunden und wirkte auch, mehr als dreißig Jahre lang, als erfolgreiche Gesangspädagogin. Sie starb 1929 in Berlin.

Wann Mahler die erste Verbindung mit Lilli Lehmann anknüpfte, ist nicht sicher zu entscheiden. Brief 1 legt jedoch nahe, daß dies im Zusammenhang mit der Planung der Budapester Opernsaison 1890/1891 geschah. Obwohl dieser Brief gewiß nicht der erste war, den Mahler an sie richtete, zeigt er doch deutlich ein frühes Stadium der Verhandlungen. In Ihrer Autobiographie erinnert sich die Künstlerin an ihre erste Begegnung mit Mahler im Herbst 1890: „Gleich darauf trat Gustav Mahler als Direktor der Nationaloper in Budapest in mein Künstlerleben. Ein Neuer mit starkem Willen und Verständnis. Er hatte mir brieflich mitgeteilt, [. . .] daß er mein Gastspiel [. . .] als durchaus notwendig erachte, um seinen Mitgliedern ein künstlerisches Vorbild zu geben, nach dem sie ringen sollten."[3] Obwohl Lilli Lehmann, die ihre eigenen Auffassungen von Aufführungspraxis hatte, Mahlers Interpretationen mitunter mißbilligte, war ihr Gastspiel in Budapest der Anfang einer lebenslangen Freundschaft: „Ich war Mahler eine Freundin, habe ihn lieb behalten, habe sein großes Talent, seine ungeheure Arbeitskraft und seine Rechtlichkeit der Kunst gegenüber geehrt und ihm in allen Lebenssituationen die Stange gehalten, seiner großen oft mißverstandenen und verkannten Eigenschaft halber."[4]

Überraschenderweise gibt es keine Zeugnisse über Kontakte zwischen Lilli Lehmann und Mahler während seiner Hamburger Jahre (1891–1897). Nach Mahlers Übersiedlung nach Wien erschien die Künstlerin jedoch Jahr für Jahr als Gast in der Hofoper mit Ausnahme von 1897 und 1901. Die revolutionären Opernproduktionen, die Mahler ab 1903 gemeinsam mit Alfred Roller herausbrachte, mißfielen ihr im höchsten Grad, ihre Achtung vor Mahler als Mensch und Künstler blieb davon aber unberührt: „Wir waren gute Freunde, selbst dann, wenn wir entgegengesetzter Meinung waren, was bei seinen neuesten Dekorationsschöpfungen sehr oft der Fall war [. . .] Immer war es eine Feier, mit ihm zusammen am Werk zu sein."[5]

Obwohl Lilli Lehmann, wie Brief 11 zeigt, bereit war, Mahler in einer offenbar kritischen Situation durch Vermittlung eines Engagements nach New York zu helfen, betrachtete sie seine Abreise nach Amerika im Jahre 1907 doch als Tragödie: „Für ihn tat es mir weh, daß er über den Ozean mußte, um – da er nicht bleiben konnte – drüben zu erreichen, was so viele erreichen wollen, seine Unabhängigkeit vom Müssen für seine alten Tage, seine Familie und nicht zum letzten für sein eignes Schaffen."[6] Das letzte Mal sah sie Mahler in München bei der Uraufführung seiner Achten Symphonie am 12. September 1910.

Die Originale der Briefe, die im Folgenden wiedergegeben sind, befinden sich im Lilli Lehmann-Nachlaß in der Deutschen Staatsbibliothek, Berlin (DDR), der für die Abdruckgenehmigung an dieser Stelle gedankt sei.

1 Lilli Lehmann, *Meine Gesangskunst,* Berlin 1902, S. 2
2 Lilli Lehmann, *Mein Weg,* Leipzig, 2/1920
3 Ebenda, S. 366
4 Ebenda, S. 367
5 Ebenda, S. 367 f.
6 Ebenda, S. 368

1 [Ohne Datum. August ? 1890]

Hochverehrte gnädige Frau!

Da Sie nicht sicher über Jänner verfügen können, so bleiben wir in Gottes Namen bei *Dezember.* Denn das möchte ich nicht, zwischen 2 Stühlen zur Erde zu fallen.

Also: im Dezember vom I. bis 20. 5 – 6 male.

Repertoir: *Valentine* I
Fidelio II
Jüdin III
Donna Anna IV

Wäre es denn unmöglich *die Walküre* zu singen? Ich weiß recht gut, was da verlangt ist, und würde mich schämen, Ihre Gründe dagegen nicht anzuerkennen. Aber es ist dieß unter allen diesen Opern für mich die einzige Gelegenheit mit Ihnen zusammen zu wirken, da ich diese persönlich dirigire, währenddem die Anderen von Erkel dirigirt werden.

Wenn Sie es über sich bringen können, so thun Sie eine Liebesthat an einem in fremde Erde gepflanzten deutschen Musiker, der sich darnach sehnt die echte Brünnhilde, wenn auch in einer Verkleidung, wieder zu sehen. Bitte, schreiben Sie mir darüber. Wenn Sie zustimmen, so wähle [ich] diese Rolle als 5. Wenn nicht – nun dann werde ich eine andere namhaft machen.

Ihr verehrungsvollst ergebener
Gustav Mahler

Datierung: Von den fünf erhaltenen Briefen, die sich auf Lilli Lehmanns Gastspiel an der Königlich Ungarischen Oper beziehen, ist dies der einzige, der keine Aktennummer trägt. Wahrscheinlich wurde er geschrieben, ehe Mahler am 23. August von seinen Ferien in der Hinterbrühl nach Budapest zurückkehrte. Auch weist der Inhalt von Brief 2 darauf hin – besonders was „Walküre" und Wagner-Konzert anlangt –, daß der obige Brief der frühere ist. – *die einzige Gelegenheit:* Eine unverständliche Bemerkung, da Mahler im September 1890 eine Neuinszenierung von Mozarts „Don Juan" („Don Giovanni") herausbrachte und sämtliche Vorstellungen bis zu seinem Abgang von Budapest im März 1891 selbst dirigierte. Vermutlich handelte es sich um einen Trick, um die Lehmann zu einem Auftreten in der „Walküre" zu überreden. – *Erkel:* Alexander E. (1846–1900), vormals Direktor, unter Mahler Chefdirigent der Budapester Oper.

2 3611/90

DIE DIRECTION DER KGL. UNG. OPER
IN BUDAPEST

[Ohne Datum. Budapest, um den 24. September 1890]

Hochverehrte gnädige Frau!
Ich bitte, es zu entschuldigen, daß ich Ihren Brief bis heute noch unbeantwortet ließ; es war mir in Folge eines Unwolseins unmöglich. *Hugenotten* letzter Akt bleibt bei uns fort. Die Walküre werden wir nicht mehr als 1–2 [Mal] geben können – unser Publikum ist ein so kleines, daß es nicht möglich ist, eine Oper in so kurzem Zeitraum einigemale zu wiederholen. – Auch möchte ich doch noch freundlichst ersuchen, die *Viviane,* die hier *allerseits* verlangt wird, da sie von Ihrem letzten Gastspiel noch in rühmlichster Erinnerung lebt, in Ihr Repertoir aufzunehmen. Wenn Sie es wünschten, könnten Sie dafür den Fidelio fortlaßen, der ohnehin wegen des Dialogs etwas gezwungen ist. – Wegen eines Wagnerconcerts habe ich bereits die nöthigen Schritte [unternommen] und hoffe es vielleicht zu Stande bringen zu können. – Verzeihen Sie meine Kürze – ich bin noch sehr marod!

Ihr verehrungsvoll ergebenster
Gust. Mahler

Datierung: Ein Brief von Mahler an Franz Erkel vom 24. September 1890 trägt das Aktenzeichen 3612/1890. – *Hugenotten letzter Akt:* Diese Praxis führte zu einem der seltenen Fälle, in denen Mahler öffentlich zu einer negativen Kritik Stellung nahm. Als ihn August Beer, der Musikreferent des „Pester Lloyd", heftig angriff, weil der ganze fünfte Akt der „Hugenotten" gestrichen war, verteidigte sich Mahler in einer ausführlichen Entgegnung, in der er sich auf dramaturgische Gründe berief. (*Pester Lloyd,* 30. November 1889). – *die Viviane:* Figur in Carl Goldmarks Oper „Merlin". – *von Ihrem letzten Gastspiel:* Lilli Lehmann hatte im September und Oktober 1887 achtmal an der Budapester Oper gesungen. – *Wegen eines Wagnerconcerts:* Das auch in den folgenden drei Briefen erwähnte Konzert scheint nicht stattgefunden zu haben. Außer ihren Opernpartien sang Lilli Lehmann in Budapest nur eine Arie aus „Mignon" in einem Wohltätigkeitskonzert am 5. Dezember 1890 in der Oper.

3 3663/1890 Budapest, 28. Sept. 1890

Sehr verehrte gnädige Frau!
Mit Freuden nehme ich Ihr Anerbieten an sich ab 24. Nov. zu unserer Verfügung zu stellen und schlage Ihnen demgemäß vor, daß Sie noch 4

Gastspiele zu den bereits vereinbarten hinzufügen, so daß Sie alle zusammen von 24. November bis 20. Dezember absolviren. Ich bin leider außer Stande, Ihnen für die anderen 4 Abende mehr zu bieten als ein Gesamthonorar von 2000 fl. und zwar aus dem einfachen Grunde, weil mir mit dem schon vereinbarten Gastspiele à tausend fl wirklich „*der Athem*" ausgegangen ist.
Ich bitte, dieß nicht als leere Versicherung zu nehmen. – Ich habe aber ein nur *sehr kleines* Budget zur Verfügung für solche Gastspiele, und bin, anbetrachts einer solchen Ausnahme wie eine Lilli Lehmann, eben darüber hinausgegangen und muß nun sehn, wie ich das an anderen Posten wieder hereinbringe.
Jedenfalls können wir sehen, ob wir nicht die beiden Concerte zwischen den Gastspielen irgendwo herausbringen. –
Zugleich möchte ich die Hoffnung aussprechen, daß Ihre Anwesenheit in Budapest die Anknüpfung zu recht oft wiederholten Besuchen an unserem Institute sein wird.
Bitte, sagen Sie: Ja, und ich sende gleich einen neuen Contrakt. Wo möglich telegrafiren [Sie] mir „das süße Wörtchen", damit ich meine Dispositionen treffen kann.

Vielleicht könnte doch der Herr Gemahl in der einen oder anderen Rolle mit Ihnen zusammen auftreten.
Ich habe so viel Rühmliches von ihm gehört, daß ich mich herzlich freuen würde, seine künstlerische Bekanntschaft zu machen.

Entschuldigen Sie die Kratzfüße am Papier mit meiner großen Eile und sind [!] Sie schönstens gegrüßt

von Ihrem verehrungsvoll ergebensten
Gustav Mahler

Datum: Datumzeile und Aktenzahl (wie auch die übrigen Aktenzahlen) nicht von Mahlers Hand. – *ein nur sehr kleines Budget:* Obwohl aus dem Jahr 1890 keine Budgetziffern erhalten sind, ist erkennbar, daß unter dem Intendanten Ferenc von Beniczky der Gastspieletat an der Budapester Oper drastisch gekürzt war. Während 1887 (vor Mahlers Amtsantritt als Direktor) noch 167 Gastspiele mit Gesamtkosten von 80.000 Forint stattgefunden hatten, waren es 1889 (Direktion Mahler) nur mehr 99 Gastspielauftritte zu insgesamt 25.000 Forint. – *die beiden Concerte:* siehe Brief 2, Wagner-Konzert. – *der Herr Gemahl:* Lilli Lehmann hatte 1888 in New York den Tenor Paul Kalisch geheiratet. Er war 1887 als Gast an der Budapester Oper aufgetreten, aber nicht gemeinsam mit Lilli Lehmann. 1890 hat er in Budapest nicht gesungen.

4 3942/890 Budapest, den 12. Okt. 1890

Verehrte gnädige Frau!
Die Contraktsache steht also folgendermaßen.
4 mal à 500 fl.
5–6 " " 1000 fl.

Laßen wir in Gottes Namen die Brünnhilde fort; dann aber bitte ich die *Elisabeth* (alte Version) zu nehmen, da ein Gastspiel *Lehmann ohne Wagnerrolle* undenkbar ist und mir von Seite[n] des Publikums und der Presse die bittersten Vorwürfe eintragen würde. – Die Norma haben wir derzeit nicht im Repertoir. –

Mit Philine wäre ich ganz einverstanden. Natürlich würden Sie Recitative singen. Das Repertoir würde sich daher folgendermaßen zusammenstellen.

I. Valentine
II Jüdin
III Lucrezia
IV Elisabeth (Tannhäuser)
V Philine (Mignon [)]
VI. Fidelio
VII Don Juan. –

Wollten Sie jedoch statt Fidelio die Viviane im *„Merlin“* nehmen, so würden Sie mir und der [?] Oper eine große Freundlichkeit erweisen – denn Fidelio hat Prosa – und denken Sie sich dazu nicht nur für Musik sondern auch für Dialog 2 verschiedene Sprachen – das ist doch für einen Künstler etwas unerträglich. – Ich habe es leider im ersten Moment nicht bedacht, als ich Ihnen diese Rolle vorschlug. So hätten wir denn 7 Rollen, von denen ich hoffe, daß wir 3 – ja wenn es angienge noch mehr wiederholen könnten. –

Wüßten Sie sonst noch eine Rolle die Ihnen sympathisch und nicht beschwerlich zu recapituliren wäre? Die Aida ist bereits *zu sehr* abgedroschen. – In Puncto Wagnerconcerte bezweifle ich, daß wir mehr als *eins* herausbringen. Darüber sprechen wir dann noch näher, wenn Sie mal hier sind. Über die Reihenfolge der Partien kann ich noch nichts Bestimmtes sagen. Jedoch werde ich Ihnen Anfang November wenigstens über die ersten 4 Auskunft geben können.

Am liebsten wäre es mir, wenn Sie mit *Viviane* anfiengen – dann wäre der erste Abend gleich *ausverkauft*.

Und das ist doch auch was für einen Künstler, vor gedrängt vollem Hause zu debutiren.

Ihren weiteren gütigen Nachrichten entgegensehend bin ich

Ihr verehrungsvoll ergebenster
Gustav Mahler

Datum: nicht von Mahlers Hand, ebenso die Aktenzahl. – *Laßen wir . . . die Brünnhilde fort:* Offenbar hatte Mahler zwischen Brief 3 und Brief 4 einen weiteren (vermutlich verlorenen) Brief geschrieben, in dem er nochmals versuchte, Lilli Lehmanns Widerstand gegen die Brünnhilde zu überwinden. – *Die Norma:* Bellinis Oper wurde allerdings im Januar 1891 mit Marie Moran-Olden als Gast aufgeführt. – *die Viviane:* siehe Brief 2. Mahlers Beharrlichkeit bezüglich dieser Partie ist begreiflich, da „Merlin" seit 1887 zu den populärsten Repertoire-Opern zählte. – *2 verschiedene Sprachen:* Seit Beginn seiner Direktionszeit in Budapest kämpfte Mahler gegen die Praxis von mehrsprachigen Aufführungen an, wenngleich nicht immer erfolgreich.

5 4037/90

[Ohne Datum. Budapest, Ende Oktober/Anfang November 1890]

Verehrte gnädige Frau!
Also abgemacht! Ich füge [mich] in *alle* in Ihre[m] letzten Briefe angegebenen Bedingungen. Die Philine (italienisch) geht noch heute an Sie ab!

Das Repertoir wäre demnach folgendermaßen festgestellt: *Valentine* (1) Donna Anna (2) Jüdin (3) Lucrezia (4) Fidelio (5) Philine (6) u. wenn möglich 1–2 Wagnerconcerte. Diese könnten jedoch nicht im Theater stattfinden, da drin nicht deutsch gesungen werden darf. – Ich freue mich schon ganz riesig, Sie endlich einmal hören und sehen zu können. Sie können mir glauben, daß das mir zu den Oasen zählen wird in dem Wüstenstrand [?] in dem ich hier verschmachte.

Herzlich ergeben Ihr
Gustav Mahler

Bitte, mir freundlichst ungefähr den Tag Ihrer Ankunft, und wann ich die Vorstellung ansetzen soll, anzugeben.

Datierung: Nach der Aktenzahl zu schließen, wurde der Brief zwei bis drei Wochen nach Brief 4 geschrieben. – *Das Repertoir:* Die sechs Opern, in denen Lilli Lehmann 1890 in Budapest gastierte, wurden in nachstehender Reihenfolge gespielt: „Fidelio"

(25. November), „Die Jüdin" (30. November), „Die Hugenotten" (2. Dezember), „Fidelio" (4. Dezember), „Lucrezia Borgia" (9. Dezember), „Fidelio" (11. Dezember), „Mignon" (14. Dezember), „Don Juan" (16. Dezember), „Mignon" (18. Dezember), „Don Juan" (20. Dezember), „Fidelio" (21. Dezember). – *Wagnerconcerte:* siehe Brief 2. – *nicht deutsch gesungen werden darf:* Die Magyarisierung der Königlich Ungarischen Oper gehörte zu den Hauptzielen der Ära Beniczky–Mahler. Schon vorher jedoch war besonders der Gebrauch der deutschen Sprache – offiziell und inoffiziell – behindert worden, und zwar aus nationalistischen Gründen, die nichts mit der Oper zu tun hatten. Schon über ihr Gastspiel im Jahre 1887 berichtete Lilli Lehmann, sie habe an der Nationaloper in Budapest gesungen, „wo Deutsch nicht nur verpönt, sondern überhaupt unmöglich war . . ." (*Mein Weg,* S. 352 f.)

6

DIE K. UND K. DIRECTION
DES KAIS. KÖN. HOF-OPERNTHEATERS IN WIEN

[Ohne Datum. März–April 1898]

Liebste Freundin!
Mein Sekretär schreibt überdieß! Ich möchte Sie sehr gerne wieder bald hier haben. Am passendsten ist mir der *Mai.* Werden Sie uns die Freude erweisen, und als k. k. hier erscheinen? –
Ferner: was die Fremstadt betrifft, Ihre Empfehlung ist mir sehr maßgebend: könnte die Fr[emstad] herkommen (eine Reisevergütung werde ich ihr auswirken).

Und würde sie sich für den Anfang mit einer bescheidenen Gage begnügen? Wie viel soll ich ihr anbieten?

Herzlichst in aller Eile
Ihr alter
Mahler

Antworten Sie bald und „lieb"!

Datierung: aufgrund des Gastspiels im Mai 1898. – *Liebste Freundin!:* Anrede und Ton dieses Briefes, die sich von den Budapester Briefen unterscheiden, läßt vermuten, daß der Kontakt zwischen Mahler und Lilli Lehmann in den dazwischenliegenden acht Jahren weiterbestanden hat. – *wieder bald hier haben:* Lilli Lehmann hatte schon im Januar und Februar 1898 an der Wiener Hofoper gesungen. – *als k. k.:* Lilli Lehmann erwähnt ohne Datumsangabe ihre Ernennung zur „k. und k. Kammersängerin" (*Mein Weg,* S. 437). – *Fremstadt:* Olive Fremstad (1871–1951), eine Schülerin Lilli Lehmanns, erschien erstmals als Gast in der Wiener Oper am 22. Mai 1898 in einer von Mahler dirigierten „Tristan"-Vorstellung, in der sie die Brangäne sang und Lilli Lehmann die Isolde. Fast zehn Jahre danach, am 1. Januar 1908, sang sie bei Mahlers Debüt an der Metropolitan Opera, New York, ihre erste Isolde.

7

K. U. K. DIRECTION DES K. K. HOFOPERNTHEATERS

[Ohne Datum, Wien, März 1900]

Liebste Freundin!
Jedenfalls möchte ich Sie ungefähr Mitte April oder Anfang Mai wieder hier haben. Ob es mit dem Honorar gehen wird, [ist zu] bezweifeln bei den (unter uns gesagt) sehr „schundigen" Verhältniß[en], die hier eingetreten sind, und unter denen ich sehr zu leiden habe. – Die Melba hat übrigens für das *eine* Gastspiel nur 500 fl bekommen. Sie wollte eben durchaus singen, und hat das Honorar dem Pensionsfond[s] geschenkt. – Der Genuß war für mich ein sehr mäßiger! Da laß ich mir lieber Clarinette vorblasen.

Es wäre sehr lieb, wenn ich Näheres über den „polnischen Juden" erfahren könnte. Ist der Clavierauszug irgendwo erschienen? Und von wem ist die Oper?

Herzlichst Ihr alter
Mahler

Datierung: aufgrund des Gastspiels im April und Mai 1900. – *wieder hier haben:* Lilli Lehmann war im Dezember 1899 in Wien aufgetreten. – *mit dem Honorar:* Die oft geäußerte Behauptung, daß Mahler als Operndirektor ein unzulänglicher „Geschäftsmann" war, wird durch seine Bereitschaft dementiert, sogar mit Gästen vom Rang einer Lehmann um das Honorar zu feilschen (vgl. auch Brief 3). – *Die Melba:* Nellie M. (1861–1931) sang am 19. Januar 1900 in der Wiener Oper. – *über den „polnischen Juden":* Die Oper „Le juif polonais" von Camille Erlanger (1863–1919), Uraufführung: 11. April 1900 in Paris. Lilli Lehmann, die im März 1900 in Paris war, hatte möglicherweise schon Proben gehört. Mahler brachte die Oper am 4. Oktober 1906 an der Wiener Hofoper heraus.

8

DER DIRECTOR DES
K. K. HOF-OPERNTHEATERS

[Ohne Datum. Wien, Frühjahr 1903]

Liebste Freundin!
Vielen Dank für Ihre lieben Zeilen! Bin mit Allem einverstanden. Ich freue mich schon jetzt auf ein Zusammensein mit Ihnen in nächster Saison. Wie wäre es mit Dezember? Sie singen dießmal auch *Traviata,* auf die ich riesig begierig bin, und was Sie sonst noch haben und wollen. Jedenfalls einmal den Cyclus. Ist es Ihnen recht, so machen wir es auch gleich officiell ab. (Intendanz etc.). Und Sie bringen Ihren Schützling mit, wir stellen ihn vortheilhaft hinaus, womit Sie es für am Besten halten, und engagiren ihn dann gleich. Ich wäre Ihnen sehr dankbar, wenn Sie mir bezüglich der Bedingungen einen Vorschlag machen wollten, damit auch dieß gleich fixirt werden kann. *(Ich glaube, es wäre dieß am besten,* damit er nicht doch in *Versuchung geräth!*[)]
Herzlichst mit vielen Grüßen von uns Allen

Ihr alter
Mahler

Datierung: Lilli Lehmann sang zum erstenmal am 7. Mai 1904 die Traviata. Es ist anzunehmen, daß die Korrespondenz darüber gegen Ende der vorangegangenen Saison geführt wurde. – *Dezember?:* Während der Saison 1903–1904 gastierte Lilli Lehmann nur im Mai in Wien. – *Traviata:* Da Lilli Lehmann den deutschen Text von Verdis Oper „unerhört" schlecht fand, bestand sie auf Vorstellungen in italienischer Sprache: „. . . so setzte ich es auch durch, daß die Oper in Wien unter Mahler mit mir als Gast in italienischer Sprache gesungen wurde" (*Mein Weg,* S. 315). – *einmal den Cyclus:* wohl der „Ring des Nibelungen". Lilli Lehmann trat 1904 jedoch in keinem Werk der Tetralogie auf. – *Ihren Schützling:* nicht identifiziert.

9

DER DIRECTOR DES
K. K. HOF-OPERNTHEATERS

[Ohne Datum. Wien, Anfang September? 1905]

Liebste, verehrte Freundin!
Nichts für ungut! Im Sommer bin ich so versunken in Eigenstes, daß ich wirklich nicht eine Zeile Brief schreiben kann. Ich spare mir die

K. K. Hof-Operntheater.

Freitag den 13. Mai 1904.

119. Vorstellung im Jahres-Abonnement.

Fidelio.

Oper in zwei Akten aus dem Französischen. Musik von L. van Beethoven.
Der zweite Akt in zwei Abtheilungen.

Zu Beginn der Vorstellung:

Ouverture Nr. 3 zu „Leonore".

Florestan, ein Gefangener	Hr. Winkelmann.*
Leonore, seine Gemalin, unter dem Namen Fidelio	* * *
Don Fernando, Minister	Hr. Stehmann.
Don Pizarro, Kommandant eines Staatsgefängnisses	Hr. Weidemann.
Rocco, Kerkermeister	Hr. Frauscher.
Marzelline, seine Tochter	Fr. Forster.
Jaquino, Pförtner	Hr. Preuß.
Erster Gefangener	Hr. Pacal.
Zweiter Gefangener	Hr. Marian.

Staatsgefangene. Wachen. Volk.

* Ehrenmitglied.

* * * „Leonore" Fr. **Lilli Lehmann,** k. u. k. österr. und kgl. preuß. Kammersängerin als Gast.

Während der Ouverture bleiben die Saalthüren geschlossen.

Der freie Eintritt ist heute ohne Ausnahme aufgehoben.

Der Beginn der Vorstellung sowie jedes Aktes wird durch ein Glockenzeichen bekanntgegeben.

Abendkassen-Eröffnung vor 7 Uhr. Anfang halb 8 Uhr. Ende um 10 Uhr.

Samstag den 14. Cavalleria Rusticana. Hierauf: Der Bajazzo. „Canio" Hr. **Oscar Bolz** vom Stadttheater in Mainz als Gast. Zum Schluß: Coppelia. (Anfang **7** Uhr.)

Sonntag den 15. Bei aufgehobenem Abonnement. La Traviata. „Violetta" Fr. **Lilli Lehmann,** k. u. k. österr. und kgl. preuß. Kammersängerin als Gast. (Anfang **halb 8** Uhr.)

Montag den 16. Der Prophet. „Johann v. Leyden" Hr. **Oscar Bolz** vom Stadttheater in Mainz als Gast. „Fides" Fr. **Anna Kettner** vom Stadttheater in Nürnberg als Gast. (Anfang **7** Uhr.)

Falls eine anzekündigte Vorstellung abgeändert werden sollte, gilt die für diesen Tag gelöste Karte auch für die Ersatzvorstellung.

Eine Rückerstattung des Geldes kann nur dann stattfinden, wenn eine Vorstellung, welche zu erhöhten Preisen angekündigt war, durch eine Vorstellung zu gewöhnlichen Preisen ersetzt wird. War die Erhöhung der Preise nur für einzelne Sitzkategorien angekündigt, so bleibt auch auf diese eine eventuelle Rückerstattung beschränkt.

In solchen Fällen muß die Rückerstattung spätestens am Tage der Vorstellung und zwar von halb 9 Uhr Früh bis 1 Uhr Mittags und von 3 Uhr Nachmittags bis 5 Uhr Abends an der Tageskasse und von halb 7 Uhr Abends bis vor Beginn der Vorstellung an der Abendkasse verlangt werden, widrigens der Anspruch auf Rückerstattung des Geldes verloren geht.

Die Tageskasse befindet sich Braunerstraße Nr. 14, nächst dem Josephsplatz

Zum Dienstgebrauche.

[illegible], IX., Berggasse 7.

Die Aufführung von „Fidelio" am 13. Mai 1904, in der Lilli Lehmann auftrat, fand noch in der alten Inszenierung statt, in der Mahler die 3. „Leonoren"-Ouvertüre an den Beginn stellte.

wichtigste[n] Antwort[en] bis zum Eintreffen in Wien! – Zur Sache selbst: eben aus dem Grunde, aus welchem ich meine liebe Freundin so grob auf eine Antwort warten ließ, muß ich es mir versagen, *so verlokkend* es auch wäre, mit Lili Lehman [!] zusammen Mozart aufzuführen, irgend etwas zu unternehmen, was mich meiner Pflicht (zunächst gegen mich selbst – aber vielleicht auch noch eine höhere – gegen die Welt) abwendig macht. Die Zeit ist mir *sehr karg* zugemessen – 7 Wochen habe ich, und die brauche ich ganz und gar! Ich habe heuer z. B. bis zum letzten Tage (8 Stunden oft in einem Zug) arbeiten müssen, um nur bis zu einem Abschnitt zu kommen – das Andere muß bis nächstes Jahr warten. Also thut mir *sehr sehr* leid – aber es geht nicht!

Über unser Zusammenwirken im Dezember demnächst, wenn ich das Repertoir ausarbeite. Tausend Grüße auch von Alma

von Ihrem sehr getreuen
Mahler

Datierung: siehe die folgenden Anmerkungen. – *bis zum Eintreffen in Wien:* Mahler dirigierte am 5. September 1905 zum erstenmal nach den Ferien. – *mit Lilli Lehmann zusammen Mozart aufzuführen:* Lilli Lehmann scheint, obwohl ihre Memoiren darüber nichts Bestimmtes aussagen (*Mein Weg,* S. 430 ff.), schon im Sommer 1905 mit der Organisation des Salzburger Musikfestes zu Mozarts 150. Geburtstag begonnen zu haben. Möglicherweise wollte sie Mahler als Dirigenten eines Konzertes oder des von ihr inszenierten „Don Juan“ gewinnen, obwohl sie unter den ursprünglich in Betracht gezogenen Dirigenten nur Schuch, Mottl und Muck nennt. „Don Juan“ wurde schließlich am 14. und 16. August 1906 unter Reynaldo Hahn in Salzburg aufgeführt. Mahler dirigierte „Die Hochzeit des Figaro“ am 18. und 20. August im Rahmen eines Gesamtgastspiels der Wiener Hofoper. – *8 Stunden oft in einem Zug:* Alma Mahler berichtet dazu: „Im Sommer 1905 hatte Mahler die VII. Symphonie in einem Furor niedergeschrieben.“ (AM, S. 112 f.)

10 [Ohne Datum. Wien, Oktober 1905]

Liebste Freundin Lilli!
Verzeihen Sie, wenn ich (nach so langem Zögern) auch heute noch kurz bin.

Ich weiß nicht, ob ich den ganzen Mozart-Cyclus schon im Jänner herausbringen kann. (Da jede einzelne Oper neu studirt u. inscenirt werden soll). Ich binde mich in solchen Dingen nie gerne an ein *Datum* – und glaube, Mozart wahrhaftig zu ehren (als ob *der* überhaupt noch „geehrt“ werden könnte), wenn ich seine Werke bei uns in einer solchen Weise auf die *Beine* stelle, daß sie nun wieder auf unabsehbare Zeit *Gegenwart* und lebendig bleiben mögen. – Dagegen rechne ich jedenfalls auf *Ihr* Erscheinen in besprochener Zeit; und möchte Sie bitten, Don Juan u. Figaro, und vielleicht auch *Constanze* (nebst Andrem) zu singen. – Die Schwierigkeit besteht aber darin, daß die ersten *2 Opern* auch in neuer Übersetzung (Figaro hat sogar in den Seccorecitativen eine sehr weitgehende Überarbeitung erfahren – wir gehen in wichtigen Punkten auf das Original-Beaumarchais zurück) erscheinen werden, und Sie sich der Mühe unterziehen müßten, wenigstens die *Seccorecitative* neu zu lernen. – Ich komme Anfangs *November* nach Berlin (zur Aufführung meiner II. unter Oscar Fried) und suche Sie dann auf! Wir besprechen Alles ausführlich. Die Clavierauszüge mit neuem Text laße ich Ihnen zugehen, so wie sie fertig sind. Bitte nur um eine Zeile, wie Sie sich zu dieser Proposition verhalten!

Tausend Grüße, liebste Lilli

von Ihrem alten
Mahler

Datierung: aufgrund der Aufführung von Mahlers Zweiter Symphonie in Berlin, am 8. November 1905. – *Mozart-Cyclus:* In der Saison 1905–1906 brachte Mahler Neuinszenierungen von fünf Mozart-Opern in Ausstattungen von Alfred Roller heraus: „Così fan tutte" (24. November), „Don Giovanni" (21. Dezember), „Die Entführung aus dem Serail" (29. Januar), „Die Hochzeit des Figaro" (30. März), „Die Zauberflöte" (1. Juni). – *Ihr Erscheinen:* Lilli Lehmann gastierte nur im April 1906 in Wien. Sie sang in „La Traviata", „Norma" und „Fidelio". – *vielleicht auch Constanze:* Als Constanze und Donna Anna trat Lilli Lehmann erst im Mai 1907 auf. Dies waren ihre letzten Gastspiele unter Mahler. – *die Seccorecitative neu zu lernen:* Wie aus ihren Memoiren hervorgeht, studierte Lilli Lehmann tatsächlich die neuen Rezitative („Mahler zuliebe"), trat aber nicht im „Figaro" auf – „weil ich erst zu viel beschäftigt und dann keinesfalls in dem Kostüm der damaligen Gräfin [Entwurf von Roller] gegangen wäre, das demjenigen einer alten Urgroßmutter glich, und nicht der lebenslustigen Rosine Gräfin Almaviva" (*Mein Weg,* S. 432). Ihre konservative Natur zeigte sich auch in ihrem Einwand gegen die „allerdings sehr geschickte" Gerichtsszene, die Mahler hinzugefügt hatte, welche „auch beim Mozartfestspiel [in Salzburg] nicht ausblieb, obwohl sie meines Erachtens nicht hineingehörte". (*Mein Weg,* S. 436). – *Oscar Fried:* vgl. Mahlers Briefe an Fried, S. 47 ff.

11 [Ohne Datum]

Verehrte Freundin!
Eben bekomme ich ein[en] Antrag nach New-jork [!] als Dirigent von

50 Concerten pr. Saison und *Direktor* des „*National Conservatory* of Music of America“ – 7 Monate jedes Jahr. –

Ich werde ersucht „meine“ Honorar*bedingungen* zu stellen!

Bitte, liebe Freundin, telegrafiren Sie mir sofort die Summe, welche Sie glauben, daß ich fordern soll – da ich americanische Verhältniße nicht kenne, fürchte ich einen Misgriff zu thun. –

Ich soll die Summe in Reichsmark angeben. –

Wie ich durch Ihren Brief ersehe, habe [ich] den Antrag Ihnen zu danken. – Es ist so *reizend* von Ihnen, daß Sie an mich gedacht haben, und ich fühle im Augenblick eine solche Erkenntlichkeit in meinem Herzen, daß mir ein Brief nicht hinreicht, dieselbe auszusprechen.

Ich hoffe in wenigen Tagen Ihnen in Wien die Hand drücken zu können. –

Noch muß ich bitten, zunächst *keiner menschlichen* Seele etwas davon zu sagen, weil mir für *hier Alles* davon abhängt, daß *nichts* bekannt wird.

Bitte also liebe Freundin, telegrafiren Sie mir die Summe in Reichsmark die ich für die doppelte Thätigkeit fordern soll. – Als Direktor des Conservatoriums hätte ich nicht zu *unterrichten,* sondern *nur* zu *leiten* u. [?] ungefähr 7 Stunden wöchentlich.

Herzlichen Gruß von Ihrem ergebensten

Gustav Mahler

Bitte *schnelle* Antwort.

Soll ich vielleicht lieber verlangen, daß mir die New-yorker selbst die Propositionen für Honorirung stellen?

Bitte, meiner *Schwester nichts* von diesem Brief zu sagen.

Datierung: Dieser Brief ist nicht zweifelsfrei zu datieren, da bisher keine Dokumente oder Hinweise aufgetaucht sind, die Mahlers Verhandlungen mit dem National Conservatory of Music belegen. Auch Lilli Lehmann erwähnt diese Angelegenheit in ihren Memoiren mit keinem Wort. Aufgrund der Situation in New York kann April 1906 als wahrscheinlichste Datierung dieses Briefes gelten. Einzelne Passagen jedoch, besonders der Hinweis auf Mahlers Schwester Justine, lassen es denkbar erscheinen, daß der Brief aus früheren Jahren (vielleicht 1901) oder sogar noch aus Mahlers Hamburger Zeit stammt. – *National Conservatory of Music of America:* gegründet 1885, 1899 bis 1902 unter der Leitung von Emil Paur, von 1906 bis 1909 unter der Leitung von Wassili Safonow. Ein neuer Direktor könnte daher 1901 (respektive Anfang 1902) oder 1906 gesucht worden sein. – *als Dirigent von 50 Concerten:* New York hatte zu dieser Zeit zwei große Orchester. 1. Das Philharmonic Orchestra, ohne ständigen Dirigenten seit 1903, engagierte im Jahre 1906 Wassili Safonow, der im selben Jahr

Direktor des National Conservatory wurde. Das Philharmonic Orchestra gab jedoch 1906/07 und auch 1907/08 nur je 18 Konzerte. 2. Das New York Symphony Orchestra brachte 1906/07 eine größere Zahl von Konzerten, war aber noch eine kooperative Organisation unter der Leitung von Walter Damrosch. Als das Symphony Orchestra 1907/08 zu einem System finanzieller Garantien von privater Hand überging, wurde eine Saison von sieben Monaten angekündigt, die eine Vielzahl von Konzerten innerhalb und außerhalb New Yorks enthielt – insgesamt etwa 50 Konzerte. Es wäre immerhin denkbar, daß das reorganisierte New York Symphony Orchestra im Frühjahr 1907 nach einem neuen Dirigenten Ausschau hielt, doch war der Direktorposten des Conservatory zu diesem Zeitpunkt schon besetzt. Dennoch ist es am wahrscheinlichsten, daß man Mahler im Frühjahr 1906 die Leitung des Conservatory und die Position bei einem der beiden Orchester antrug. – *meiner Schwester . . . nichts zu sagen:* eine rätselhafte Bitte, wenn der Brief von 1906 stammt, da Mahler und seine Schwester Justine seit beider Verehelichung im Jahre 1902 nicht mehr miteinander lebten. Die Erwähnung Justines könnte darauf hinweisen, daß Lilli Lehmann das Angebot an Mahler doch im Winter 1900/01 in die Wege leitete, als sie ihre letzte Amerika-Tournee machte.

12

DER DIRECTOR DES
K. K. HOF-OPERNTHEATERS

[Ohne Datum. Wien, Herbst 1907?]

Liebste Lilli!
Die beiden – schon längst erwarteten Bilder sind eben angekommen. – Ich bin ganz entzückt – besonders von dem Ihren! Ich werde nun einen schönen Platz im Hause dafür aussuchen und es dann zum bleibenden Andenken an die große Künstler[in] und den tapferen famosen Menschen und Kameraden aufhängen, (Mein Gott – leider das Einzige, was schließlich von all der Herrlichkeit übrig bleibt: ein Bild und wenn es hoch kommt – ein Buch), für ein kleines Weilchen aber soll es in meinen Räumen warten, bis alles parat ist; und da will ich mir sie recht oft anschauen, da mir (warum denn gerade *mir?*) Ihre Gegenwart eben so wenig beschieden sein soll als die Vergangenheit! Nun meine liebe Lilli wir gehörten doch zusammen? Also item [?] – werde und muß ich mich mit dem faden Bild (nur *für mich* fad) trösten und Ihrer in Freundschaft und stets *in Eile* gedenken

als der Ihre
Gustav Mahler

Datierung: Obwohl der Brieftext keine sicheren Hinweise auf das Entstehungsdatum enthält, ist er durch die ihn beherrschende Stimmung der Resignation und Endgültigkeit Mahlers letzten Wochen am Wiener Hofoperntheater zuzuschreiben. – *Die beiden . . . Bilder:* Möglicherweise Photographien, die 1906 in Salzburg oder bei ihrem letzten Besuch in Wien, im Mai 1907, aufgenommen wurden. – *ein Buch:* es ist denkbar, daß Lilli Lehmann bereits damals ihre Memoiren *Mein Weg* plante, die allerdings erst 1913 erschienen. – *in meinen Räumen:* wohl Mahlers Direktionszimmer in der Hofoper. – *in Eile:* Mahler, der stets in Eile war, schrieb diese Worte in viele seiner Briefe und macht sich hier darüber lustig.

Herta Blaukopf

GUSTAV MAHLER UND SCHWESTER JUSTINE

Marie Mahler, die Gattin des Rum-, Punsch- und Likörfabrikanten Bernhard Mahler, schenkte im Lauf ihrer Ehe vierzehn Kindern das Leben.[1] Angeborene organische Schwächen und die damals meist noch tödlich endenden Krankheiten Scharlach und Diphterie rafften neun von ihnen im Kindesalter hinweg. Der Erstgeborene starb, ehe der zweite Sohn Gustav zur Welt kam. So wuchs Gustav Mahler im Haus seiner Eltern im Bewußtsein auf, der älteste unter den Geschwistern zu sein, eine Stellung, die ihn privilegierte und zugleich belastete. Im Jahre 1889, als er Operndirektor in Budapest war, starben Bernhard Mahler, der Vater, wenige Monate später Marie Mahler, die Mutter, und fast gleichzeitig mit ihr Leopoldine, die älteste der Schwestern. Gustav Mahler hatte mit einemmal die moralische und finanzielle Verantwortung für zwei Brüder und zwei Schwestern zu tragen: für Alois, der, obwohl 1867 geboren, also schon zweiundzwanzigjährig, materiell noch nicht unabhängig war; für die einundzwanzigjährige Justine, ohne Beruf wie die meisten Bürgerstöchter ihrer Zeit; für den mitten in seiner Ausbildung begriffenen sechzehnjährigen Otto und für die erst vierzehnjährige Emma.

Der leichtfertige, etwas exzentrische Charakter des Bruders Alois schloß jede tiefere Beziehung zwischen ihm und Gustav aus. Für Otto und Emma, die noch unfertig und kindlich waren, hegte Gustav Mahler eher väterliche Gefühle als brüderliche. So übertrug er die ganze Liebe, die seiner Mutter, der sanften Dulderin, gegolten hatte, auf die Schwester Justine (1868–1938). In ihr verkörperten sich für ihn Herkunft, Familie und Zuhause. Er sorgte für ihre Weiterbildung, ließ sie an seinen Erfolgen und Mißerfolgen teilnehmen, reiste mit ihr nach Italien, er trug sie auf Händen – und das nicht nur bildlich gesprochen, denn als er die durch die Pflege der Eltern gesundheitlich Geschwächte zu sich nach Budapest holte, trug er sie vier Treppen hoch in die gemeinsame Wohnung.[2]

Während der ersten Jahre seines Hamburger Engagements (1891 bis 1897) lebte Mahler allein, da sich Justine in Wien um die jüngeren Geschwister Otto und Emma kümmern mußte. Er schrieb ihr regelmäßig und ausführlich, zu manchen Zeiten sogar täglich, wie er später täglich an seine Frau schrieb, wenn er auf Reisen war. Die Theaterferien im Sommer verbrachte er, das Jahr 1891 ausgenommen, mit den Schwestern in den Alpen. In der Saison 1894/95 nahm er Justine und Emma zu sich und lebte von da an mit beiden in gemeinsamem Haushalt, vorerst in Hamburg, später in Wien, bis Emma im Jahre 1898 den Cellisten Eduard Rosé heiratete. Das Zusammenleben mit Justine währte fast noch vier Jahre länger, bis März 1902, als Mahler Alma Schindler heiratete und – am Tage danach – Justine den großen Geiger Arnold Rosé. „Er hatte bis dahin mit seiner Schwester eine Art Ehe geführt", vermerkt Alma Mahler in ihren Erinnerungen.[3] Mahlers Briefe an die Sängerin Anna von Mildenburg zeigen, daß Alma mit dieser Darstellung nicht im Unrecht war. Er liebte die Mildenburg mit der Leidenschaft eines reifen Mannes, fühlte sich jedoch an die unversorgten Schwestern gebunden und wagte nicht, auf eine gemeinsame Zukunft mit der Geliebten zu hoffen. „Meine Schwestern sind so arm geworden!" schrieb er an die Mildenburg im Dezember 1895. „Ich komme mir wie ein Verbrecher vor! Es geht mir nicht aus dem Sinn!"[4] Justine scheint ähnlich empfunden zu haben wie ihr Bruder. Sie lernte sehr bald nach der Übersiedlung nach Wien Arnold Rosé kennen und lieben, glaubte aber, diese Beziehung vor dem Bruder verbergen zu müssen. „Justis Verlobung mit unserem Konzertmeister Rosé ist eine alte Geschichte", schrieb Bruno Walter am 30. Dezember 1901 an seine Eltern, „beide aber hätten auf die Vereinigung verzichtet, wenn Mahler sich nicht auch verlobt hätte; Justi hätte ihren Bruder sonst nicht allein gelassen."[5]

Von Justines Wesen und Charakter wissen wir nur wenig. Alma Mahler sagt ihr wie fast allen Menschen, die ihrem Mann früher nahegestanden waren, kaum Gutes nach. Sie sei unaufrichtig gewesen, verschwenderisch mit dem Geld umgegangen, habe ihn in Schulden gestürzt und überdies Manuskripte entwendet. Wenn wir ihr glauben wollen, so hat Justine einmal, als Mahler sich im Zustand äußerster Erschöpfung befand, zu Alma gesagt: „Eines freut mich, ich habe ihn jung gehabt und du hast ihn alt!"[6] Eifersucht also auf beiden Seiten und in deren Folge Gehässigkeiten, die auch Mahlers Beziehung zur Schwester und langjährigen Gefährtin trübten. Mehr und Authentischeres über Justine läßt sich aus Mahlers Briefen an sie herauslesen, die neben familiärem Kleinkram viele wesentliche Mitteilungen über sich selbst und über musikalische Ereignisse enthalten. Sie muß, nach diesen

Briefen zu schließen, ein Mensch gewesen sein, der sein Vertrauen genoß und verdiente, der an seiner Laufbahn und an seiner Gedankenwelt Anteil nahm und auch die geistigen Voraussetzungen zu solcher Anteilnahme besaß.

Im Laufe seines Lebens, vor allem in den Jahren zwischen dem Tod der Eltern und seiner Verehelichung, hat Mahler an Justine etliche hundert Briefe geschrieben, die bisher noch nicht veröffentlicht wurden. Sie befinden sich in der Sammlung Maria Rosé respektive in der University of Western Ontario, London, Kanada. Die vier im folgenden wiedergegebenen Briefe stammen aus Privatbesitz außerhalb der genannten Sammlungen, und wir sind Herrn Felix Eyle zu Dank verpflichtet, der uns diese Autographe in Kopie zugänglich machte. Glücklicherweise sind es vier besonders inhaltsreiche Briefe aus wichtigen Lebensabschnitten, Briefe, in denen die musikalische Mitteilung die familiäre überwiegt.

[1] HLG, S. 11 f.
[2] AM, S. 18
[3] AM, S. 21
[4] GMB, Neuausgabe, Brief 155, S. 137
[5] Bruno Walter, *Briefe 1894–1962,* Frankfurt 1969, S. 52
[6] AM, S. 72

1 [Hamburg] 27/I 93

Liebste Justi!

Deine Nachrichten werden jetzt etwas tröstlicher. Es scheint besonders jetzt nicht schlecht zu gehen. – Wenn es Dir wol thut, bleibe ruhig mit Alois in Meran. Vielleicht gelingt es Dir in der Nähe von Warmegg ein Quartier für Euch zu finden, so daß sich die Kosten dann billiger stellen würden. Aber jedenfalls die Hauptsache ist: nun mal ordentlich gesund werden.

Die Geschichte mit Ottos Harmonisirung der Saxischen Erzeugnisse hat mich sehr amusirt. – Dieser Professor scheint eine feine Nase zu haben; der Herr Schuh [?] hat wol so einen russischen Erdapfel im Gesicht.

Übrigens, ist Prof. Curtius ein Sohn des großen Philologen *Curtius?*

Von den Novellen, die Du erwähnst, habe ich auch schon gehört; sie sollen reizend sein. –

Freund Fritz halte ich für einen entschiedenen Fortschritt nach der Cavalleria und bin nunmehr durchdrungen davon, daß die Herrn *Kapellmeister* das Werk, welches in Folge großer Subtilitäten schwer auszuführen ist, wieder einmal in Grund und Boden dirigirt haben. – Mit einer Dir leicht verständlichen Sympathie für den dießmal „durchgefallenen" und mishandelten Componisten habe ich meine ganze Individualität aufgeboten, um das Werk der „Canaille gegenüber" durchzusetzen. – Dieß scheint bis jetzt gelungen zu sein, denn das Werk wird unter dem wachsenden Interesse des Publikums immer und immer wiederholt. Bei der letzten Aufführung übrigens war *Jauner* aus Wien da, der das Werk erst unter [dem] dickfelligen Richter und dann im Prater unter Mascagni gehört ist[!]. – Er hat mir wiederholt entzückt versichert, daß er jeden Moment geglaubt hat, *Mascagni* sitze am Pult; so bis in's kleinste Detail hätte ich *seine* Art wiedergegeben. Das ist mir auch ziemlich begreiflich, da zwischen mir und Mascagni eine *Menge* Berührungspunkte existiren.

Jedenfalls hat das Werk *hier* zum erstenmale einen *Erfolg* erlebt – eigentlich zum 2.mal, da die Aufführung im Prater unter Mascagni gewiß auch sehr gefesselt hat. Nur konnte man dort nicht so leicht unterscheiden, was auf das Conto der die Wiener so fascinirenden Persönlichkeit Mascagnis zu setzen ist. –

Es ist übrigens sehr erfreulich, daß Ihr Euch in der Gesellschaft dort schon ein bischen eingelebt habt, wie es mir scheint. – Hat denn auch

Alois einige Ansprache? – Übrigens hast Du mir noch nie etwas über den Untersuchungsbefund mitgetheilt? Allem Anscheine nach sind also *keine Tuberkeln* gefunden? Bitte, schreibe darüber.

Herzlichste Grüße an Alle

von Deinem Gustav

Von der Emma hatte ich heute beifolgenden Brief, den ich der „Putzigkeit" wegen Dir einsende! Ist der nicht drollig? Man kennt sich wirklich in der nicht aus!

Natürlich ist es mir Ernst mit Deinem Herkommen! Es handelt sich bloß um die Auswal eines günstigen Zeitpunktes.

Deine Nachrichten: Justine weilte damals mit ihrem von einem Lungenleiden befallenen Bruder Alois Mahler (1867–19??) zur Kur in Meran/Südtirol. – *Ottos Harmonisirung der Saxischen Erzeugnisse:* Otto Mahler (1873–1895), neben Gustav der einzige Musiker in der Familie, hatte offenbar einige Gedichte des Nationalökonomen Hans Emanuel Sax (1858–1896), mit dem Gustav Mahler befreundet war, vertont. Aus Mitleid mit Sax, der lungenkrank war, hatte Mahler selbst einst vorgehabt, eines seiner Gedichte zu vertonen; es kam jedoch nicht dazu (Vgl. GMB, Neuausgabe, Brief 88, S. 82). – *Herr Schuh [?]:* nicht identifiziert. – *Prof. Curtius:* nicht identifiziert. Mit dem großen Philologen ist wohl Ernst Curtius (1814–1896) gemeint. – *Freund Fritz:* Oper von Pietro Mascagni, Hamburger Erstaufführung unter Mahler am 16. Januar 1893. – *Jauner:* Franz J. (1832–1900), Wiener Theaterdirektor, leitete von 1875–1880 das Hofoperntheater, später die Komische Oper (Ringtheater), schließlich das Carltheater. – *Richter:* Hans R. (1843–1916), bedeutender Dirigent, von 1875–1900 am Wiener Hofoperntheater. – *im Prater unter Mascagni:* anläßlich der Wiener Theaterausstellung 1892 erschien Pietro Mascagni an der Spitze einer italienischen Stagione in Wien und dirigierte im Ausstellungstheater im Prater eigene Werke. – *Emma:* Emma Mahler (1875–1933), Mahlers jüngste Schwester.

2 [Ohne Datum. München, 24. März 1897]

Liebste Justi!
Die Generalprobe heute ist glänzend verlaufen, und vom Orchester riesig *applaudirt* worden. Die habe ich wieder Alle *für mich!* Auch Dr. Keim [!] ist wie umgewandelt, und macht mir riesig die Cour. Es ist zu hoffen, daß da vielleicht doch so oder so etwas für die Zukunft herausschaut. Nach Budapest schreibe an Hôtel *Königin von England,* wo ich absteigen werde.

In München habe ich einige *„Anhänger"* von mir gefunden, welche auch meine *Lieder* singen und spielen (N.B. *gekauft* haben). Morgen fahre ich ab nach Wien, wo mich Natalie am Bahnhof erwarten wird, und unterdessen ein Programm für Besuche etc. mit der Papier ausgearbeitet haben wird. Wie sich nachträglich herausstellt, hat mir Berlin nun doch *nicht* geschadet, sondern nur die Gemüther aufgeregt und auf mich aufmerksam gemacht hat [!]. – In einer Stunde beginnt das Concert. Morgen schreibe ich nicht.

Schreibe von Dir nun einmal etwas ausführlich[er] – Donnerwetter, Parapluie – und nicht immer bloß Wetterberichte.

Wie geht es im Theater – resp. merkt man einen sogenannten kleinen Unterschied?

Mit Heinrich (dem es übrigens jetzt pecuniär ganz passabel geht) bin ich viel zusammen, und habe eine Freude an ihm. Er ist der Alte geblieben.

Heute bringe ich wieder einmal *meine* C-moll (Beethoven) und bin wirklich neugierig, ob ich etwa bei der Kritik, meiner alten treuen Freundin, wieder hineinfalle. Das Orchester ist *famos,* lauter junge, begeisterungsfähige Leute mit *guten* Instrumenten. Ich hätte große Lust zu dieser Stellung.

Herzlichste Grüße an Euch alle

von Gustav

Datierung: Mahlers Konzert in München fand am 24. März 1897 statt, woraus sich die Datierung dieses Briefes ergibt. – *Dr. Keim [!]:* Franz Kaim (1856–1935), Sohn eines Münchener Klavierfabrikanten, gründete 1893 die „Kaim-Konzerte". – *Nach Budapest:* Mahler dirigierte am 31. März 1897 ein Konzert der Budapester Philharmonie. – *meine Lieder:* die 1892 im Verlag B. Schott's Söhne erschienenen 14 „Lieder und Gesänge (aus der Jugendzeit)". – *Natalie:* N. Bauer-Lechner (1858–1921), langjährige Freundin Mahlers und seiner Schwestern. Ihre Tagebücher über Mahler erschienen nach ihrem Tod unter dem Titel *Erinnerungen an Gustav Mahler* (Leipzig, Wien, Zürich 1923). – *mit der Papier:* Rosa P. (1858–1932), berühmte Wiener Altistin, später Gesangspädagogin, die wesentlich zum Engagement Mahlers an die Wiener Hofoper beitrug. – *hat mir Berlin nun doch nicht geschadet:* Am 9. März 1897 waren in Berlin in einem Konzert Felix von Weingartners drei Sätze aus Mahlers Dritter Symphonie aufgeführt worden, die wenig Verständnis fanden. – *Wie geht es im Theater:* im Hamburger Stadttheater, an dem Mahler, der damals bereits mit der Wiener Hoftheaterintendanz verhandelte, noch immer engagiert war. – *Mit Heinrich:* Heinrich Krzyzanowski (1855–19??), Germanist, Schriftsteller, mit Mahler seit früher Jugend innigst befreundet. – *Ich hätte große Lust zu dieser Stellung:* lt. NBL, S. 63, wurde Mahler die Stellung beim Kaim-Orchester wegen seiner eigenwilligen Auffassung von Beethovens c-moll-Symphonie (Fünfte Symphonie) nicht angeboten.

3 [Ohne Datum. Wien, Anfang August 1897]

Liebste Justi!
Ich habe jetzt allerdings viel zu thun und zu laufen; dirigirte bis jetzt alle Opern. Richter war schon bei mir und hat sich freundschaftlich auseinandergesetzt. Rheingold u. Walküre giebt er mir ab. Diese beiden Opern sind Ende August, da kommst Du also gerade zurecht dazu. Schade, daß Frau Marcus nicht auch dabei ist mit Tönchen. Oder doch? Sonntag hoffe ich in die Wohnung einzuziehen, und freue mich schon sehr darauf.

Heute war ich mit Fritz am Kahlenberg, von wo aus ich Dir eine Karte mit Ansicht geschickt habe.

Du fehlst mir sehr, aber ich freue mich doch, daß Du noch das herrliche Vahrn genießen kannst und das verflixte Wohnungseinrichten dießmal nicht durchmachst. Auch wird Dir jetzt das Zusammensein mit Frau Marcus sehr lieb sein und – ihr auch.

Auch *Figaro, Freischütz, Don Juan* (letzteren hat mir Richter abgegeben) dirigir ich noch diesen Monat; ferner *Verkaufte Braut,* Hans Heiling, Profet [!] etc. mit einem Worte beinahe jeden Tag, und alles *ohne Probe.* Im Orchester klappt Alles; es ist ein wahres Vergnügen mit diesen Leuten.

Ich schreibe in höchster Eile und grüße Dich und Frau Marcus mit Tönchen.

Herzlichst Dein
Gustav

Datierung: aus dem Opernrepertoire ersichtlich. Mahler wirkte seit Mai 1897 als Kapellmeister am Wiener Hofoperntheater und war seit Juli stellvertretender artistischer Direktor. *Richter:* Hans R. (siehe Brief 1). – *Rheingold u. Walküre:* am 25. und 26. August 1897. – *Frau Marcus:* Adele M. (1854–1927), in Hamburg ansässig, mit Mahler und seinen Schwestern eng befreundet. – *in die Wohnung einzuziehen:* in Wien I., Bartensteingasse 3. – *mit Fritz am Kahlenberg:* Friedrich Löhr (1859–1924), Archäologe, mit Mahler seit der Studienzeit eng befreundet. – *das herrliche Vahrn:* Ort in Südtirol, in dem Mahler und seine Schwestern einige Wochen des Sommers 1897 verbrachten. – *Figaro, Freischütz . . .:* Mahler stand im August 1897 insgesamt 14mal am Pult des Hofoperntheaters. Die erste der genannten Vorstellungen war „Die verkaufte Braut“ am 11. August.

4 [Ohne Datum] Mittwoch [Berlin, 11. Dezember 1901]

Liebste Justi!

Vielen Dank für Deine Zeilen. Heute probirt! Es geht alles famos und ich dirigire die *Aufführung* selbst, wie ich heute mit Strauss verabredet. Das Solo wird von Frl. Plaichinger *famos* gesungen. – Nun fahre ich schon heute Nachmittag zu Emma, der ich schon telegrafirt habe und bin morgen wieder zurück, wo ich wieder Nachrichten von Dir zu treffen hoffe. In Dresden bei Schuch war es ganz famos; habe mit den Sängerinnen alles bereits studirt.

Schuch ist Feuer und Flamme (wie gewöhnlich), aber ich glaube, daß es auch dort sehr gut werden wird. Von Alma habe ich schon zugleich mit Deinem einen sehr lieben etwas jugendlichen Brief bekommen; sie schreibt, so wie ich zurückkomme, muß ich Dich „zu Deiner lieben Schwester" [sic] führen, sie sehnt sich sehr nach Dir. Sollte sie am Ende vergessen haben, daß ihr heute Mittwoch beisammen sein sollt?

Nun geht es auf den Anhalter Bahnhof. Von dort schreibe ich Dir ausführlich. Freitag früh habe ich meine nächste Probe. – Mit Berliner lebt es sich ganz gut. Er schreibt Dir selbst. Hundsfeder das!

Herzlichste Grüße
Dein Gustav

die Aufführung: Berliner Erstaufführung von Mahlers Vierter Symphonie am 16. Dezember 1901 im Rahmen der von Richard Strauss geleiteten Novitäten-Konzerte. – *Frl. Plaichinger:* Thila P. (1868–1939), Sopranistin. – *zu Emma:* Mahlers jüngste Schwester (siehe Brief 1), damals im Weimar lebend, wo ihr Gatte Eduard Rosé als Cellist wirkte. – *bei Schuch:* Ernst von Schuch (1846–1914), aus Österreich stammender, in Dresden wirkender Dirigent, mit Mahler seit 1884 bekannt. Schuch dirigierte am 20. Dezember 1901 eine Aufführung von Mahlers Zweiter Symphonie. – *Von Alma:* Alma Maria Schindler (1879–1964), Mahlers spätere Gattin, damals mit ihm heimlich verlobt. – *Mit Berliner:* Arnold Berliner (1862–1942), Physiker, mit Mahler seit dessen Hamburger Zeit befreundet, seit Mitte der 1890er Jahre in Berlin tätig.

Gustav Mahler. Schattenbild von Benno Mahler.

Marius Flothuis

GUSTAV MAHLER UND ANNIE MINCIEUX

Die Lektüre von Korrespondenz ist am interessantesten, wenn uns die Briefe von beiden Schreibenden überliefert sind. Der Briefwechsel der Familie Mozart, die Korrespondenz zwischen Claude Debussy und Pierre Louys – um nur zwei Beispiele zu nennen – sind besonders informativ, weil wir (fast) immer wissen, worauf der jeweils Schreibende reagiert und welche Antwort er bekommen hat. Es scheint, daß Mahler nicht sehr sorgfältig mit an ihn gerichteten Briefen umgegangen ist – was nicht heißt, daß er sie nicht sorgfältig beantwortet hätte.

Unter Mahlers Korrespondenzpartnern in den letzten Jahren vor der Jahrhundertwende befindet sich eine etwas rätselhafte Person, eine aus Berlin stammende Dame, die ursprünglich Anna Kuczynski hieß, in den 1890er Jahren den Namen Annie Sommerfeld trug, später jedoch als Annie (auch Anita) Mincieux auftauchte, worauf sie solchen Wert legte, daß sie den Namen Sommerfeld aus Mahlers handschriftlicher Widmung tilgte (siehe Seite 177). In der Mahler-Literatur wird sie nur spärlich erwähnt. Da sie jedoch sowohl als Malerin wie auch als Journalistin vor die Öffentlichkeit trat, läßt sich doch einiges über sie ermitteln. Im Nachtrag zum Künstlerlexikon von Thieme-Becker heißt es: „Mincieux, Annie, geb. Kuczynski, dtsche Bildnismalerin, Schriftst. u. Pianistin, * Berlin, ansässig in Bern. Stud. bei Gussow in Berlin u. bei Carrière u. Léandre in Paris. Seit 1910 in d. Schweiz. Porträtierte u. a. Gust. Mahler, Bruckner u. Cosima Wagner. Lit.: Schweiz. Zeitgen. – Lex., 2/1932 (H. Vollmer, Lexikon der bildenden Künstler des XX. Jahrhunderts, Band III, S. 396, Leipzig 1956)."

Und im Schweizerischen Zeitgenössischen Lexikon (1932): „Mincieux, Annie (geb. Kuczynski), Kunstmalerin & Schriftstellerin, Bern, geboren in Berlin. Stud. Malerei bei Gussow, Berlin, Carrière & Léandre, Paris, & Musik. Pianistisch erstmalig mit 14 Jahren aufgetreten, dann als Begleiterin des Opernsängers Reder u. a. alsdann in Paris 12jährige journalistische Tätigkeit als Vertreterin deutscher Zeitungen, seit 1910 in der Schweiz. – E.-Diplom & silberne Plakette für journalistische Praxis, in Paris. Hauptwerke als Portraitistin: Gustav Mahler, Bruckner, Busoni, Cosima Wagner. Portraits von Hundertjährigen.

Eigene Kollektivausstellungen in Bern, Interlaken u. s. w. – V: Zwei Einakter."

Annie Sommerfeld-Mincieux (1857–1937) entstammte einer Berliner Bankiersfamilie. Ihr älterer Bruder war der seinerzeit wohlbekannte Komponist Paul Kuczynski, der auch mehrere Bücher veröffentlicht hat. Man darf daher annehmen, daß sie nicht nur künstlerische Ausbildung als Pianistin und Malerin genossen hat, sondern sich von Jugend auf in einem Zirkel von Musikern und Literaten bewegte. Zeugnisse aus späteren Jahren verraten, daß sie nicht nur begabt und vielseitig war, sondern auch eine liebenswürdige Persönlichkeit. Pfarrer Karl Marti faßte beim Begräbnis der Achtzigjährigen ihr Wesen in folgende Worte: „Was Annie Mincieux alles gewesen ist: Künstlerin, Lebenskünstlerin, Schriftstellerin, Porträtistin, Zeichnerin, Malerin, Zeitungsschreiberin, glänzende Causeuse, Sängerin, Vortragskünstlerin, wir können es kaum in Worte fassen, und was sie uns als diese Künstlerin, als Freundin und weise Ratgeberin gewesen ist, das ist noch weniger in Worte zu fassen."

Acht Briefe, die Mahler an sie richtete, hat Annie Mincieux sorgfältig aufbewahrt. Diese befinden sich jetzt im Besitz von Hans-Peter Hahn, Bern, dem Sohn ihrer treuen Schweizer Freundin Helene Hahn-Diacon, der uns die Schriftstücke in dankenswerter Weise zugänglich machte. Herr Hans-Peter Hahn besitzt auch einen großen Teil der von Annie Mincieux geschaffenen Bildnisse, aber leider nicht das Porträt Mahlers, das uns am interessantesten wäre. Älteren Zeitungsberichten zufolge ging dieses Bild seinerzeit in russischen Besitz über.

Noch zu ihren Lebzeiten hat Annie Mincieux die Briefe, die Mahler an sie gerichtet hatte, veröffentlicht: in der 1. Beilage der *Basler Nachrichten* vom 13. Juli 1923. Die dort gedruckten Brieftexte sind leider nicht vollständig (besonders aus dem ersten Brief fehlen die persönlichsten Abschnitte) und nicht ganz korrekt datiert und kommentiert, was beim Stand der Forschung von 1923 auch nicht möglich war. Da die Briefe seither nie nachgedruckt wurden, ist ihre Wiedergabe nach dem Autograph auf den folgenden Seiten als Erstveröffentlichung zu betrachten. Einige der Anmerkungen, die Annie Mincieux für die *Basler Nachrichten* schrieb, sind in den Kommentaren zu den Briefen ausgewertet.

Die acht Briefe an Annie Sommerfeld-Mincieux sind – wie so oft bei Mahler – mit einer Ausnahme undatiert. Diese Ausnahme mit Datum „Hamburg 2/III 96" ist wohl auch der erste Brief. Er fängt nämlich mit dem Wort „Verehrte!“ an, und Mahler entschuldigt sich, daß er nicht wisse, ob er „Frau“ oder „Fräulein“ schreiben soll. Er kannte sie damals also noch nicht. Offenbar hatte Annie Sommerfeld-Mincieux an ihn geschrieben, nachdem sie ein Werk von ihm gehört hatte – wohl die Uraufführung der Zweiten Symphonie am 13. Dezember 1895 in Berlin – und ein weiteres Mahler-Konzert in Berlin in Aussicht stand. In ihrem Schreiben bat sie Mahler auch um einige Lebensdaten – vielleicht im Zusammenhang mit ihrer journalistischen Tätigkeit. Daß Mahler hocherfreut war über ihren Brief, ist verständlich angesichts seines verzweifelten Ringens um Verständnis und Anerkennung als *Komponist* gerade in diesen Jahren. Bezeichnend für Mahler sind auch die Worte „wol mir, daß ich ‚Mensch‘ sagen kann“. Es war ihm im Grunde einerlei, ob sie „Frau“ oder „Fräulein“ war, ihre menschlichen Eigenschaften – im weitesten Sinn: ihre Sympathie, ihr musikalisches Verständnis – bedeuteten ihm alles. Dies ist ein Brief, wie er kaum charakteristischer für Mahler sein könnte: in höchstem Maße egozentrisch und voller Vorwürfe gegen die ihn nicht- oder mißverstehende Umwelt. Annie Sommerfeld-Mincieux muß tatsächlich großes Verständnis für seine Musik bewiesen haben, denn Mahler war nur selten mit den Äußerungen über sein Schaffen zufrieden. Merkwürdig mutet seine in Klammern hinzugefügte Mitteilung an, er sei unverheiratet – versteckt sich dahinter die heimliche Hoffnung, daß auch die Adressatin etwas über ihren Zivilstand aussagen würde?

Der zweite Brief, der auch von der Adressatin als zweiter gereiht wurde, setzt die Stimmung des ersten fort. Wiederum wird klar, daß sich Mahler damals keine Illusionen machte, von größeren Massen des Publikums sofort „verstanden“ zu werden. Brief 4 und Brief 6 enthalten Hinweise auf Artikel, die die Adressatin über Mahler und sein Werk geschrieben hat. Leider wissen wir nicht, in welcher Zeitung sie erschienen sind und unter welchem Namen, ja es wäre sogar denkbar, daß sie nicht zur Publikation bestimmt waren, sondern nur für Mahler verfaßt wurden.

Offenbar hatte Mahler seine Korrespondenzpartnerin inzwischen auch persönlich kennengelernt, denn in Brief 5 schlägt er ihr eine Zusammenkunft nach einem Konzert vor. Vieles, was er sonst in einem Brief geschrieben hätte, mag er ihr da mündlich mitgeteilt haben. Die Briefe 6 und 7 sind ganz kurz, aber wieder voll von Anerkennung für ihr tiefes Verständnis seiner Musik.

Auffällig ist, daß zwischen dem 7. und dem 8. Brief eine ziemlich große Lücke klafft. Vielleicht sollte man annehmen, daß auch von Mahlers Briefen an Annie Sommerfeld-Mincieux der eine oder andere verloren gegangen ist. Sehr wahrscheinlich aber ist dies nicht, da aus den erhaltenen Briefen hervorgeht, daß sie eine begeisterte Mahler-Verehrerin war, der sicher daran gelegen war, seine Briefe sorgfältig zu verwahren. Man kann eher vermuten, daß zwischen 1897 und 1899 tatsächlich eine Pause in der Korrespondenz eingetreten war, denn Mahler wurde im Frühjahr 1897 nach Wien berufen, wo er die enorme Arbeitslast der Hofoperndirektion auf sich nahm, und Annie Mincieux scheint um dieselbe Zeit oder wenig später von Berlin nach Paris übersiedelt zu sein. Trotz dieses längeren Schweigens war das Interesse der Mincieux für Mahlers Musik ungebrochen – davon legt ihr Plan Zeugnis ab, den Dirigenten Charles Lamoureux für Mahler zu interessieren.

Man könnte nun fragen, warum aus späteren Jahren keine Briefe mehr von Mahler an Annie Mincieux erhalten sind. Im November 1901 begegnete er Alma Schindler und heiratete im März des nächsten Jahres. Es wird oft von Mahler behauptet, er sei eifersüchtig gewesen. Wir halten es nicht für unmöglich, daß Alma es ebenfalls war . . .

1 Hamburg 2/III [18]96

Verehrte! (Ich weiß nicht ob ich Frau oder Fräulein sagen muß – wol mir, daß ich „Mensch" sagen kann.)

Glauben Sie es einem Autor, der zunächst nur die Dornen seiner Krone empfunden, daß Sie mir eine hohe herzliche Freude bereitet haben, mit den wenigen Worten, welche mir ein Zeugniß, daß mein „Erlebniß" einem Anderen verständlich geworden, und ihn zum „miterleben" gezwungen hat. –

Sie werden es nicht glauben, daß es die *erste Kunde* davon ist, daß ein meinem Lebenswege Fernstehender mir mit einem freudigen „Ja" antwortet auf meine so ernste Frage – denn dieß ist ja zunächst das nach außen sich kundgebende Werk eines Neuen, der ein[en] alt=neuen Inhalt neu formulirt. – Ich konnte es nicht begreifen, daß plötzlich eine solche Todtenstille auf diese leidenschaftlich lauten Töne gefolgt. –

Haben Sie Dank! – Ich komme also am 16. März wieder! – Von meinem Leben wollen Sie einige Daten? Mögen Ihnen nachfolgende zunächst dienen, solange Ihnen nicht meine Werke in ihrer Folge vorliegen, welche im Grunde genommen einzig und allein von meinem Leben sprechen könnten.

7. Juli 1860 in Böhmen geboren. 15 Jahre alt, nach Wien gekommen – *Conservatorium* und *Universität!* – Die Nöthigung zu äußerer Bethätigung und Broterwerb führte mich zum Theater, an welchem ich seit meinem 20. Lebensjahre ununterbrochen wirke. Anfänglich die ganze kleine Misère kleinlicher Provinzverhältnisse – und später die *große* der berühmten „Kunststätten". – Mein erstes Werk, mit dem ich an die Öffentlichkeit getreten war: Ausarbeitung der „Pinto"skizzen von Weber und die Vollendung des ganzen Werkes. 1888. – Dieß ist übrigens das Einzige was ich für das Theater gethan. Meine ganze Art weist mich auf die Symphonie. Die in D-dur, die ich am 16. März in Berlin bringe, ist vor der *C-moll* geschrieben, und zwar schon im Jahr 1888. Außerdem liegt in meinem Pulte ein[e] *3.* sowie eine Anzahl größer[er] und kleiner Chorwerke – Lieder, Balladen etc. Engagirt war ich unter Anderm bisher in *Cassel, Prag, Leipzig, Pesth,* und bin nun seit 5 Jahren in Hamburg. Jetzt bin ich 35 Jahre alt (unverheirathet, falls Sie das interessirt), sehr unberühmt und sehr – *unaufgeführt!* Aber ich rege mich, und laße mich nicht unterkriegen! Ich habe Geduld, und warte! –

Mein Bild, das ich nicht bei der Hand habe, sende ich Ihnen in den nächsten Tagen. Haben Sie nochmals herzlichsten Dank und behalten Sie für mich einiges Interesse.

In der Hoffnung, Sie auch einmal persönlich zu begrüßen

Ihr ergebenster
Gustav Mahler
Bismarckstrasse 86

mein Erlebniß: gemeint ist Mahlers Zweite Symphonie, die die Adressatin wohl bei der Uraufführung am 13. Dezember 1895 in Berlin gehört hatte. – *am 16. März:* Orchester-Konzert im Saal der Berliner Philharmonie unter Mahlers Leitung. Das Programm: 1. „Todtenfeier" (1. Satz der Symphonie in c-moll), 2. Lieder eines fahrenden Gesellen, gesungen von Anton Sistermans, 3. Symphonie in D-Dur.

2 [Ohne Datum. Hamburg März/April? 1896]

Meine verehrte Freundin!
Nehmen Sie vielen, vielen Dank für Ihre lieben Worte. Sie können nicht ermessen, was sie für mich bedeuten, zu einer Zeit, wo ich von dem wahrhaft ermattenden Kampf gegen die „Schablone" eines Freundeswortes so sehr bedarf. Diesen Leidensweg gehe ich nun schon manches Jahr, und wäre ich nicht ein solcher „Dickkopf", der die handgreiflichen Argumente der ehrsamen Kunstrichter immer wieder von sich abschüttelt, und trotz aller Knüttel in der Luft doch wieder aufrecht weitergehen muß, so würde ich mir jetzt wünschen, irgendwo in einem Winkel der Erde als ehrsamer Landmann das Feld zu bebauen, und dem lieben Herrgott für Sonnenschein und Regen zu danken. Wie lang und dornig ist diese Straße! Haben Sie doppelt Dank zu so schwerer Zeit für das, was Sie sind. Nie ist es mir bewußter geworden, als in diesen Tagen, daß Menschen meiner Art nur für *Einzelne* leben, und daß, wenn zum Schluß die Masse zustimmt, sie es nur in blindem Gehorsam gegen den dumpf anerkannten höheren Intellekt dieser Einzelnen thut. Nehmen Sie Dank, Sie Einzelne, und bleiben Sie mir zugethan und zugewandt.

Ihr sehr müder u. zerschlagener
Gustav Mahler

Datierung: Mahler beantwortet hier offensichtlich einen Brief, den ihm Annie Mincieux nach dem Konzert vom 16. März geschrieben hatte.

3 [Ohne Datum. Hamburg, April/Mai? 1896]

Verehrteste Freundin!

Vielen Dank für Ihre lieben Zeilen! Leider ist es mir bis jetzt noch nicht gelungen, einen Verleger zu finden. (Ich glaube, ich habe nicht das nöthige „Talent" zum Suchen – *Wissen Sie vielleicht auch hier Rath?)* – Indessen möchte ich es nicht unterlassen, Ihnen einige Hefte meiner Lieder, die vor 5 Jahren bei Schott erschienen sind zu senden. Ich habe bloß die Ausgabe für *hohe* Stimme zur Hand. Es ist aber auch eine für *tiefe* Stimme erschienen und falls sich Frl. Eggers dafür interessirt, so wird sie sich dieselbe bei jedem Musikalienhändler leicht verschaffen können.

Sehr interessirt hat mich die kleine Auslese über das Werk Ihres Bruders. Wäre es nicht möglich, die Partitur dieses interessanten Werkes kennen zu lernen. Ich fühle, daß dieß ein mir verwandter Geist ist, der sich da ausspricht, und Sie können sich denken, wie gerne ich da mehr erfahren möchte, als ein Referat!

Wie tröstlich klingt das Wort „Mahlergemeinde" in Ihrem Briefe, und Sie werden es hoffentlich einer tieferen Empfindung als bloßer Eitelkeit zuschreiben, wenn ich wünsche: „sie wachse und gedeihe in der treuen Hut zarter Freundeshand."

Für heute nur noch vielen Dank und herzliche Grüße

Ihres Gustav Mahler

Grüßen Sie herzlichst Herrn Nodnagel, diesen geborenen Johannes.

Datierung: Aufgrund des Themas „Mahlergemeinde" („Mahlerbewegung"), das in Brief 4 wieder aufgenommen wird. – *Frl. Eggers:* nicht identifiziert. – *Ihres Bruders:* Paul Kuczynski (1846–1897), Komponist zahlreicher Vokalwerke auf eigene Texte, von denen besonders „Ariadne" und „Bergpredigt" mehrfach aufgeführt wurden. – *„Mahlergemeinde":* Hiezu bemerkte Annie Mincieux (*Basler Nachrichten,* 13. Juli 1923): „Die Bezeichnung ‚Mahlergemeinde' entstand in einem kunstsinnigen geladenen Kreise, wo eine Vorführung der C-moll-Sinfonie, vierhändig arrangiert, allseitige Ergriffenheit auslöste. Am Klavier die norwegische Pianistin (und Sängerin) Hanka Schjelderup und Ernst Otto Nodnagel." Das hier erwähnte Arrangement ist vermutlich das von Hermann Behn (siehe auch S. 17). – *Herrn Nodnagel:* Ernst Otto N. (1870–1909), Komponist und Musikkritiker, einer der frühesten Anhänger Mahlers.

4 [Ohne Datum. Hamburg, Mai 1896]

Verehrteste Freundin!
Wie lieb sind Sie um mich besorgt, und wie dankbar empfinde ich dieß! Ich glaube, Sie sind wirklich noch im Stande eine „Mahlerbewegung" in Fluß zu setzen. – Ich bin jetzt mitten in meiner III.! Sie ist mein Bestes und Reifstes! Mit ihr schließe ich meine „Trilogie der Leidenschaft"! Gott, in welche Regionen gerathe ich da! Hoffentlich zeige ich Ihnen Manches daraus, wenn ich Sie nächstens in Berlin aufsuche, was in den ersten Tagen des *Juni* geschehen wird, in welchen ich einen kurzen Aufenthalt in Berlin zu nehmen gedenke. – In der *„Welt am Montag"* vom 20. April hat Marschalk einen reizenden Artikel über mich gebracht. Haben Sie ihn gelesen [?].

Über Nodnagels Artikel bin ich ganz *Ihrer Meinung*. Ich bitte Sie, veranlassen Sie eine gründliche Redaktion desselben. – Viel *mehr Sachliches,* und viel weniger Polemisches! Er hat ja nunmehr Stoff genug mit diesen 2 Concerten. Vielleicht kann er auch etwas über die Lieder sagen und erwähnen, daß sie bei Schott gedruckt sind.

Auf Ihren Artikel freue ich mich schon sehr; schicken Sie nur ihn mir gleich ein, wenn Sie ihn bekommen. – Warum hat *Bie* noch gar nichts gebracht [?]. Ich bin jetzt mitten in Kapellmeisterarbeit: Wagnercyclus etc. und daher sehr eilig!

Verzeihen Sie diese flüchtigen Zeilen, und sind Sie herzlichst begrüßt und bedankt von Ihrem treu ergebenen

Gustav Mahler

Datierung: Der Wagner-Cyclus am Hamburger Stadttheater fiel immer in den Monat Mai. – *Marschalk:* Max M. (1863–1940), Komponist und Musikkritiker, Mitarbeiter zahlreicher Blätter, mit Mahler seit 1895 befreundet. – *Bie:* Oskar B. (1864–1938), Musikschriftsteller, Professor für Kunstgeschichte in Berlin, schrieb Kritiken für den Berliner *Börsen-Courier.*

5 [Ohne Datum. Hamburg, Anfang November 1896]

Verehrteste Freundin!
Ich komme dießmal nur im Fluge nach Berlin – mit dem Nachmittagszuge an, in's Concert, und nächsten Morgen wieder fort! – Meine

einzige Hoffnung besteht darin, daß wir uns nach dem Concert ein wenig zusammensetzen können. – Wohin gegangen wird, weiß ich nicht, aber Sie erfahren es wol auf demselben Wege (im Künstlerzimmer) wie ich. – Daß nur der kleinste und „unarticulirteste" Satz gemacht wird. (er stellt die Stufe des Daseins, in dem die Wesen noch keine Sprache, ja keinen Laut gewonnen haben, dar). – Aber ein Bettler, wie ich, der vor allen Thüren zurückgewiesen wird, nimmt sogar mit einem Stein vorlieb, wenn er um Brot bittet. –

Die Titel der einzelnen [Sätze] sind in einer etwas confusen Zusammenstellung in der „Vossischen" erschienen. Mit Ihrem feinen Verständniß für meine Art werden Sie sich das Gebäude leicht construiren können, welches ich da aufgeführt hat [!]. – Es soll nichts weniger als der „Macrocosmos" sein; das Motto zum letzten Satz: „Was mir die Liebe erzählt" ist:

„Vater, sieh an die Wunden mein
Kein Wesen lass verloren sein."

Es ist die letzte Stufe der Differenzirung: *Gott!* Oder wenn Sie wollen der Übermensch. –

Na, wir plaudern vielleicht ein wenig darüber, wenn wir zusammen kommen. – Auf Wiedersehen also am Montag.

Ihr eiligster
Gustav Mahler

Datierung: Das Konzert, zu dem Mahler nach Berlin kam, fand am 9. November 1896 unter Leitung von Arthur Nikisch statt. – *nur der kleinste . . . Satz:* der 2. Satz der Dritten Symphonie, der damals den Titel trug: „Was mir die Blumen auf der Wiese erzählen".

6 [Ohne Datum. Hamburg, Ende November/Anfang Dezember 1896]

Hochverehrte Freundin!
Vor allem herzlichsten Dank über [!] den reizenden Artikel über mein Blumenstück, den Sie mir zugesandt. Das ist ja *Nachdichtung,* und nicht Kritik! Es ist zum Erstaunen, wie Sie sich in meine ganze Art hineingelebt haben – und ich kann mir dieß nur aus einer inneren Walverwandtschaft erklären.

Mein heutiges hat den Zweck, Sie davon in Kenntnis zu setzen, daß ich m *14.* Dezember im Liszt-vereinsconcert i[n] Leipzig einige Sätze aus meiner *C-moll* zur Aufführung bringe. (Unter Anderem auch *Coriolan* von Beethoven). Am Ende hätten Sie Zeit und Lust, hinzukommen, wodurch Sie aufs Höchste erfreuten Ihren

sehr eiligen
Gustav Mahler

Datierung: zwischen dem Konzert vom 9. November, über das die Adressatin einen Artikel schrieb, und dem Konzert vom 14. Dezember in Leipzig. – *den reizenden Artikel:* der Artikel von Annie Mincieux (damals wohl noch Annie Sommerfeld) wurde bisher nicht aufgefunden. Es ist auch nicht auszuschließen, daß sie unter Pseudonym schrieb.

7 [Ohne Datum. Hamburg, Winter 1897]

Verehrteste Freundin!
Also: Am 9. März nunmehr definitiv in der kgl. Kapelle

II. Was mir die Blumen erzählen
III. „ „ „ Thiere „
VI. „ „ „ Liebe erzählt.

In Dresden hatte ich einen unbestrittenen Erfolg – auch in *der Presse,* – mit meiner II.! Denken Sie sich! Es scheint für mich jetzt eine bessere Luft zu wehen!
Auf Wiedersehen in Berlin

Ihr freundschaftlich ergebener
Gustav Mahler

Daß ich Hamburg mit Ablauf der Saison verlaße, haben Sie wol schon vernommen? Wohin ich mich wende, weiß ich noch nicht!

Datierung: der Brief wurde jedenfalls nach dem 15. Januar (Konzert unter Ernst von Schuch in Dresden) geschrieben und vor dem 9. März. – *in der kgl. Kapelle:* in einem Konzert unter Felix von Weingartner.

8 [Ohne Datum. Wien, Ende Januar 1899]

Verehrte Freundin!
Welch ein sonderbarer Zufall! Ihre lieben Zeilen erhielt ich eben nach meiner Rückkehr aus Lüttich, wo meine 2. Symphonie (C-moll) die Sie ja von Berlin her kennen, unter geradezu frenetischem Beifall die *2.* Aufführung erlebte. Die erste fand voriges Jahr statt, und wurde schon damals so acclamirt, daß eine Wiederholung unter meiner persönlichen Leitung angekündigt wurde, die denn auch nunmehr glänzend vor sich gieng.

Natürlich würde ich mich sehr freuen, wenn sich Lamoureux, der Förderer und feinfühlige Kenner deutscher Musik meines Werkes annehmen wollte, und stehe ich auch persönlich immer gerne zur Verfügung.

Haben Sie herzlichsten Dank für Ihre Freundschaft, und seien Sie schönstens gegrüßt von Ihrem

verehrungsvoll ergebenen
Gustav Mahler

Datierung: Das Konzert in Lüttich fand am 22. Januar 1899 statt. – *Die erste fand voriges Jahr statt:* unter der Leitung von Sylvain Dupuis. – *Lamoureux:* Charles L. (1834–1899), französischer Dirigent, Begründer der nach ihm benannten Konzerte, Vorkämpfer für das Werk Richard Wagners in Frankreich. Annie Mincieux hat sich tatsächlich bemüht, Lamoureux für Mahler zu interessieren, und suchte ihn sogar an seinem Krankenbett auf. Noch ehe konkrete Pläne gemacht wurden, starb Lamoureux. (Anmerkung von Annie Mincieux in *Basler Nachrichten,* 13. Juli 1923.)

Franz Willnauer

GUSTAV MAHLER UND EMIL NIKOLAUS VON REZNICEK

Emil Nikolaus Freiherr von Reznicek, als Sohn eines österreichischen Feldmarschall-Leutnants am 4. Mai 1860 in Wien geboren, ist heute im Musikleben nur noch durch die Ouvertüre zu seiner Lustspiel-Oper „Donna Diana" präsent. Zu Lebzeiten war sein Wirken als Komponist wie als Dirigent von wechselndem Erfolg begleitet: Lebensabschnitte beruflichen Aufstiegs und äußerer Anerkennung wurden abgelöst von Perioden materieller Not. Als Reznicek am 2. August 1945, fünfundachtzigjährig, im zerbombten und von Amerikanern und Russen besetzten Berlin starb, hatte sich seine Musik selbst überlebt.

Nach dem Jurastudium in Graz und musikalischen Studien in Graz und Leipzig wurde Reznicek zunächst Theaterkapellmeister in Zürich, Mainz, Stettin und Berlin, später Militärkapellmeister in Prag, schließlich Hofkapellmeister in Weimar. Von 1896 bis 1899 bekleidete er als Nachfolger Felix Weingartners die Stelle eines Hofkapellmeisters am Nationaltheater in Mannheim, wo er auch die Akademiekonzerte leitete. Nach einer zweijährigen Pause, während der er in Wiesbaden ausschließlich seinem kompositorischen Schaffen lebte, ging der renommierte, mit Strauss, Pfitzner, Mottl, Mahler befreundete Musiker 1902 nach Berlin, wo er u. a. mit den Berliner Philharmonikern Kammerkonzerte mit neuer Musik veranstaltete.

Von 1906 bis 1909 war Reznicek Dirigent der Warschauer Oper und des dortigen philharmonischen Orchesters, danach bis 1911 Erster Kapellmeister an der Berliner Komischen Oper. 1919 verlieh die Berliner Akademie der Künste dem fast 60jährigen die Mitgliedschaft; danach bekleidete er keine öffentliche Stellung mehr. 1934 wurde er, auf Vorschlag von Richard Strauss, deutscher Delegierter im „Ständigen Rat für die internationale Zusammenarbeit der Komponisten" und diente in dieser Funktion auch dem nationalsozialistischen Regime.

Reznicek hat rund ein Dutzend Opern, zwei Operetten, mehrere Schauspielmusiken und das Ballett „Das goldene Kalb" geschrieben, dazu Symphonien und symphonische Dichtungen, Ouvertüren und Solokonzerte, Kammermusik, Klavier- und Orgelkompositionen und Lieder. Neben seiner erfolgreichsten Oper „Donna Diana" (1894, nach einem Lustspiel des spanischen Barockdramatikers Agustin Moreto y Cabaña) verdienen noch die Opern „Till Eulenspiegel" (1900), „Ritter Blaubart" (1917) und „Spiel oder Ernst?" (1930) Erwähnung sowie die symphonischen Dichtungen „Schlemihl" (1911) und „Der Sieger" (1913). Rezniceks Musik, die sich durch flüssige Erfindung, satztechnische Virtuosität und tänzerische, oft humorvolle Beschwingtheit auszeichnet, wird durch den Stilbegriff „Neuromantik" nur sehr unzureichend gekennzeichnet.

Die Beziehung zwischen den fast gleichaltrigen Musikern Gustav Mahler und Emil Nikolaus von Reznicek stellt ein kleines, aber reizvolles Kapitel der Geistesgeschichte des alten Österreich dar – weit über die persönliche Begegnung und Zusammenarbeit der beiden anläßlich der Aufführung der „Donna Diana" an der Wiener Hofoper (Premiere am 9. Dezember 1898) hinaus. Trotz des Gegensatzes ihrer sozialen Herkunft: Mahler stammte aus einer Familie, die erst in seiner Generation den Schritt vom Proletariat in die sogenannten kleinbürger-

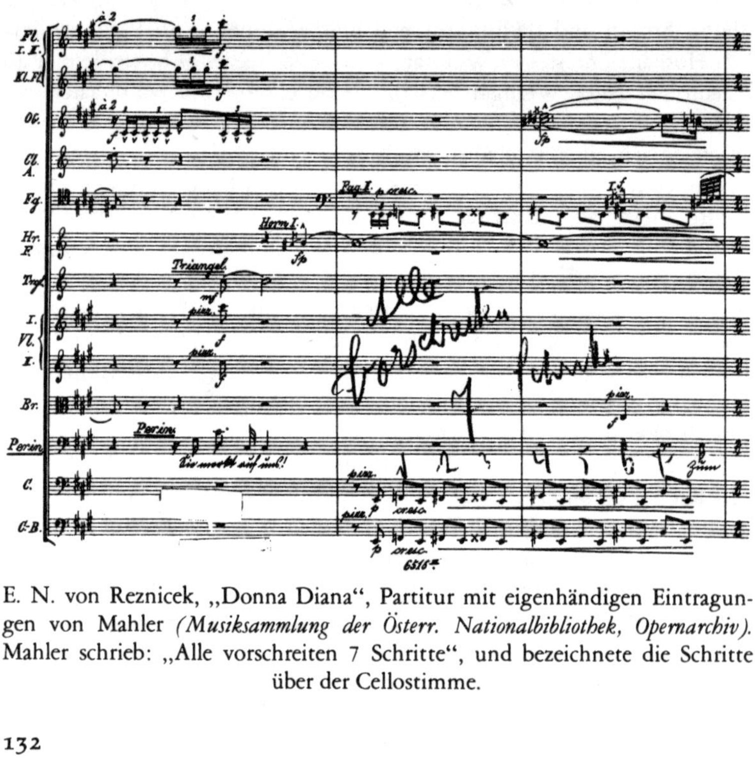

E. N. von Reznicek, „Donna Diana", Partitur mit eigenhändigen Eintragungen von Mahler *(Musiksammlung der Österr. Nationalbibliothek, Opernarchiv).* Mahler schrieb: „Alle vorschreiten 7 Schritte", und bezeichnete die Schritte über der Cellostimme.

lichen Verhältnisse vollzog, und der Aristokrat Reznicek war als Sohn eines hohen österreichischen Offiziers und einer ungarischen Fürstin byzantinischer Abstammung, ein echtes Kind der k. u. k. Monarchie – gibt es zwischen den beiden Musikern manche Berührungspunkte.

Beide Familien stammten aus dem böhmischen Teil der Donaumonarchie. Beide Komponisten gründeten ihre materielle Existenz auf dem Beruf des Dirigenten, und beide errangen ersten Erfolg und internationale Anerkennung durch die Komposition einer komischen Oper: Mahler mit der Bearbeitung des Carl Maria von Weber-Fragments „Die drei Pintos" (Uraufführung am 20. Januar 1888 in Leipzig), Reznicek mit der „Donna Diana" (Uraufführung am 16. Dezember 1894 in Prag). Als Hauskomponist Angelo Neumanns am Deutschen Theater in Prag 1887/88 war Reznicek zudem direkt auf Mahlers Spur gestoßen, der kurz vorher, für die Spielzeit 1885/86, Kapellmeister bei Neumann gewesen war.

Auch auf dem Höhepunkt seiner Dirigentenlaufbahn, als Hofkapellmeister in Mannheim, bemühte sich Reznicek um eine direkte Verbindung zu Mahler: er bewarb sich (wohl erneut) als Kapellmeister an der Wiener Hofoper, wie der nachstehend erstmals veröffentlichte Brief aus dem Besitz des Wiener Haus-, Hof- und Staatsarchivs (Hofoper, Karton 142, Z. 75/1899) beweist:

M[annheim] 2. 1. 99

Hochverehrtester Freund!
Angesichts einer ausgesuchten Liste von Schustern, die in den Blättern als Kapellmeisterkandidaten für Wien figuriren, kann ich der Versuchung nicht widerstehen, meine Wenigkeit wieder einmal in Ihre Erinnerung zu bringen. Ich hatte mir zwar vorgenommen, Sie in dieser Angelegenheit nicht mehr zu molestiren, aber angesichts der Vermutung, daß Sie im Trubel Ihrer Beschäftigung leicht in die Lage kommen könnten, auf mich zu vergessen, glaube ich es meiner Zukunft schuldig zu sein, eine Zehnpfennigmarke und Ihren Zorn zu riskiren, um mir später kein Versäumnis vorwerfen zu müssen. Ich wiederhole, daß ich zu jeder Probe bereit bin und jeden Platz voll und ganz auszufüllen den Willen habe, wohin immer Sie mich stellen wollen.

Herzlichen Gruß
E. N. v. Reznicek

Die Tatsache, daß Reznicek damals nicht an die Hofoper engagiert wurde, ist wohl mit ein Grund für die mehrjährige Unterbrechung seiner Kapellmeistertätigkeit und die Übersiedlung von Mannheim nach Wiesbaden.

Die bisher bekannt gewordenen und hier erstmals veröffentlichten Briefe Gustav Mahlers an Reznicek beziehen und beschränken sich hauptsächlich auf die Zeit der Vorbereitung, Einstudierung und Aufführung der Oper „Donna Diana“ an der Wiener Hofoper. Der musikhistorische Stellenwert dieser Briefe ist deswegen so hoch, weil sie den einzigen bisher aufgetauchten Beleg für Mahlers dramaturgische wie musikalische Bemühungen um eine Opernnovität darstellen. Briefwechsel Mahlers mit anderen zeitgenössischen Komponisten, deren Opern er aufzuführen beabsichtigte, sind – sieht man von der Korrespondenz mit Richard Strauss über die nicht zustande gekommene Aufführung der „Salome“ ab – bisher nicht bekannt geworden. Damit liegen hier (bei aller Beschränktheit des inhaltlichen Materials) die ersten Dokumente über Mahlers Anspruch auf musikdramatische „Wahrheit“ und Wirkung bei den Werken seiner Zeitgenossen vor. Besondere Bedeutung erhalten diese Briefe durch die Tatsache, daß Rezniceks Oper zum Zeitpunkt ihrer Einstudierung an der Wiener Hofoper schon vier Jahre lang auf den Spielplänen vieler Bühnen stand und in dieser Form überall erfolgreich gewesen war.

Mahlers Bitte an Reznicek, eine ihm dramaturgisch wichtig erscheinende Stelle für die Wiener Aufführung nachzukomponieren, und sein Verlangen, diese Komposition, da er an ihr „Schwung und Melos“ vermißte, noch ein zweites Mal auszuführen, stellen somit einzigartige Belege für Mahlers Kunstanspruch, aber auch für seine intensive Bemühung um ein einmal angenommenes Werk dar – Eigenschaften des aus Regisseur, Dirigent und Intendant „zusammengesetzten“ Theatergenies Mahler, die man sonst nur aus allgemein gehaltenen Behauptungen der Mahler-Biographen kennt.

Aufschlußreich für die Beziehung zwischen den beiden Musikern sind auch die Erinnerungen an Mahler, die Reznicek im „Anbruch“ 1920 (Jg. 2, Heft 7–8) veröffentlicht hat. Diesen Erinnerungen zufolge fand die erste Begegnung zwischen den beiden im Hochsommer 1898 statt, nachdem Mahler den Komponisten der „Donna Diana“ telegrafisch zu einer Besprechung nach Wien gebeten hatte. Dieser Sachverhalt wird durch den veränderten Ton, in dem die hier veröffentlichten Briefe ab Nr. 4 gehalten sind, bestätigt. Auch für

Mahlers rückhaltlosen künstlerischen Einsatz für das Werk eines „Kollegen“ sind Reznniceks Erinnerungen ein glaubwürdiges und eindrucksvolles Dokument. Dort heißt es:

„Mahler war für die Komponisten ein geradezu idealer Dirigent. Hundertmal drehte er sich während der Bühnenproben nach mir um und rief mir zu: ‚Ist es so recht?‘ Und wenn ich erwiderte: ‚Ausgezeichnet, großartig‘, gab er sich keineswegs zufrieden. ‚Sie sollen sagen, wenn es nicht genau so klingt, wie Sie es sich gedacht haben‘ usw. Tatsächlich vollbrachte er auch das Wunder, daß das Ganze so zum Ausdruck kam, als wenn ich es selbst dirigiert hätte. Wahrlich, ein großartiger Zug an diesem so seltenen Menschen!“

Für die Überlassung der Briefe Gustav Mahlers an Emil Nikolaus von Reznicek sei Herrn Dr. Gian Andrea Nogler und der Urheberrechtgesellschaft SUISA, beide Zürich, herzlichst gedankt.

1 Z: 138/1898

DIE K. UND K. DIRECTION
DES KAIS. KÖN. HOF-OPERNTHEATERS

Wien, am 26. April 1898.

Euer Hochwohlgeboren!
Ich freue mich sehr, daß es mir möglich ist, Ihre schöne Oper „Donna Diana“ am k. k. Hof-Operntheater zur Aufführung zu bringen.

Wenn keine besonderen Besetzungsschwierigkeiten obwalten sollten, so beabsichtige ich das Werk bereits im Herbste zu geben.

Ihrem Wunsche entsprechend übersende ich gleichzeitig pr. Post die Partitur, und ersuche in dieselbe alle Bemerkungen aufzunehmen, welche Sie nach den bisherigen Erfahrungen für angezeigt halten.

Hochachtungsvoll ergebenst
Mahler
k. u. k. Director des k. k. Hof-Operntheaters

Quelle: Autograph im Besitz der SUISA, Zürich. Der Brief ist von einem Kanzlisten der Hofoper nach Diktat geschrieben, von Mahlers Hand stammt nur die Unterschrift. – *„Donna Diana“:* war am 16. Dezember 1894 am Deutschen Theater in Prag (Direktion: Angelo Neumann) mit außergewöhnlichem Erfolg uraufgeführt worden. Das Werk ging in kurzer Zeit über alle großen deutschen Bühnen. Wahrscheinlich hatte Mahler den Plan, das Werk nach Wien zu bringen, schon bei Übernahme der Hofoperndirektion 1897 gefaßt.

2

DIE K. UND K. DIRECTION
DES KAIS. KÖN. HOF-OPERNTHEATERS

Wien am 10. Mai 1898.

Hochgeehrter Herr von Reznicek!
Besten Dank für Ihre werthvollen Mittheilungen, welche ich gewiß beachten und auf welche ich überdieß seinerzeit, sobald das Studium des Werkes beginnt, noch eingehender zurückkommen werde.

Ich möchte mir heute noch die Bitte erlauben, mir *ganz vertraulich* einige Daten über die künstlerischen Qualitäten des Fräuleins Hedwig Hübsch, welche derzeit an Ihrem Hoftheater engagirt ist, mitzutheilen.

Mit der Versicherung meiner besonderen Hochachtung

Ihr
ganz ergebenster
Mahler
k. u. k. Director des k. k. Hof-Operntheaters

Quelle: Autograph im Besitz der SUISA, Zürich. Kanzleibrief mit Mahlers eigenhändiger Unterschrift. – *Hedwig Hübsch:* Sängerin am Mannheimer Hoftheater, an dem Reznicek als Hofkapellmeister engagiert war.

3 Z: 138/1898

DIE K. UND K. DIRECTION
DES KAIS. KÖN. HOF-OPERNTHEATERS

Wien, am 7. August 1898.

Hochgeehrter Herr von Reznicek!
Ich beabsichtige Ihre Oper „Donna Diana" Anfangs October zur Aufführung zu bringen und erlaube mir Sie einzuladen, beim Einstudieren des Werkes anwesend zu sein.

Es wäre mir sehr lieb, wenn Sie vielleicht schon jetzt hieher kommen wollten, um Verschiedenes wegen der Besetzung und Inscenirung besprechen zu können.

Im Textbuche ist wohl die Mise-en-scène angegeben, doch haben Sie vielleicht ein eigenes Regiebuch oder können mir mittheilen, wo ein solches zu erhalten ist.

Indem ich hoffe, daß ich auf meine Einladung eine zustimmende Antwort erhalte, freue ich mich, Sie hier bald begrüßen zu können und zeichne mich als

Ihr
hochachtungsvoll ergebener
Mahler
k. und k. Director
des k. k. Hofoperntheaters

Quelle: Autograph im Besitz der SUISA, Zürich. Kanzleibrief mit Mahlers eigenhändiger Unterschrift. – *Anfangs October:* Dieser Premierentermin ließ sich nicht verwirklichen. Die Erstaufführung fand am 9. Dezember 1898 statt und war die erste echte Premiere der Saison. Vorangegangen waren neben einer Ballettpremiere Neueinstudierungen der „Götterdämmerung" (4. September), der „Weißen Dame" (4. Oktober) und des „Freischütz" (21. Oktober). – *erlaube mir Sie einzuladen:* die dringlich ausgesprochene Einladung zum Aufenthalt in Wien während der Proben dürfte auch den Zweck gehabt haben, Reznicek eine offizielle Unterlage zur Einreichung seines Urlaubs vom Mannheimer Hoftheater an die Hand zu geben.

4

DIE K. UND K. DIRECTION
DES KAIS. KÖN. HOF-OPERNTHEATERS

[Ohne Datum. Wien, September? 1898]

Lieber Freund!
Einen Vorschlag: der *Schluß* fällt ab, denn die *Antwort Don Cesars* fehlt, und ohne diese sind und bleiben wir unbefriedigt.
Nach den Worten der Donna Diana:
„Du fragst? – Du selbst bist es, Tyrann![“]
erwiedert [!] Don Cesar im Lustspiel
(ihr zu Füßen sinkend, in „höchster Leidenschaft“)
„So lass mich denn, du Göttliche, dir sagen,
dass alle meine Pulse für dich schlagen,
dass du geliebt bist, wie kein Weib auf Erden!
Für meinen Sieg will ich dein Sklave werden!"
(Die Paare vereinigen sich, Diego segnet dieselben. Diana hat Cesar zu sich erhoben, und sinkt an seine Brust. –
Chor fällt jubelnd ein![)]
Ich bitte Sie, mein Lieber, componiren Sie diese 4 Zeilen wirkungsvoll nach, und schicken Sie mir dieselben so rasch als möglich zu.
Es kann nicht anders sein!
Und wäre ein großer Fehler, darauf zu verzichten. –
Entschuldigen Sie meine Eile!
Und erfreuen Sie mich durch eine umgehende, zusagende Antwort!

Ihr
Gustav Mahler

Quelle: Autograph, zur Gänze von Mahlers Hand (ebenso die Briefe 6, 7, 9, 10), im Besitz von Dr. Gian Andrea Nogler, Zürich. – *Datierung:* Während der förmliche Ton der Kanzleibriefe 1–3 deutlich zeigt, daß noch keine persönliche Begegnung zwischen Mahler und Reznicek stattgefunden hatte, beweist der Tonfall dieses Briefes, daß er nach Reznickes

8 [Wien, Dezember? 1898]

. . .

Auch ich denke oft an Sie und die Stunden, die ich mit Ihnen verbracht, wir sind uns in den wenigen Augenblicken so nahe gekommen, als wir es von Natur schon sind, und ich fühle, daß Ihre Versicherungen aus dem Herzen kommen, wie Sie auch fühlen, daß ich diese Ihre Freundschaft von Herzen erwidere. Ich weiß, daß diese für das Leben besiegelt ist.

. . .

Quelle: zitiert nach Felicitas von Reznicek, *Gegen den Strom. Leben und Werk von E. N. von Reznicek,* Zürich–Leipzig–Wien 1960, S. 89. – *Datierung:* Mahler schrieb diesen Brief wohl bald nach der Wiener Premiere von „Donna Diana" am 9. Dezember 1898, offenbar in Erwiderung eines Dankschreibens von Reznicek. Bestimmt wurde er innerhalb der Aufführungsserie des Werks geschrieben, die mit der siebenten Vorstellung am 25. Januar 1899 endete.

9

K. U. K. DIRECTION DES K. K. HOFOPERNTHEATERS

[Ohne Datum, Spätsommer? 1900]

Lieber Freund!

Bitte gewiß um sofortige Zusendung eines Clavierauszugs – oder Partitur – Ihres neuen Werkes. – Der Stoff ist mir sehr sympathisch; in einer freien Stunde lese ich dann den Text und schreibe bald wieder.

Herzlichst

in Eile Ihr
Mahler

Quelle: Autograph, Briefkarte, im Besitz der SUISA, Zürich. – *Datierung:* vergleiche Brief 10. – *Ihres neuen Werkes:* Rezniceks Oper „Till Eulenspiegel", an der er zwischen September 1899 und September 1900 arbeitete. Das Libretto hatte Reznicek, frei nach Johann Fischarts „Eulenspiegel reimensweiß", selbst verfaßt.

10

K. U. K. DIRECTION DES K. K. HOFOPERNTHEATERS

In Eile! 24. Sept. 1900

Lieber Freund!

Ich habe Ihr Textbuch wiederholt aufmerksam durchgelesen und zu meinem *größten* Leidwesen muß ich Ihnen aufrichtig gestehen, daß ich es trotz aller äußerlichen Lebendigkeit nicht wirksam finde.

Sie verübeln mir meine Aufrichtig[keit] nicht; ich beeile mich deshalb so sehr mit meiner Antwort, um Sie nicht in den Nachtheil zu versetzen, anderswo Schritte für die Aufführung Ihres Werkes zu unterlassen. Die Partitur gefällt mir ausgezeichnet, und ich habe ein großes Vergnügen bei dem Studium derselben. Trotzdem habe ich nicht den Eindruck, als ob [ein Wort gestrichen] der matte Text und vor allem der gezwungene und – (verzeihen Sie mir) salzlose Humor durch die lebendige und frische Musik gerettet werden könnte. – Dabei sind die *Verse* hübsch und wolgelungen. – Also: eine *Erst*aufführung kann ich nicht acceptiren, wol aber werde ich die Schicksale des Werkes aufmerksam verfolgen, und bin jeden Moment bereit meinen etwaigen Irrthum einzugestehen, und zu corrigiren. Es thut mir schrecklich leid, aber ich bin verpflichtet, aufrichtig zu sein. Mit herzlichen Grüßen an Sie und Frau Gemahlin Ihr

aufrichtig ergebener
Gustav Mahler

Quelle: Autograph im Besitz der SUISA, Zürich. – *eine Erstaufführung kann ich nicht acceptiren:* Rezniceks Oper „Till Eulenspiegel" wurde am 13. Januar 1902 unter der Leitung von Felix Mottl am Hoftheater in Karlsruhe uraufgeführt. Die Ablehnung dieser Oper des ihm freundschaftlich verbundenen Reznicek durch Mahler ist charakteristisch für den in künstlerischen Dingen kompromißlosen Wahrheitsanspruch Mahlers ebenso wie für seine musikdramatische Maxime, die die dramatische Glaubwürdigkeit und szenische Wahrhaftigkeit eines Opernwerks noch über dessen musikalischen Wert stellt. In einem 1899 an den Obersthofmeister Fürst Liechtenstein gerichteten Beschwerdebrief formulierte Mahler diese Überzeugung mit folgenden Worten: „Rein musikalische Erfolge sind ja leider im Theater gar keine Erfolge."

Eleonore und Bruno Vondenhoff

GUSTAV MAHLER UND WILLIAM RITTER

Einem glücklichen Zufall, vor allem aber der Aufgeschlossenheit und liebenswürdigen Hilfsbereitschaft von Herrn Dr. Robert Wyler von der Schweizerischen Landesbibliothek in Bern verdanken wir die Kenntnis dieser Mahler-Briefe. Anläßlich unserer dortigen Suche nach französischem Schrifttum über Mahler erwähnte er den im Hause aufbewahrten Nachlaß von William Ritter, der unter anderem in der Fülle der noch nicht bearbeiteten Korrespondenz auch an Ritter gerichtete Briefe von Mahler enthalten solle. Mit Einverständnis der Erben gelang es uns dann, unter den Tausenden noch in den Umschlägen befindlichen, handgeschriebenen Briefen an Ritter, die dank der freundlichen Bemühung von Herrn Dr. Michaud herbeigefahren wurden, vierzehn Briefe und ein Telegramm Mahlers zu entdecken.

William Ritter (1867–1955), „un cosmopolite devant l'internationalisme", wie man ihn genannt hat, vielseitig interessierter Beobachter der kulturellen Ereignisse, durchstreifte sehend, hörend und schreibend die europäischen Länder. Seiner Geburt nach dem französischen Sprachraum nahestehend, fühlte er sich nicht minder zu einer Kultur hingezogen, wie sie das breite Spektrum der Nationalitäten im österreichisch-ungarischen Raum darbot. Auf seinen Reisen, vor allem in der Zeit zwischen 1890 und dem Ersten Weltkrieg, trat er in den europäischen Ländern mit großen Schaffenden in Literatur, Musik und bildender Kunst in Verbindung und schrieb, außer Romanen, auch in vielen europäischen Kunstzeitschriften Berichte über künstlerische Ereignisse, vor allem auf musikalischem Gebiete.

Seine erste Bekanntschaft mit der Musik Mahlers machte Ritter in München, wo er damals seinen Wohnsitz hatte, anläßlich der Uraufführung der IV. Symphonie unter der Leitung von Mahler am 25. November 1901, zunächst noch keinesfalls als Bewunderer. Am Vormittag hatte er sogar die Probe verlassen, da der von ihm mißverstandene letzte Satz seinen „rechtgläubigen Quietismus" entrüstete und ihm als „une façon de messe noire musicale" (eine Art musikalische Schwarze Messe) erschien. Die Vorbehalte blieben, aber das Interesse war erwacht, und er ließ es Mahler wissen, bat ihn sogar um eine Partitur des Werkes (Brief

Nr. 1). Doch erst mit der Aufführung der III. Symphonie am 25. Februar 1904 in Prag, ebenfalls unter Mahlers Leitung, änderte sich seine Einstellung, nicht zuletzt unter dem nun auf ihn übergreifenden Eindruck von Mahlers Dirigentenpersönlichkeit. Entscheidend wurde jedoch die faszinierende Wirkung des ersten persönlichen Kontaktes mit Mahler am 6. November 1906 bei den Proben zu der Münchener Aufführung der VI. Symphonie (8. Nov. 1906), wozu Mahler ihn eingeladen hatte (Brief Nr. 4).

Von da an steigerte sich der Enthusiasmus seiner Berichte bis zu hymnischen Ausrufen. Ritter selbst hat in reiferen Jahren die Stationen dieser Entwicklung aus einigem Abstand sehr anschaulich geschildert („Souvenirs sur Gustave Mahler" in *Schweizerische Musikzeitung* 1961, Heft 1). Dieses leidenschaftliche Bekennertum, das sich durch öffentlichen Widerspruch nicht beirren ließ und Andersdenkende im offenen Briefe zu überzeugen suchte, drückt sich in den vielen Arbeiten aus, die Ritter zu diesem Thema hauptsächlich in den folgenden Blättern veröffentlichte: *La Semaine Littéraire,* Genf; *La Vie Musicale,* Morges près Lausanne; *Feuilles Musicales et Courrier Suisse du Disque,* Lausanne; *La Revue „Lugdunum"; Le Courrier Musical,* Paris; *Revue Bulletin français de la Société Internationale de Musique,* Paris; *Le Correspondant,* Paris; *Mercure de France,* Paris; *Revue Française de Musique,* Paris; *Revue Musicale de Lyon.*

Begreiflicherweise beantwortete Mahler die Zuschriften und Anliegen eines so engagierten Bewunderers sehr aufmerksam und ungewöhnlich entgegenkommend. Trotzdem überraschen so freimütige Äußerungen wie etwa sein Urteil über Amerika (Brief Nr. 10) oder die beachtenswerte Selbsteinschätzung: „Sollte ich nicht auch Ihnen einmal ‚einfacher' erscheinen, wenn Sie mit meinem Wesen länger vertraut sein werden" (Brief 2).

Für die so freundlich erteilte Erlaubnis zur Erstveröffentlichung der Mahler-Briefe in diesem Rahmen sei Herrn Dr. Wyler von der Schweizerischen Landesbibliothek besonders herzlich gedankt.

1

K. K. HOF-OPERNTHEATER

Wien, am 31. Dezember 1901

Sehr geehrter Herr!
Von dem großen Interesse, welches Sie meinen Werken entgegenbringen, ungemein erfreut, erlaube ich mir Ihrem geschätzten Wunsche entsprechend Ihnen gleichzeitig per Post die Partitur meiner vierten Symphonie und von den anderen Werken die Clavierauszüge, insoweit selbe vorhanden sind, zu übersenden.

Es würde mich persönlich sehr interessiren zu erfahren, wie Sie darüber urtheilen und ich wäre Ihnen daher sehr verbunden, wenn Sie mir gelegentlich die aus Ihrer Feder stammenden Kritiken zusenden wollten.

Für Ihre freundliche Gesinnung bestens dankend, zeichne ich mich mit der Versicherung besonderer Hochachtung als

Ihr
ergebener
Mahler

Anmerkung: Dieser Brief ist bis auf Mahlers Unterschrift von fremder Hand geschrieben, ebenso der Briefumschlag mit Poststempel Wien 2. I. 1902 und Monruz 4. I. 1902. Alle folgenden Briefe sowie auch Briefumschläge stammen zur Gänze von Mahlers Hand.

2 [Ohne Datum. Ankunftspoststempel: München 11. Mai 1906]

Verehrter Herr Ritter!
Ihr Buch und Ihren liebenswürdigen Brief habe ich empfangen, und ich beeile mich, Ihnen zunächst meinen herzlichsten Dank für die Sendung zu sagen, und Ihnen die gewünschte Photografie zuzusenden, die, von einem Amateur vor wenigen Wochen angefertigt, mich in meiner gegenwärtigen „Verjüngung" [?] zeigt. – Die Lecture Ihrer Bücher ist allerdings eine schwierige Aufgabe für mich, der ich nicht im Stande bin Ihren geistreichen, ja nachschaffenden Wendungen überall zu folgen. Für eine adäquate Übersetzung wäre ich daher sehr dankbar, doch wage ich es nicht, Sie so weitgehend in Contribution zu setzen. Ein wenig zu naschen, konnte ich mich trotz meines Dilettantismus in

der franz. Sprache nicht enthalten, und, und [sic] habe bereits eine Fülle von Anregungen und Einblicken erhalten. – Ich komme mir freilich durchaus nicht so complicirt vor, wie mein imago, das beinahe im Stande wäre mich in einen panischen Schrecken zu versetzen. Sollte ich nicht auch Ihnen einmal „einfacher" erscheinen, wenn Sie mit meinem Wesen länger vertraut sein werden. – Nur auf eine Thatsächlichkeit möchte ich reagiren, die mir, wenn ich sie recht gelesen, Unrecht zu thun scheint.

Sie citiren einen Ausspruch von mir: „Beethoven n'a fait qu'une Neuvième, mes symphonies à moi sont toutes des Neuvièmes." – Soll ich wirklich in irgend einer Zeit diesen nicht nur unerhört geschmacklosen – sondern auch meiner eigenen Empfindung so widersprechenden Ausspruch gethan haben? – Glauben Sie mir, daß mein inneres Verhältniß zu B. mir einen solchen anmaßlichen Unsinn selbst in betrunkenem Zustande nicht gestatten würde und daß mein Stolz vollkommen befriedigt sein wird, wenn man mich einst als einen legitimen Ansiedler im Neulande, das uns B. entdeckt, ansehen wird.

Außerdem bin ich überhaupt jedem *Vergleiche* abhold und glaube, daß wir alle nur die im irdischen Medium gebrochenen Strahlen eines Urlichts sind, und daß Roth und gelb etc. bis zu den „ultra" mit einander ohne Rangordnung „preisen der Himmlischen Ehre".

Meine VI. kommt am *27. Mai* in Essen zur Uraufführung; ich wäre sehr glücklich, Ihnen einmal bei einer solchen Gelegenheit die Hand drücken zu können.

Ihr verehrungsvoll ergebener
Mahler

„Ihr Buch": höchstwahrscheinlich William Ritter, *Etudes d'Art étranger,* Société du Mercure de France, Paris 1906. Dieser Band enthält eine ausführliche Abhandlung über die ersten fünf Symphonien (Un Symphoniste Viennois. G. Gustave Mahler, S. 244–288). Darin schildert Ritter auch seinen eigenen Weg zu Mahler, angefangen von der ursprünglichen Befremdung (Vierte Symphonie) von 1901 bis hin zum Erlebnis der Fünften Symphonie, die er am 2. März 1905 in Prag unter Leo Blech gehört hatte. – *Ihren geistreichen . . . Wendungen:* dies bezieht sich auf die oft phantasievoll ausdeutenden Beschreibungen einzelner Symphoniesätze durch Ritter. – *Ausspruch von mir:* Ritter scheint den Satz „Beethoven n'a fait . . ." (Etudes d'Art étranger, S. 271) von einem tschechischen Kritiker übernommen zu haben. Die Übersetzung des Satzes lautet: Beethoven hat nur eine Neunte geschrieben, meine Symphonien aber sind lauter Neunte. – *Meine VI.:* Der Einladung zur Uraufführung der Sechsten Symphonie in Essen (27. Mai 1906) scheint Ritter nicht gefolgt zu sein. Er hörte das Werk erst in der Münchener Aufführung im November 1906 (siehe Brief 4). – Mit Brief 2 übersandte Mahler eine Partitur der Zweiten Symphonie an Ritter.

3 Salzburg [Ohne Datum. Poststempel: 17. VIII. 1906]

Verehrter Herr!
Ich werde mich sehr freuen, Sie in Wien zu begrüßen, und hoffe auf ein paar ungestörte Stunden. Wenn nur mein Französisch und Ihr Deutsch zu einer Verständigung ausreicht!?

Mit herzlichsten Grüßen in aller Eile

Ihr ergebenster
Mahler

(mitten im Salzburger Mozart-Fest-Trubel.[)]

Salzburger Mozart-Fest-Trubel: Mahler dirigierte während des Mozart-Festes in Salzburg am 18. und am 20. August 1906 im Salzburger Landestheater Aufführungen von „Figaros Hochzeit" in der Wiener Hofopernbesetzung und mit dem Wiener philharmonischen Orchester.

4 [Ohne Datum. Poststempel: Wien 15. Oktober 1906]
Poststempel: München 16. Oktober 1906]

Verehrter Herr Ritter!
Es wird mir eine große Genugthuung [sein,] meinen „petit elan", (wie Sie die Güte haben sich und Ihren Freund zu betiteln) bei meinen Proben zu begrüßen. Umsomehr, als gerade meine 6. Symphonie dem Hörer dunkle Räthsel aufgiebt, und ich gerade von Ihnen Beiden mich verstanden wissen möchte. –

Die Proben finden statt:
Dienstag, 6. Nov. Vormittags 10 Uhr
Nachmittags 4 Uhr
Mittwoch 7. „ Vormittags 10 Uhr.

Keinesfalls werde ich es versäumen, Sie in der Biedersteinstrasse aufzusuchen, um endlich Ihre persönliche Bekanntschaft zu machen, und ich bitte schon heute, mir an einem der 3 Tage meines Aufenthaltes eine oder 2 Stunden des Beisammenseins zu schenken. Am besten ließe es sich vielleicht mit einer gemeinschaftlichen Malzeit in einem stillen Restaurant verbinden?

Mit herzlichsten Grüßen Ihr ergebener
Mahler

bei meinen Proben zu begrüßen: Dieser Aufforderung leistete Ritter Folge. Er erschien Dienstag, 6. November 1906, bei einer Probe zur Sechsten Symphonie mit dem Kaimorchester in München. Dies war seine erste persönliche Begegnung mit Mahler. Von dieser Stunde an, so berichtet er, versuchte er nicht mehr, gegen die Faszination anzukämpfen. Er hörte vier Proben und die Aufführung unter Mahler am 8. November.

5 [Ohne Datum. Poststempel: Wien 3. XI. 1906, Poststempel: München 4. November 1906]

In Eile!

Verehrter Herr Ritter!
Meine Proben in München sind *Dienstag* 10 Uhr Vormitt. – 4 Uhr Nachm. Mitwoch 10 Uhr vorm. Generalprobe.

Da ich Dienstag mit dem 3. Satz anfangen muß – (hierauf der 4. Satz) so stelle ich es Ihnen anheim, ob Sie es nicht für angezeigt halten, erst zur Nachmittagsprobe zu kommen, bei der ich dann von *vorne* anfange.

In der angenehmen Hoffnung, Sie und Ihren Freund bald persönlich kennen zu lernen

Ihr sehr ergebener
Mahler

Meine Proben: siehe Brief 4.

6 [Ohne Datum. Poststempel: Wien 13. 11. 1906, Poststempel: München 14. Nov. 1906]

Lieber Freund! (Ja wol, diese Ansprache erlauben Sie mir und gönnen Sie mir in Zukunft!)

Meine Proben in Berlin sind im großen Saale der Philharmonie und finden statt:

	8. Jänner	(Dienstag)	3 1/2 Nachmittag
	10. „	(Donnerstag)	3 1/2 „
	11. Jänner	(Freitag)	10 Vormittag
	12. „	(Samstag)	10 „
Generalprobe	13. „	(Sonntag)	12 „

Ich werde mich sehr freuen, von Ihnen über mich zu lesen! Allerdings eine deutsche Übersetzung Ihres Artikels wäre mir sehr nöthig, denn ich fühle, daß mir gerade die Feinheiten und Façetten Ihres Styls verloren gehen. –

Von dem Zeug, das über mich geschrieben wurde[,] kann ich Ihnen wirklich nichts empfehlen. Es ist gewöhnlich Un- und Misverständniß. Selbst gutwillige und gebildete Referenten bleiben hilflos im Äußerlichen meiner Werke stecken – eben, weil sie sich nicht die Mühe geben, immer und immer *wieder zu hören;* sondern nach einer Aufführung ihre Bemühungen abschließen. Sein Sie und Ihr Freund nun herzlichst gegrüßt von Ihrem

Gustav Mahler

Meine Proben in Berlin: zur Aufführung der Dritten Symphonie im großen Saale der Philharmonie am 14. Januar 1907.

7 [Ohne Datum. Poststempel: Wien 22. IX. 1907, Poststempel: München 23. Sept. 1907]

Welche Frage, mein lieber Herr Ritter? Ich sollte gegen Sie eingenommen sein? Daß Sie nichts von mir gehört haben, ist doch dadurch genügend erklärt, daß ich ein *sehr* beschäftigter Mensch und jetzt in folge der Ereigniße ganz besonders angespannt bin. – Übrigens bin ich ein sehr fauler Correspondent, und entschließe mir [sic] schwer zur Feder.

Also sein Sie nun herzlichst gegrüßt und versichert meiner durch *Niemand* zu erschütternden warmen Gesinnung für Sie

als Ihr ergebenster
Mahler

in folge der Ereigniße: Anspielung auf Mahlers Demission als Wiener Hofoperndirektor.

8 [Ohne Datum. Poststempel: Wien 9. VI. 1908,
Poststempel: München 10. Juni 1908]

Mein lieber Herr Ritter!
Die *Uraufführung* meiner 7. ist am *26.* September in Prag. Es wird mir eine große Freude sein, Sie, und hoffentlich auch Ihren Freund dort begrüßen zu können.
In aller Eile Ihr

sehr ergebener
Mahler

am 26. September in Prag: die Uraufführung fand schließlich schon am 19. September 1908 statt. Ritter, der eine Woche in Prag zubrachte und sechs Proben sowie die Uraufführung hörte, berichtete in mehreren Aufsätzen über das Ereignis. („La VIIe Symphonie de Gustave Mahler", in: *Le Courrier Musical,* No. 20, Paris 15. Oktober 1908, S. 583–85, und in: *La Vie Musicale,* No. 4, Morges près Lausanne, 1. November 1908, S. 64–66. Außerdem kommt er in seinen „Souvenirs sur Gustave Mahler", in: *Schweizerische Musikzeitung,* Jan./Febr. 1961, S. 29–39, auf diese Tage zurück.) Auch bei der Münchener Aufführung der Siebenten Symphonie am 27. Oktober 1908 war Ritter anwesend und wohnte schon ab 23. Oktober den Proben bei. Die Tage in Prag und München erschienen ihm als „nos meilleurs moments d'intimité avec lui" (etwa sinngemäß: „die Höhepunkte unserer Freundschaft").

9 [Telegramm, aufgegeben in Prag
am 10. September 1908, 11 Uhr vorm.]

Die Proben finden nächste Woche täglich um 10 Uhr in der Musikhalle der Ausstellung statt. Werde mich sehr freuen Sie zu begrüßen.

Mahler.

Musikhalle der Ausstellung: Mahlers Konzert fand im Rahmen der Jubiläumsausstellung zum 60. Regierungsjahr des Kaisers Franz Joseph statt.

10

HOTEL SAVOY NEW YORK

[Ohne Datum. Poststempel: New York 8. Dezember 1908,
Poststempel: München 18./19. Dezember 1908]

Mein lieber Freund!
Ich habe soeben Herrn Delius zugesagt. Ich bin mitten in den Proben

zu meiner II., leider mit völlig unzureichenden Mitteln. Amerika weiß wirklich zunächst noch nicht, was es mit mir anfangen soll; (meiner Ansicht nach kann es überhaupt mit keiner Kunst etwas anfangen, und es ist vielleicht gar nicht im Weltenplane gelegen[,] daß es etwas damit anfängt)[.] Bitte, lassen Sie sich an diesem meinem Stoßseufzer genügen und meine herzlichsten Grüße von mir und meiner Frau.

Ihr sehr ergebener
Mahler

Herrn Delius: möglicherweise der Komponist Frederick D. (1863–1934), der seit 1888 in Frankreich ansässig war. – *Proben zu meiner II.:* zur ersten amerikanischen Aufführung von Mahlers Zweiter Symphonie am 8. Dezember 1908 in New York. Vgl. Mahlers Briefe an Walter Damrosch, S. 33 ff.

11 [Ohne Datum. Poststempel: Wien 26. V. 1909]

Mein lieber Freund!
Haben Sie herzlichsten Dank für Ihre lieben Zeilen. Wenn ich Sie recht verstanden habe, so darf ich Ihren Besuch für die allernächste Zeit erwarten. Ich beeile mich, Ihnen mitzutheilen, daß ich bis *incl.* 6. Juni in Wien verweilen werde. Hoffentlich sehe ich Sie also bis dahin, und freue mich herzlich darauf.

Ihr sehr ergebener
Mahler

12 [Ohne Datum. Poststempel: Wien 24.? 9. 1909]

Lieber Herr Ritter!
Die Aufführungen meiner 7. Symphonie in Holland unter meiner Leitung erregen vielleicht Ihr Interesse: sie finden statt
in Haag am 2. Oktober
in Amsterdam am 3. u. 7. Oktober.
Vielleicht habe ich das Vergnügen Ihnen und Ihren Freunden wieder einmal die Hand zu drücken und grüße Sie herzlichst.

Ihr ergebener
Gustav Mahler

13 [Ohne Datum. Poststempel: New York 4. Febr. 1910]

Mein lieber Herr Ritter!
Verzeihen Sie die Verspätung meiner Antwort. Hier in Amerika haspelt sich das Leben in einem Tempo ab, daß Einem Sinne und Athem vergehen.

Also 1. die Reclame des Hr. Gutmann dürfte ziemlich gegenstandslos sein. Es ist unmöglich meine 8. in München herauszubringen. Das kann nur an einem Orte geschehen, wo die Chöre lange Zeit studiren können. Obwol ich Herrn Gutmann gewarnt habe, hat er, in Unkenntniß der Schwierigkeiten, voreilig die Sache affichirt, und nun kann er sehen, wie er sich da herausredet.

Der Clavierauszug zu 2 Händen und mit Text erscheint demnächst, und ich werde dafür Sorge tragen, daß Ihnen gleich nach dem Erscheinen ein Exemplar zugeschickt wird.

2. Am 17. April findet in Paris unter meiner Leitung bei Colonne eine Aufführung meiner Symphonie in C-moll (II.) stattfindet [sic]. – Es wäre reizend Sie da zu sehen; Sie hatten ja immer vor, mich bei Ihren Compatrioten ein wenig zu chaperoniren. –

Im Mai findet in Mannheim ein mehrtägiges Musikfest statt, bei dem auch eine Anzahl meiner Werke am Programm steht. – Sein Sie herzlichst gegrüßt und entschuldigen meine Eile. – Ich bin sehr gehetzt. Grüßen Sie Ihre beiden Freunde von

Ihrem
Gustav Mahler

des Hr. Gutmann: der Münchener Konzertunternehmer Emil Gutmann, der die Uraufführung von Mahlers Achter Symphonie organisierte. Vgl. die Briefe an Emil Gutmann, S. 67 ff. – *in Paris unter meiner Leitung:* Die erste Aufführung der Zweiten Symphonie in Paris fand am 17. April 1910 mit dem Colonne-Orchester unter Mahlers Leitung statt. Solisten waren Povla (Paula) Frisch und Hélène Demellier. Ritter war nicht anwesend. Er schreibt darüber im „Tagebuchblatt" (*Gustav Mahler. Ein Bild seiner Persönlichkeiten in Widmungen,* hrsg. von Paul Stefan. München 1910): „Meister, ich weiß nicht, ob ich noch zehn Jahre auf der Erde zu verleben habe, aber sicher hätte ich mindestens eines davon hingegeben, um an diesem Tage in Paris sein zu können! Ich hatte es Ihnen versprochen! . . . So mußte ich mir über mein Mißgeschick durch diese Blätter hinweghelfen." – *in Mannheim:* das geplante Musikfest kam nicht zustande.

14 [Ohne Datum. Poststempel: New York 17. März 1910]

Mein lieber Herr Ritter!
Nur die kurze Mittheilung, daß ich *Mannheim* fallen lassen mußte. Nach einer so anstrengenden Saison war es mir doch zu viel; besonders da eine Neueinstudirung der *Meistersinger* geplant war, die meine physischen Kräfte über das Maß in Anspruch genommen hätte. – Ich hoffe Sie nun in Paris zur II. zu begrüßen. Wir steigen Hotel Majestic ab und hoffen ungefähr am 13. oder 14. April dort angelangt zu sein.

Mit herzlichsten Grüßen, auch an Ihren Freund

Ihr sehr ergebener
Gustav Mahler

Mannheim: siehe Anmerkung zu Brief 13.

15

HOTEL SAVOY NEW YORK

[Ohne Datum. Poststempel: 27. Jan. 1911]

Mein lieber Herr Ritter!
Ich schreibe umgehend – wenn auch nur kurz. – Amerika ist unerbittlich und ich ein schlechter Briefschreiber.

Wie die Würfel hier zu fallen scheinen, werde ich wol zunächst in der nächsten Saison mein eigener Nachfolger sein. – Die Leute hier machen es mir wirklich durch ihre Liebe und Willigkeit unmöglich, sie im Stiche zu laßen. – Und so bin ich denn halb entschloßen im nächsten Winter wieder herzukommen. – Für alle Fälle will ich mir aber den Namen Ihres Protégé merken und vorkommenden Falles seiner Erwähnung thun. – Ich lese doch richtig?: Rhené-Baton!

Was ist das nur eigentlich was mir die Vöglein seit einiger Zeit über Casella in's Ohr zwitschern. Mir thäte es schrecklich weh, mich hier getäuscht zu haben. Ich hatte, und habe viel Sympathie für den jungen Menschen, und halte auch etwas Rechtes von ihm.

Die Sache selbst – nämlich das „arriver" in Paris oder anderswo ist mir, wie Sie wissen, recht gleichgültig. Von mir aus mag Paris mit mir oder ohne mich leben.

Sein Sie, lieber Freund, für Ihre ausdauernde Liebe bedankt. Hoffentlich auf Wiedersehen im heurigen Sommer.

Ihr sehr ergebener
Gustav Mahler

Grüßen Sie Freund Janko, meine Frau schließt sich mit an.

mein eigener Nachfolger: als Dirigent des New York Philharmonic Orchestra, das Mahler seit Herbst 1909 leitete. – *im nächsten Winter wieder herzukommen:* Mahler erkrankte wenige Wochen, nachdem er diesen Brief geschrieben hatte, in New York und starb am 18. Mai 1911 in Wien. – *Casella:* Der italienische Komponist Alfredo Casella (1883–1947), auch als Pianist, Dirigent sowie auf literarischem Gebiet vielseitig tätig, sah in Mahler „die größte Musikerpersönlichkeit, die zu bewundern der Welt gegenwärtig vergönnt ist" (*Gustav Mahler. Ein Bild seiner Persönlichkeit in Widmungen.* München 1910). Anläßlich der Erstaufführung von Mahlers Zweiter Symphonie in Paris (siehe Brief 13) hatte er in der *Revue Societé Internationale de Musique* vom 15. April 1910 eine große Abhandlung über dieses Werk veröffentlicht, in der er sich mit Mahlers Persönlichkeit und seiner Musik eingehend und positiv befaßte. Nach Mahlers Tod erschienen Nachrufe von Casella in Pariser Zeitschriften, und noch im Jahre 1920 nannte sich Casella in seiner Festrede beim Mahlerfest in Amsterdam „un ami de Mahler". Für Mahlers Worte über Casella in diesem Brief gibt es bisher keine Erklärung.

Karl Heinz Füssl

GUSTAV MAHLER UND FRANZ SCHALK

Wann Gustav Mahler und Franz Schalk einander zum erstenmal begegneten, ist wohl kaum mehr festzustellen. „... und freue mich, gelegentlich meines Aufenthaltes in Prag, Ihre nähere Bekanntschaft zu machen", heißt es in dem ersten der hier vorgelegten Briefe (Februar 1898), die Mahler an Schalk richtete. Daraus könnte man schließen, daß eine flüchtige Bekanntschaft bereits bestand, vielleicht aus den 1870er Jahren datierend, als Mahler und der um drei Jahre jüngere Schalk (1863–1931) das Konservatorium der Gesellschaft der Musikfreunde besuchten, vielleicht auch durch Anton Bruckner vermittelt, zu dessen Kreis sowohl Mahler als auch Franz Schalk und dessen älterer Bruder Josef zählten. Wenn auch diese frühen Kontakte sehr oberflächlich gewesen sein mögen, kann man als gewiß annehmen, daß Schalk durch Bruckner über Mahler und daß Mahler durch Bruckner über die Brüder Schalk Bescheid wußte. Mahler hatte Ende der siebziger Jahre von Bruckners Dritter Symphonie (2. Fassung) einen Klavierauszug zu vier Händen angefertigt, der 1880 im Verlag Bussjäger und Rättig erschien. Der Mißerfolg des Werkes bestimmte Bruckners Freunde, den Meister Mitte der 1880er Jahre zu einer Umarbeitung zu überreden. Zu diesen Freunden, die eine dritte Fassung der Symphonie forderten, gehörten vor allem die Brüder Schalk, die später auch eigenmächtige Veränderungen an Bruckners Symphonien vornahmen. Mahler war zu jener Zeit, als es um die Neufassung der Dritten Symphonie ging, nicht mehr in Wien. Der Verleger Theodor Rättig hielt in einem Dokument die folgende Episode fest, aus der die unterschiedlichen Standpunkte der Brüder Schalk und Mahlers deutlich werden: „So erhielt ich mit der Zeit 50 Partiturseiten, die ich nun[...] neu stechen ließ. Zufällig kam einmal G. Mahler[...] besuchsweise nach Wien und äußerte zu Bruckner, er halte die Umarbeitung für völlig überflüssig. Sofort war dieser umgestimmt und verwarf die bereits halb fertige Arbeit. – Schließlich gelang es den obigen Freunden doch, eine teilweise Umarbeitung durchzusetzen." [1]

Von diesen Bruckner-Problemen ist in den erhaltenen Briefen Mahlers an Franz Schalk niemals die Rede; der Name Bruckner wird in keinem Schreiben auch nur genannt. Dennoch mögen Erinnerungen solcher Art daran schuld sein, daß die Beziehung zwischen Mahler und Schalk trotz jahrelanger engster Zusammenarbeit am Wiener Hofoperntheater nie über kollegiale Korrektheit hinauswuchs.

Die neunzehn hier wiedergegebenen Mitteilungen Mahlers an Schalk lassen sich in vier Gruppen einteilen. Die ersten zwei Briefe behandeln die Aufführung von Mahlers Erster Symphonie in Prag am 3. März 1898, wo Schalk damals – als Mahlers mittelbarer Nachfolger – Kapellmeister am Deutschen Landestheater war. Die zweite Gruppe behandelt Schalks Engagement an die Wiener Hofoper, die Mahler anfangs zögernd, nach Bruno Walters vorläufiger Absage jedoch sehr eifrig betrieb. In den Schreiben der dritten Gruppe, die zumeist aus den Ferienmonaten stammen, kommen Routinefragen des Wiener Opernbetriebs zur Sprache. Nach Mahlers Abgang von Wien scheint sich der Kontakt zwischen dem ehemaligen Operndirektor und seinem Kapellmeister auf die Vorproben zur Uraufführung von Mahlers Achter Symphonie beschränkt zu haben. Diese vierte Briefgruppe spiegelt die Sorgen und Zweifel wider, die diesem triumphalen Konzert in München (12. September 1910) vorangingen.

Franz Schalk, der als Opernkapellmeister in Wien sehr rasch Fuß faßte und sich bald ein großes Repertoire eroberte, übernahm mit der Saison 1904/05 auch die Leitung der Gesellschaftskonzerte der Gesellschaft der Musikfreunde, die er bis 1921 innehatte. Damit unterstand ihm auch der Singverein der Gesellschaft der Musikfreunde, der an der Uraufführung von Mahlers Achter Symphonie mitwirkte. In den Jahren 1903, 1905 und besonders 1906 dirigierte Schalk auch einige philharmonische Konzerte sowie 1906 die erste England-Tournee der Wiener Philharmoniker. Trotz seiner in Wien sprichwörtlichen Zuverlässigkeit blieb er jedoch viele Jahre lang der „Einspringer", der Mann an der zweiten Stelle. Erst im Herbst 1918, nachdem auf Mahler als Hofoperndirektor Felix von Weingartner und Hans Gregor gefolgt waren, wurde Franz Schalk zum Leiter dieses Instituts ernannt. Er stand der Wiener Oper bis 31. August 1929 vor, von Dezember 1919 bis November 1924 in gemeinsamer Diektion mit Richard Strauss.

In Schalks Nachlaß, der in der Musiksammlung der Österreichischen Nationalbibliothek aufbewahrt wird, fand sich ein handschriftlicher Stimmensatz der „Lieder eines fahrenden Gesellen", der aller Wahrscheinlichkeit nach in einer der frühesten Aufführungen des Zyklus,

Operntheater

Sonntag den 12. Oktober 1924

4. Viertel — 192. Vorstellung im Jahres-Abonnement

Zu besonderen Preisen I

Gustav Mahler:

Uraufführung zweier nachgelassener Sätze aus der

X. Symphonie

Programm:

1. **C. W. Gluck** . . . . Ouvertüre zu „Iphigenie in Aulis“ (mit dem Schluß von Richard Wagner)
2. **Gustav Mahler** . . . . . Zwei Sätze aus der X. Symphonie [Manuskript]
   a) Adagio, b) Scherzo (Purgatorio)
3. **Gustav Mahler** . . . . . IV. Symphonie, G-dur
   1. Satz: Bedächtig
   2. Satz: In gemächlicher Bewegung
   3. Satz: Ruhevoll (Pocco adagio)
   4. Satz: Sehr behaglich (Gedicht aus „Des Knaben Wunderhorn“)

Sopransolo: Fr. **Hüni-Mihacsek**

Dirigent: **Franz Schalk**

Das offizielle Programm nur bei den Billeteuren erhältlich Preis 5000 Kronen

---

Der Beginn der Vorstellung sowie jedes Aktes wird durch ein Glockenzeichen bekanntgegeben.

Kassen-Eröffnung vor 7 Uhr — **Anfang 7½ Uhr** — **Ende nach 9 Uhr**

Der Kartenverkauf findet heute statt für obige Vorstellung und für

Montag den 13. Tosca. Zu besonderen Preisen II (Anfang 7½ Uhr) 1. Viertel
Dienstag den 14. Die Fledermaus. Zu besonderen Preisen II (Anfang 7 Uhr) 2. Viertel

Weiterer Spielplan:

Mittwoch den 15. In italienischer Sprache: Rigoletto. Zu besonderen Preisen II (Anfang 7½ Uhr) 3. Viertel
Im Redoutensaal: Klassische Singspiele: Bastien und Bastienne — La Serva Padrona — Abu Hassan. Zu erhöhten Preisen (Anfang 7½ Uhr)
Donnerstag den 16. Carmen. Zu besonderen Preisen II (Anfang 7 Uhr) 4. Viertel
Freitag den 17. Die Königin von Saba. Zu besonderen Preisen II (Anfang 7 Uhr) 1. Viertel
Samstag den 18. Das Rheingold. Zu besonderen Preisen II (Anfang 7½ Uhr) 2. Viertel
Sonntag den 19. Die Walküre. Zu besonderen Preisen II (Anfang 6 Uhr) 3. Viertel
Im Redoutensaal: Der Bürger als Edelmann. Zu erhöhten Preisen (Anfang 7½ Uhr)

„Steyrermühl“, Wien IX.

Franz Schalk dirigierte die Uraufführung zweier Sätze der Zehnten Symphonie von Mahler in der Fassung von Ernst Krenek.

möglicherweise unter Mahlers Leitung, benutzt wurde. Wir wissen nicht, zu welcher Zeit und zu welchem Zweck der Stimmensatz in den Besitz von Schalk überging – eine Aufführung der Gesellen-Lieder unter Schalks Leitung ist nicht verbürgt. Als Dirigent scheint er sich erst verhältnismäßig spät mit Mahlers Werk auseinandergesetzt zu haben, doch dann in repräsentativem Rahmen: am 12. Oktober 1924 dirigierte er in der Wiener Oper eine Aufführung von Mahlers Vierter Symphonie und – im selben Konzert – die „Uraufführung zweier nachgelassener Sätze aus der X. Symphonie" (so der Wortlaut des Programmzettels) in der Bearbeitung von Ernst Krenek.

Die im folgenden veröffentlichten Briefe von Mahler an Schalk entstammen dem Schalk-Nachlaß in der Musiksammlung der Österreichischen Nationalbibliothek. Wir danken für die Genehmigung, sie hiemit vorlegen zu können.

[1] Max Auer, *Die biographischen Tatsachen,* in: Max Auer, *Anton Bruckner,* Wissenschaftliche und künstlerische Betrachtungen zu den Originalfassungen, Wien o. J., S. 9.

1

DIE K. UND K. DIRECTION
DES KAIS. KÖN. HOF-OPERNTHEATERS

[Ohne Datum. Februar 1898]

Lieber Herr College!
Ich danke Ihnen herzlichst für Ihre lieben Zeilen. Ich weiß mein Werk in den besten Dank[!] und bin im Voraus mit Allem einverstanden, was Sie im Interesse desselben dort vornehmen. Eine *5. Trompete* für den Schlußsatz wäre famos, wenn sie aufzutreiben ist.

Eine II. Harfe dto.

Wenn ich Dämpfer sage, so sollen die Hörner *Sordinen* einsetzen. – Die Bezeichnung *gestopft* ist mit der *Hand* zu verstehen.

Ich bitte Sie, lieber Schalk, *nur* größte *Streicher*besetzung. Aber nicht bloße „Unterläufeln"!

Wenigstens 1. *C-saiter!*

Ich bin furchtbar pressirt, und freue mich gelegentlich meines Aufenthaltes in Prag, Ihre nähere Bekanntschaft zu machen!

Bitte, geben Sie auf die Partitur Acht; sie ist mein *einziges* Exemplar! Vielleicht schreiben Sie nochmals eine Zeile über den Fortgang der Proben. – Bitte dringendst um *Separatproben* von Bläsern und Streichern!

Im *1. Satz* überall die *größte* Zartheit (mit Ausnahme der großen Steigerung). Im letzten Satz die größte Kraft.

Eine Verstärkung für den *Hornsatz* zum Schluße sehr wünschenswerth! Den *3. Satz humoristisch* (im schauerlichen Sinne).

Das Trio vom Scherzo recht ruhig und zart. –

Die Einleitung zum 1. Satz *Naturlaut, nicht* Musik!

In größter Eile

Ihr ergebenster
Gustav Mahler

Datierung: Das Prager Konzert, welches von Mahlers einstigem Chef Angelo Neumann organisiert worden war, fand am 3. März 1898 statt und wurde von Schalk dirigiert, ausgenommen die von Mahler selbst dirigierte Erste Symphonie, deren Vorproben Schalk leitete. – *Eine 5. Trompete für den Schlußsatz:* zunächst verstärkte Mahler in der Erstausgabe ab Ziffer 65 *den Hornsatz zum Schluße* durch eine in Oktaven geführte „Hornstimmen-Verstärkung"; erst die endgültige Fassung verlangt präzis eine 5. Trompete und 4. Posaune. – *nur größte Streicherbesetzung:* das Orchester des Deutschen Landestheaters Prag wurde durch Musiker des Tschechischen Nationaltheaters verstärkt

– ein seltener Fall von Solidarität in dieser national angespannten Zeit (siehe Mahlers Brief vom 23. Februar 1898 an Direktor Šubert in Kurt Blaukopf, *Mahler. Sein Leben, sein Werk und seine Welt,* Universal Edition Wien, 1976, Seite 218). – *sie ist mein einziges Exemplar!:* die Erstausgabe bei Weinberger erschien erst 1899 (siehe aber auch die Anmerkungen zum folgenden Brief).

2
In Eile

[Ohne Datum. Wien, Februar 1898]

Lieber Herr Schalk!
Mir fällt eben ein, ob Ihre *Posaunisten* wol im Besitze der für mein Werk nöthigen *Dämpfer* sein werden? In jedem Falle läßt sich ein solcher Dämpfer leicht herstellen. Ein einigermaßen findiger Instrumentenmacher trifft das ohne Weiters. –

Ferner habe ich noch eine Bitte: (Sie haben 2 ordentliche *Es-clarinetten?*) Die ersten beiden Stellen der B-clarinette im ersten Satz, in welchen der Ku[c]ku[c]ksruf nachgeahmt wird, bitte ich der *Es-clarinette* zuzutheilen,

also: statt

Piu mosso

Es-cl.

später im 2. Takte nach Ziffer 3 d. h.[?]

Es-cl.

Ich glaube, es dürfte so charakteristischer klingen und sofort „Farbe" hineinbringen.

4

Vertraulich!!

K. U. K. DIRECTION DES K. K. HOFOPERNTHEATERS

[Ohne Datum. Spätherbst 1899]

Lieber Herr Schalk!
Ich bin nun in der angenehmen Lage, Ihre Berufung hieher in's Auge fassen zu können. – Doch wäre eine mündliche Aussprache in unser beiderseitigem Interesse nothwendig, und ich frage vorläufig bei Ihnen an, ob Sie nicht in allernächster Zeit auf einige Stunden hieher kommen könnten, da das, was ich Ihnen zu sagen habe, sich nicht brieflich erledigen läßt. Sie sind wol so freundlich, mich durch einige Worte wissen zu lassen, wie Sie über meinen Antrag denken, und event[uell] wann ich Sie erwarten darf.

Mit herzlichsten Grüßen in aller Eile Ihr ergebenster

Mahler

Datierung: möglicherweise nach Bruno Walters Absage (vermutlich November 1899, siehe GMB, Neuausgabe, Nr. 274, Anmerkungen).

5
Telegramm

kapellmeister schalk
berlin hofthcatcr =
hindersinnstr. 14 Ausgeliefert: Poststempel: Berlin N. W. 2 I 00

alles in ordnung. erwarte ihre mittheilung von wann ab frei, damit vertraege ausfertigen lasse. falls nicht sofortiger eintritt bei uns moeglich, bitte dringend sich fuer feber urlaub zu verschaffen = direktor mahler

von wann ab frei: Schalk war von 1898–1900 am Königlichen Hofoperntheater Berlin engagiert.

6
Telegramm

Kapellmeister schalk berlin

Ausgeliefert (Poststempel: Berlin N. W. 2. II. 00)

ihr hiesiges engagement stoesst ploetzlich auf kaum ueberwindliche hindernisse, die jedenfalls eine vertragsverlaengerung nach dem probejahr unmoeglich machen. gebe ihnen das zur erwaegung bezueglich ihres weiteren verhaltens. discreter und coulanter behandlung der angelegenheit meinerseits koennen sie sicher sein. gruesse = mahler

7

DIE K. UND K. DIRECTION DES KAIS. KÖN. HOF-OPERNTHEATERS

Wien am 7. April 1900

Sehr geehrter Herr Kapellmeister!
Je eher Sie frei werden, umso lieber ist es mir. Ich bitte daher Alles aufzubieten.

Jedenfalls werden Sie jedoch spätestens am 1. Mai bestimmt hier eintreten können. Ich glaube, daß Sie dann noch genug Zeit für die Proben von „Fedora" haben werden.

Die im letzten Briefe erwähnte Angelegenheit habe ich an die General-Intendanz geleitet und es dürfte selbe bei Erhalt dieser Zeilen bereits erledigt sein.

Hochachtungsvoll grüßend
Ihr ergebener
Mahler
K. und k. Director des k. k. Hofoperntheaters.

P. S.: Es wäre mir natürlich sehr erwünscht, wenn Sie vielleicht doch schon nach Ostern kommen könnten.

Sehr geehrter Herr . . .: Die formelle Anrede erklärt sich aus dem offiziellen Charakter des Briefs, der von einem Kanzlisten geschrieben wurde und nur Mahlers eigenhändige Unterschrift trägt. – *Proben von „Fedora":* Schalks erste Premiere an der Wiener Hofoper war „Fedora" von Umberto Giordano am 16. Mai 1900.

8

Maiernigg am Wörthersee
[Ohne Datum. Sommer 1900]

Lieber Freund!
Herzlichsten Dank für Ihre Zeilen und die freundliche Gesinnung, die Sie mir aussprechen. Ich acceptire mit Dank alle Ihre Vorschläge und bitte, nur zu schalten und zu walten, wenn Sie [in] Wien ankommen. Keinesfalls müssen Sie vor dem *10.* da sein; denn Proben giebt es ja nicht vorher. Die erste Vorstellung ist wahrscheinlich Aida am 11. Aug[ust]. Ich überlaße es Ihnen völlig, ob Sie sie dirigiren oder an Hellmesberger abgeben wollen.

Ich komme zwischen 15. und 20. Aug. Es ist mir jedenfalls eine große Beruhigung, Sie in Wien zu wissen und nicht gerade eilen zu müssen.

Mit herzlichsten Grüßen

Ihr ergebenster
Mahler

Datierung: Von allen in Frage kommenden Jahren wurde nur am 11. August 1900 „Aida" unter Schalk gespielt. – *Hellmesberger:* Joseph H. (1855–1907), Kapellmeister an der Wiener Hofoper seit 1886.

9

Telegramm
kapellmeister schalk leipzig
stadttheater

Telegramm aus Wien 1901 den 1ten 11.

bitte oberstoetter dienstag anzuhoeren und hauptsaechlich auch wegen harfenspieler nachfrage halten = gruss mahler

Leipzig: Schalk befand sich offenbar auf einer Dienstreise, vielleicht um eine Novität zu hören.

10 [Ohne Datum. Maiernigg ?, Sommer 1903]

Verehrter Herr Schalk!
Ich werde gleich an Walter schreiben und ihn bitten, den Lohengrin zu übernehmen. Hoffentlich ist wenigstens er und Hellmesberger am Damm, da ich ebenfalls die Absicht habe, etwas länger zu bleiben, und es mir doch sehr ängstlich wäre, das ganze Repertoir auf 2 Augen zu stellen. –

Also: wenn Walter in Ordnung ist, so telegrafire ich Ihnen, und Sie bleiben, so lange Sie frei sind.

Hoffentlich wird Ihnen die letzte Woche erfreulicher sein, und [werden] Sie doch ein wenig erholt in die anstrengende Campagne einrücken.

Mit herzlichsten Grüßen

Ihr ergebenster
Mahler

Datierung: Bruno Walter dirigierte am 18. August 1903 (Saisoneröffnung) „Lohengrin“; Schalk stand am 26. August am Pult. – Auf Seite 4 des Briefes folgendes Zitat (unklar, von wessen Hand).

11 [Ohne Datum]

Lieber Freund!
Es wird mir ein großes Vergnügen sein, Sie auf Ihrer Durchreise hier begrüßen zu können. Bitte jedoch um rechtzeitige Anzeige Ihrer Ankunft, da ich sonst leicht „verflogen“ sein könnte. Ich bin momentan nur wenig seßhaft. Also hoffentlich auf Wiedersehen

Ihr ergebenster
Mahler

Meine Empfehlungen Ihrer Gemahlin.

Datierung: Dieses Schreiben und die drei folgenden konnten bisher nicht einmal annähernd datiert werden. Gewiß scheint nur, daß sie zwischen Schalks Eintritt in die Wiener Hofoper (Mai 1900) und Mahlers Abgang (Dezember 1907) entstanden sind.

12

Maiernigg am Wörthersee

[Ohne Datum.]

Lieber Freund!
Mit größtem Vergnügen! Werde mich mit aller Macht einsetzen! Verzeihen Sie meine Kürze; ich bin mitten in der Arbeit.

Herzlichst Ihr
Mahler

13

DER DIRECTOR DES
K. K. HOF-OPERNTHEATERS

[Ohne Datum]

Lieber Schalk!
Lassen Sie sich doch ja keine grauen Haare wachsen. Der Karren läuft hier ganz gut weiter, und wird es auch wol noch bis zu den Ferien. Sie können also – ohne im Geringsten bedenklich zu sein – bis zu den Ferien (resp. – bis zum Herbst) fortbleiben. Mit solchen Dingen darf man nicht spaßen.

Sie haben ja in einem ähnlichen Fall auch auf Ihre Schultern zu Ihrer Arbeit noch die eines Anderen genommen; und so freut es mich, Ihnen vergelten zu können. Also nochmals: Bleiben Sie *ruhig,* so lange Sie nur wollen und sollen. In Eile Ihr

ergebenster
Mahler

14 [Ohne Datum]

Lieber Herr Schalk!
Ich stehe Ihnen mit Vergnügen zu Diensten, und habe nach Wien schon die geeigneten Schritte gethan. Ich bitte Alles im Sekretariat

abzumachen. – Ich hoffe, daß die Hitze in Wien so nachgelassen, wie hier; sonst ist das Musiziren, wie ich aus wiederholter Erfahrung weiß, eine Pein. In einer Woche kehre ich nach Wien zurück.

Mit herzlichsten Grüßen Ihr

ergebenster
Mahler

15 [Ohne Datum. Ende Mai/Anfang Juni 1910]

Lieber Freund!
Der Chorsatz (82) ist richtig. Das A bei 22 muß in As geändert werden.

Eine Unterredung mit Dr. Hofmann, die ich auf seinen Wunsch mit ihm hatte, läßt mir die Situation noch recht unsicher erscheinen. Die ganze Confusion hat Gutmann angestellt. Je mehr ich mir die Sache überlege, desto mehr muß ich auf meiner Forderung bestehen, die 3 Tage vor der Aufführung ganz für mich ausnutzen zu können. – Komischerweise bemerkte Dr. Hofmann, daß darauf gerechnet würde (gelegentlich der Arrangements der ,,Festlichkeiten, Ausflüge etc.), daß eine Probe nicht über 3 Stunden dauere. – Bitte, wollen Sie doch dahin wirken, daß alle Mitwirkenden sich dessen bewußt sind, daß ein Werk, das gegen 2½ Stunden dauert nicht in 3 Stunden durchprobirt werden kann. Ich muß unbedingt von der Bereitwillig[keit] aller Mitwirkenden durchdrungen sein, wirklich alle Kräfte in Bewegung zu setzen, so lange zu probiren, als nöthig ist (eventuell mit angemessener Pause auch Nachmittags wenn es sein muß), sonst lasse ich lieber die Sache fallen. – Dieß ist nicht ein Sangesbrüder-Ausflug, sondern ein ernst[es] und sehr schwieriges Unternehmen. Bitte, lieber Schalk, sagen Sie dieß gelegentlich den Herrn (denn soweit ich den ,,schwächeren" Theil der Menschheit kenne, braucht der eine solche Unterweisung nicht).

Herzlichen Dank für Ihre Freundschaft. – Also *Donnerstag* um 7 Uhr!

Ihr ergebenster
Mahler

Datierung: Sichtlich während der Vorproben zur Achten Symphonie mit dem Singverein der Gesellschaft der Musikfreunde geschrieben. Schalk hatte mit dem Chor bereits studiert, Proben unter Mahler fanden Ende Mai–Anfang Juni 1910 statt. – *Dr.*

Hofmann: Rudolf H. (1851?–1923), Vorstand des Singvereins. – *Die ganze Confusion hat Gutmann angestellt:* vgl. Mahlers Briefe an Emil Gutmann (S. 67 ff.) und GMB, Neuausgabe, Nr. 447.

16

REGINA-PALAST-HOTEL
MÜNCHEN
MAXIMILIANSPLATZ

[Ohne Datum, zwischen 16. und 26. Juni 1910]

Lieber Freund!
In aller Hetze und Eile nur herzlichsten Dank für Ihre lieben Zeilen. So hoffen wir denn, daß Alles zu einem glücklichen Ende geführt werden kann. In Leipzig fand ich Alles wol vorbereitet – der Chor, 250 Mann stark, *pünktlich* und *voll*zählig erwartete [mich] mit dem Schlag der Glocke. Aber freilich, die Tonschönheit des Wiener Singverein kann er nicht annähernd erreichen. Hier geht alles nach Wunsch.

Es wäre sehr hübsch, Sie hier noch zu sehen.

Herzlichst grüßend und dankend
Ihr
Mahler

Datierung: während des genannten Zeitraums weilte Mahler in München, um Vorproben zur Uraufführung der Achten Symphonie abzuhalten. *In Leipzig:* Mahler war nach den unbefriedigend verlaufenen Chorproben in Wien nach Leipzig gereist, um den Proben des Leipziger Riedel-Vereins, einstudiert von Georg Göhler, beizuwohnen. Bei der Aufführung vereinigten sich der Wiener Singverein, der Leipziger Riedel-Verein und der Münchner Knabenchor.

17 [Ohne Datum. Toblach, Sommer 1910]

Lieber Freund!
Vor allem herzlichsten Dank für Telegramm und für Ihre Depesche u. Brief nach München, die mich sehr beruhigt haben. – Was nun die Probe am 3. September betrifft, so werde ich aus den Mittheilungen Gutmanns nicht klar. – Schließlich erscheint es mir, als ob mein Besuch dem Wiener Singverein in dieser Probe nicht willkommen wäre.

Angeblich, weil die Herren wieder eine so spärlich besuchte Probe befürchten. – Das wäre aber doch scurril; wenn selbst die letzte Probe vor der Abreise nicht einmal anständig besucht wäre. – Ich andererseits muß sehr wünschen noch einmal vor den Generalproben in künstlerischen Verkehr mit dem Singverein zu treten, da die Herren es nun doch durchgesetzt haben, bloß mit 2[?] Probentagen durchzukommen. Ich habe dieß schließlich acceptirt, weil ich Orchester, Soli u[nd] Knabenchor in den vorangehenden Proben so fertig machen kann, daß ich mich dann *nur* mit den Chören beschäftigen kann. – Bitte also, lieber Schalk, theilen Sir mir nun mit, wie es sich mit der mir zugesagten Probe am 3. September verhält, damit ich meine Dispositionen darnach treffen kann.

Was ist es mit der *Verstärkung*[?] Kann ich mit Bestimmtheit auf sie rechnen. – Die Festhalle ist schauderhaft groß. Es verliert sich alles ordentlich darin.

Nun herzlichsten Gruß an Sie und Ihre Gemahlin. – Ich schreibe an die Wiener Adresse, da ich Ihren Sommeraufenthalt nicht kenne.

Ihr sehr ergebener
Gustav Mahler
Toblach a. d. Südbahn

18 [Ohne Datum. Poststempel: Toblach 21. August 1910]

Herrn Hofkapellmeister Franz Schalk in Wien XIII, Hügelgasse 10

Lieber Freund!
Ich habe in einem Schreiben an Gutmann die Mitwirkung der Verstärkung als *unbedingt* unerläßlich erklärt („ziemlich" ist albern und eine Lüge) und meinen *Rücktritt* angemeldet, falls nur ein Mann daran fehlt. Auf diesem Standpunkt stehe ich und werde unter keinen Umständen transigieren. Es war ja immer die oberste Bedingung, die ich gestellt. Ich bitte Sie also, lieber Freund, Alles in diesem Sinne [zu] thun, und sich unbedingt auf meine Garantie zu verlassen, die ich Ihnen hiemit zusichere. Bitte, beruhigen Sie mich bald über diese Angelegenheit. Ich bin in großer Eile.

Mit herzlichstem Gruß
Ihr ergebenster
Mahler

Ihr Telegramm enthielt keine Adresse, ich nahm daher an, daß Sie sich noch in San Martino befinden, und antwortete dahin.

Quelle: Dieser Brief ist im Schalk-Nachlaß nur in Form einer maschingeschriebenen Abschrift erhalten. Rechts unten findet sich in Handschrift folgende Anmerkung: „Mit dem Original gleichlautend: Robert Karrer Jos. L. Lurf(?)." Der maschingeschriebene Brieftext enthält einige kleinere Korrekturen in Handschrift.

19 [Ohne Datum]

Lieber Freund!
Ich werde morgen und übermorgen übers Land fahren (Villen suchen) und schlage Ihnen vor mich Mittwoch zu besuchen. Am liebsten wäre es mir ungefähr 5 Uhr. Wenn Ihnen Tag oder Stunde nicht paßt, so könnten wir telephonisch was anderes abmachen. Ich stehe Ihnen pr. Telephon täglich zwischen 9–10 Uhr zur Verfügung. Jedenfalls bitte ich um Aviso. Mit herzlichsten Grüßen, auch an Ihre Gattin, Ihr ergebenster

Mahler

Datierung: entweder Anfang Juni oder September–Oktober 1910. Mahler suchte damals ein Landhaus in der Umgebung von Wien.

Stephen E. Hefling

GUSTAV MAHLER UND ARNOLD SCHÖNBERG

Ursprünglich war Schönberg kein bedingungsloser Mahler-Verehrer: „Wie kann Mahler bei der IV. etwas können, wo er doch schon bei der I. nichts gekonnt hat", sagte er im Januar 1902 zu Alma Schindler.[1] Mahler hingegen reagierte freundlich auf Schönbergs Sextett „Verklärte Nacht", das von Mahlers Schwager Arnold Rosé und dessen Kollegen uraufgeführt wurde. Wahrscheinlich fand die erste persönliche Begegnung der beiden Komponisten bei einer Probe zur zweiten Wiener Aufführung dieses Werks am 1. März 1904 statt.[2] Im darauffolgenden Dezember hörte Schönberg Mahlers Dritte Symphonie, die seine Einstellung völlig veränderte: Aus dem Saulus war ein Paulus geworden, wie er später einbekannte.[3] Er schrieb an Mahler einen begeisterten Brief: „ich spürte einen Menschen, ein Drama, Wahrheit, rücksichtsloseste Wahrheit!"[4] Wie Brief 1 zeigt, nahm Mahler diese Begeisterung dankbar an und lud Schönberg ein, das Werk nochmals anzuhören.

Im März 1904 gründeten Schönberg und Zemlinsky die *Vereinigung schaffender Tonkünstler,* um „der Musik der Gegenwart in Wien eine ständige Pflegestätte zu bereiten".[5] Mahler erklärte sich bereit, die Ehrenpräsidentschaft zu übernehmen und einige Aufführungen zu dirigieren. Zu den aktiven Förderern der Vereinigung gehörte auch Mahlers Jugendfreund Guido Adler, Professor für Musikgeschichte an der Universität Wien. Adler und Schönberg korrespondierten über manche Probleme der Vereinigung, auch über die Frage, wie man dem Unternehmen die finanzielle Unterstützung des Hauses Rothschild sichern könne. Anfang Januar 1905 wandte sich Schönberg selbst an Rothschild, doch offenbar vergeblich, wie sein Schreiben an Adler zeigt: „. . . der Prokurist empfahl uns, die Vermittlung Mahlers zu verwenden, da er uns sonst wenig Hoffnung machen könne. Wir haben das Mahler mitgeteilt und er hat sich nun in der letzten Zeit neuerdings bereit erklärt, an R. demnächst heranzutreten."[6]

Brief 2 bestätigt, daß Mahler dies wirklich tat, wenn auch mit begrenztem Erfolg. Während dieser Zeit kamen Schönberg und Zemlinsky häufig zu Mahler. Den Erinnerungen Alma Mahlers zufolge gab es auch hitzige Diskussionen, weil sich Schönberg mitunter in

„Paradoxen ärgster Art" gefiel. Dennoch lud Mahler den „eingebildeten Kerl"[7] weiter ein, im Juli 1906 sogar in seine Sommervilla in Maiernigg, doch Schönberg, am Tegernsee weilend, konnte nicht abkommen und mußte sich mit einer Ansichtskarte vom Wörthersee (3) begnügen.

Außer „Verklärte Nacht" hörte Mahler in Wien mindestens drei weitere Schönberg-Werke: „Pelleas und Melisande", aufgeführt von der Vereinigung schaffender Tonkünstler am 25. Januar 1905, sowie das Erste Streichquartett und die Kammersymphonie, op. 9, die von Rosé am 5. respektive 8. Februar 1907 dargeboten wurden. Diese beiden Konzerte wurden von heftigen Protesten des Publikums unterbrochen, wie dies bei Schönberg-Uraufführungen bald üblich wurde. Laut Alma Mahler trat Mahler in beiden Konzerten gegen die Störenfriede auf. Mahler sagte zu seiner Frau: „Ich verstehe seine Musik nicht, aber er ist jung; vielleicht hat er recht. Ich bin alt, habe vielleicht nicht mehr das Organ für seine Musik."[8] Am Tag nach der Aufführung des Streichquartetts schrieb er an Richard Strauss und empfahl ihm das Werk für die nächste Tonkünstlerversammlung des Allgemeinen Deutschen Musikvereins.[9] Sein Brief hatte Erfolg, denn das Rosé-Quartett spielte Schönbergs Werk bereits im Juni 1907 bei der Tonkünstlerversammlung in Dresden.[10]

Vor seiner ersten Reise nach Amerika im Dezember 1907 verbrachte Mahler einen langen und anregenden Abend mit Schönberg und seinen Schülern in Grinzing. Für den Tag der Abreise organisierten drei von ihnen – Karl Horwitz, Heinrich Jalowetz und Anton von Webern – gemeinsam mit Paul Stefan eine Abschiedskundgebung auf dem Bahnsteig des Westbahnhofs.[11] Wahrscheinlich schrieb Mahler unter dem Eindruck dieser Huldigung im Eisenbahnzug die Karte 5.

Schönbergs Schüler gehörten damals zu der kleinen Gruppe von Enthusiasten, die, um Mahler zu hören, auch bereit waren, beträchtliche Entfernungen zurückzulegen.[12] Wie Karte 7 zeigt, waren Alban Berg und Karl Horwitz bei der Uraufführung von Mahlers Siebenter Symphonie in Prag, ebenso wie Otto Klemperer, Arthur Bodanzky und Klaus Pringsheim, junge Dirigenten, denen Mahler weitergeholfen hatte.[13] Schönberg selbst, der nicht in der Lage war, dem Prager Konzert beizuwohnen, hörte die Siebente im Herbst 1909 (unter Ferdinand Löwe) und schrieb an Mahler über seine Eindrücke ausführlich nach Amerika.

„Ich bin jetzt wirklich ganz der Ihrige ... Denn ich hatte weniger als früher die Empfindung von ungemein Sensationellem, etwas, das einen ungeheuer erregt, aufpeitscht, mit einem Worte von etwas, das den Hörer in der Weise bewegt, daß es ihn aus seinem Gleichgewicht bringt . . . Sondern ich hatte den Eindruck einer vollendeten, auf künstlerischer Harmonie begründeten Ruhe.“ [14]

Mahlers Antwort (Brief 9) scheint beträchtliches Einverständnis mit der Reaktion Schönbergs anzuzeigen: „Was Sie mir über Ihre Eindrücke – früher und jetzt – sagen, verstehe ich sehr gut und habe mir es im Grunde genommen immer genau so gedacht.“ Dies ist besonders interessant, wenn man Mahlers Bericht über die laue Aufnahme seiner Ersten Symphonie durch das New Yorker Publikum betrachtet, einem jener frühen Werke, die Schönberg Schwierigkeiten bereiteten. [15]

Das Quartett, von dem Mahler in diesem Brief spricht, ist wahrscheinlich Schönbergs Zweites Streichquartett, op. 10, uraufgeführt vom Rosé-Quartett am 21. Dezember 1908, das Mahler wohl durch die im Selbstverlag erschienene Faksmilepartitur kennenlernte. [16] Er gibt aufrichtig seine Schwierigkeiten zu, Schönbergs Musik zu verstehen, drückt sein Bedauern aus und hofft auf die Zukunft, die ihm mehr Ruhe und Muße geben solle. Weiterhin jedoch trat Mahler unbeirrt für Schönberg ein. Im Frühjahr 1910 richtete er an den Präsidenten der Wiener Musikakademie Karl von Wiener ein Empfehlungsschreiben, in dem er Schönbergs Bewerbung um eine Privatdozentur befürwortete und dessen „eminente didaktische Begabung“ hervorhob. [17] Im Sommer dieses Jahres schickte er dem in Bedrängnis befindlichen Komponisten 800 Kronen. [18] Vor der letzten Fahrt nach Amerika wohnte Mahler Proben zum Zweiten Streichquartett bei, das im Oktober 1910 bei einer Ausstellung von Schönbergs Gemälden in Wien gespielt werden sollte; anonym kaufte er drei Bilder. Schönberg erfuhr erst 1912, wer der geheimnisvolle Käufer der Bilder gewesen war. Am 10. September schrieb ihm Anton von Webern:

„Lieber Herr Schönberg, ich bin tief beglückt, Ihnen Folgendes schreiben zu können.
Ich weiß seit gestern Abend, wer der Käufer Ihrer Bilder war.
Er hat gewünscht, Sie sollten es nicht erfahren.
Jetzt ist er bereits in die ewige Seligkeit eingegangen.
Ich glaube nicht, daß er will, Sie sollten es nie erfahren.
Wenn ja, dann möge er mir verzeihen, daß ich es Ihnen jetzt sage.
Aber es zu wissen, und dies nicht zu thun, ist mir unmöglich.
Ihre Bilder hat Gustav Mahler gekauft. Ihr Webern.“ [19]

Schönbergs Harmonielehre (1911), die Mahler gewidmet ist, und seine leidenschaftliche „Prager Rede" (1912) sind wohlbekannte Zeugnisse seines Glaubens an Mahlers Kunst. Noch 1948 schrieb er zwei wutschäumende Briefe an den amerikanischen Kritiker Olin Downes als Entgegnung auf einen seiner Meinung nach törichten Angriff auf Mahlers Siebente Symphonie.[20] Wie Berg und Webern blieb Schönberg zeitlebens ein glühender Bewunderer des älteren Meisters.

Mahlers Briefe und Karten an Schönberg befinden sich in der Arnold Schoenberg Collection der Library of Congress, Music Division, Washington. Wir möchten dem Sohn des Komponisten, Herrn Lawrence Schoenberg, für die Genehmigung, sie hier zu veröffentlichen, aufrichtig danken.

[1] AM, S. 99. Auch Schönbergs Schüler Anton von Webern stand Mahlers Musik anfangs reserviert gegenüber und wurde später, auch als Dirigent, sein Bewunderer (vgl. Hans und Rosaleen Moldenhauer, *Anton von Webern: Chronik seines Lebens und Werkes,* Zürich 1980, S. 29 f.).

[2] Die Uraufführung von „Verklärte Nacht" hatte am 18. März 1902 in Abwesenheit Arnold Schönbergs stattgefunden; die zweite Wiener Aufführung erfolgte laut „Neue Freie Presse", Morgenausgabe, 1. März 1904, an diesem Tage. Bezüglich Mahlers Reaktion auf dieses Werk siehe Bruno Walter, *Thema und Variationen,* Frankfurt 1960, S. 218.

[3] Arnold Schönberg, *Prager Rede,* in: *Gustav Mahler,* Rainer Wunderlich Verlag, Tübingen 1966, S. 25.

[4] AM, S. 329. Die sieben Briefe Schönbergs an Mahler, die in Alma Mahlers Buch veröffentlicht sind, sind die einzigen, die bisher bekannt wurden. Die Wiener Erstaufführung von Mahlers Dritter Symphonie fand am 14. Dezember 1904 statt und wurde am 22. Dezember wiederholt. Schönberg war in der Generalprobe und möglicherweise schon in vorangegangenen Proben. Sein Brief an Mahler ist mit 12. Dezember datiert (offenbar nach der Generalprobe); Mahler lud ihn zum Konzert am 14. Dezember ein. Vergleiche auch Egon und Emmy Wellesz, *Egon Wellesz. Leben und Werk,* Wien 1981, S. 41 f.

[5] Willi Reich, *Arnold Schönberg,* Wien 1968, S. 33. Weitere Mitglieder der Vereinigung schaffender Tonkünstler waren Gerhard von Keußler (1874–1949), Josef von Wöss (1863–1943), Karl Weigl (1881–1949), Bruno Walter (1876–1962) und Rudolf St. Hoffmann (1878–19??).

[6] Edward R. Reilly, *Gustav Mahler und Guido Adler,* Bibliothek der Internationalen Gustav Mahler Gesellschaft, Wien 1978, S. 41 f. Der Brief ist mit 7. Januar 1905 datiert.

[7] AM, S. 99. Siehe auch Schönbergs Brief an Mahler, AM, S. 365 f.

[8] AM, S. 139. Bruno Walter (*Thema und Variationen,* S. 218) überliefert eine witzige Entgegnung auf Mahlers Ermahnungen: „Bei Ihrer Symphonie habe ich auch gezischt!", bringt diese Szene aber mit dem Sextett „Verklärte Nacht" in Zusam-

Gustav Mahler. Foto von E. Bieber, Hamburg, 1892, mit Widmung für Annie Sommerfeld-Mincieux: »Den Unmündigen / zu verkündigen / ist, wie bestellt, / Frau Sommerfeld! / In Worten, bündigen, / in Thaten, gründigen / wie ein Held! / Nun merk dir's Welt / und höre auf, zu sündigen! / Meiner Evangelistin Frau Annie Sommerfeld in aufrichtiger Freundschaft / Gustav Mahler / Hamburg, Mai 1896.«

Annie Mincieux hat den Namen Sommerfeld später durchgestrichen beziehungsweise überschrieben. (Vgl. S. 119.)

Gustav Mahler dirigiert Siegfried Wagners Oper »Der Bärenhäuter«, Premiere 27. März 1899, II. Akt, 7. Szene.

»Der Bärenhäuter«, III. Akt, letzte Szene. Schattenbilder von Benno Mahler, Wien. (Vgl. S. 219 ff.)

Gustav Mahler. Foto von Dr. Székely, Wien, 1898 (?), mit Widmung für Leo Slezak: »Meinem lieben Slezak, / dem unwiderstehlichen Stolzing, / dem hinreißenden Raoul / etc., etc. (siehe Repertoire) / In Erinnerung an den Triumph am 29. Oktober 1902 / Gustav Mahler.« (Vgl. S. 190.)

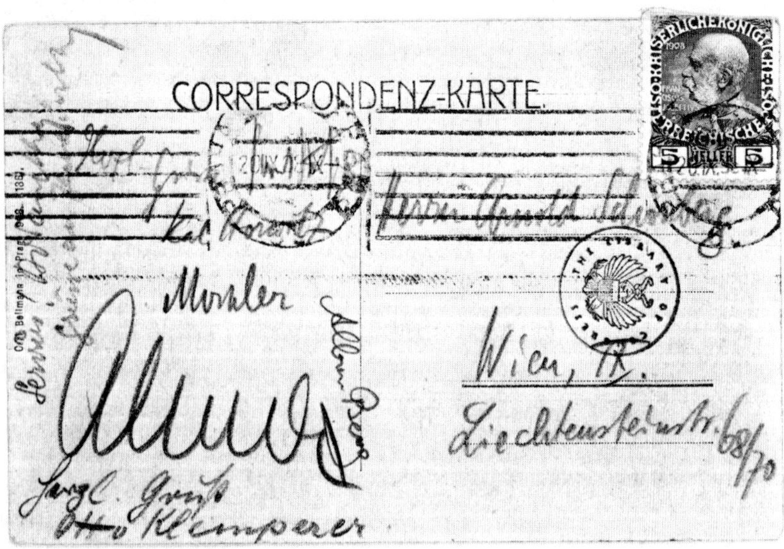

Ansichtskarte aus Prag an Arnold Schönberg. (Vgl. S. 185.)

menhang. Bereits 1909 veröffentlichte Paul Stauber (*Das wahre Erbe Gustav Mahlers,* Wien 1909, S. 40) eine Bemerkung Mahlers über die Kammersymphonie, daß er diese Musik nicht mehr verstehe.

[9] *Gustav Mahler – Richard Strauss. Briefwechsel 1888–1911.* Bibliothek der Internationalen Gustav Mahler Gesellschaft, München 1980, S. 122 f.

[10] H. H. Stuckenschmidt, *Schönberg. Leben, Umwelt, Werk,* Zürich 1974, S. 85.

[11] AM, S. 154 ff.

[12] Schönberg und Webern z. B. hörten die Uraufführung von Mahlers Achter Symphonie in München (12. September 1910); Webern und Berg fuhren zur Uraufführung des „Lieds von der Erde" (München, 20. November 1911); und Schönberg und Webern besuchten 1920 das Mahler-Fest in Amsterdam (siehe Moldenhauer, S. 121, S. 211).

[13] Weitere Anwesende in Prag waren Gerhard von Keußler, Bruno Walter und der aus Rußland stammende Pianist und Dirigent Ossip Gabrilowitsch (siehe AM, S. 176, Bruno Walter, *Thema und Variationen,* S. 245).

[14] AM, S. 441. Das Konzert fand am 3. November 1909 statt.

[15] Mahler dirigierte seine Erste Symphonie in New York am 16. und 17. Dezember. Über die Wirkung der Aufführung vgl. GMB, Neuausgabe, Brief 429 an Bruno Walter.

[16] Josef Rufer, *Das Werk Arnold Schönbergs,* Kassel 1959, S. 9.

[17] Brief ohne Datum, Frühjahr 1910, zitiert nach Reich, *Arnold Schönberg,* Wien 1968, S. 66.

[18] AM, S. 471.

[19] H. H. Stuckenschmidt, *Schönberg. Leben, Umwelt, Werk,* Zürich 1974, S. 133.

[20] Arnold Schönberg, *Ausgewählte Briefe,* herausgegeben von Erwin Stein, Mainz o. J., S. 271 ff.

1

DER DIRECTOR DES
K. K. HOF-OPERNTHEATERS

[Ohne Datum. Poststempel: Wien 13. XII. 04]

Lieber Schönberg!
Herzlichen Dank für Ihre lieben Zeilen, die mich sehr gefreut haben. – Haben Sie für morgen Abend schon einen Platz? Wenn nicht, so holen Sie sich eine solche, die ich für Sie bereithalte im Laufe des Vormittags bei mir im Bureau. –

Falls dieselbe bis 12 Uhr nicht abgeholt ist, so vergebe ich sie dann anderweitig.

Herzlichst
Ihr
M.

2

DER DIRECTOR DES
K. K. HOF-OPERNTHEATERS

[Ohne Datum. Wien, Mitte Januar 1905]

Lieber Schönberg!
Unsere Hoffnungen sind schnell und gründlich zu Wasser geworden! Rothschild läßt mir eben durch seinen Sekretär telephoniren, daß er Ihrem Vereine 1000 *Kronen* zur Verfügung stellt – in Anbetracht dessen, daß er für Musik kein Interesse hat, und daher auch – kein Geld. In sehr verbindlicher – aber ganz apodictischer Art – gegen die jeder Recurs unmöglich. Ich beeile mich, Ihnen diese Hiobspost zu melden, und bedauere, daß ich Ihnen nichts Erfreulicheres mitzutheilen hatte. Die 1000 Kronen stehen Ihnen zur Verfügung, bis Sie sie brauchen! Was nun?

Herzlichst grüßend – in Eile

Ihr
Mahler

Datierung: siehe Einleitung.

3

Villa MAHLER am Wörthersee

[Ansichtskarte. Ohne Datum. Poststempel: Klagenfurt 31. 8. 06]

[In Gustav Mahlers Handschrift:] Gustav Mahler
(zu 2 Händen)
[In unbekannter Handschrift:] ALEX
[In Alma Mahlers Handschrift:] Viele herzliche Grüsse
Alma Maria Mahler
Wien / IX Li[e]chtensteinstr. 70 / Herrn Arn. Schönberg

(zu 2 Händen): Die Ansicht der Karte zeigt Mahlers Haus in Maiernigg, im Vordergrund ein Stück See mit einem Ruderboot, das sich vom Ufer entfernt. Mahlers Scherz *(zu 2 Händen)* könnte andeuten, daß es sich bei dem Ruderer um ihn selbst handelt. – *ALEX:* möglicherweise eine Unterschrift Alexander von Zemlinskys, vielleicht aber auch von Alma Mahlers Hand, die einen Gruß an Zemlinsky aussprach.

4

DER DIRECTOR DES
K. K. HOF-OPERNTHEATERS

[Ohne Datum. Poststempel: 17. XI. 06 ? kaum lesbar]

Lieber Freund!
Heute dürfte es *schwer gehen.* Zur nächsten Vorstellung sage ich es Ihnen bestimmt zu, wenn Sie sich rechtzeitig melden!

Beifolgendes las ich in der *Frankf*[urter] Zeitung; vielleicht interessirt es den Zemlinsky. Herzlichst

Ihr Mahler

Herrn Arnold Schönberg / IX. Liechtensteinstr. 68–70 / Pneumatisch.

Heute dürfte es schwer gehen: vorausgesetzt, daß der Poststempel richtig gedeutet ist, könnte es sich um eine Aufführung von Hermann Götz „Der Widerspenstigen Zähmung" in der Hofoper handeln; die Premiere der Neuinszenierung war am 3. November 1906 gewesen.

5

[Weihnachtskarte. Ohne Datum. Poststempel: Amstetten, Datum unleserlich.]

Die herzlichsten Grüße aus dem Coupé an Sie und alle die jungen Freunde und Freundinnen von Ihrem sehr gerührten

Gustav Mahler

[In Alma Mahlers Handschrift:] Herrn Arnold Schönberg / Wien / IX. Li[e]chtensteinstraße 68–70

Weihnachtskarte: Postkarte Nr. 104 der Wiener Werkstätte. – *Datierung:* vermutlich 9. Dezember 1907. Siehe auch Einleitung. Amstetten liegt etwa 120 km westlich von Wien an der Westbahn.

6

[Ansichtskarte. Ohne Datum. Poststempel: New York. December 24, 1907]

[In Alma Mahlers Handschrift:] Viele herzliche Grüße

Alma Mahler

[In Gustav Mahlers Handschrift:] und Gustav Mahler
Lassen Sie einmal was von sich hören!

[In Alma Mahlers Handschrift:] Europa / Wien – Österreich / IX Liechtensteinstr. 70 / Herrn Arnold Schönberg

Ansichtskarte: zeigt das Trinity Building, New York.

7 [Ansichtskarte. Ohne Datum. Poststempel: Praha, 20 IX 08]

Herzl[iche] Grüße Karl Horwitz [einige weitere Worte unleserlich]
Mahler
Alma
Alban Berg
Herzl. Otto Klemperer
Servus! Bodanzky Grüsse an Zemlinsky[?]

Ansichtskarte: mit Aufdruck: „Gruß aus Prag! Der Wenzelsplatz. – 74." (siehe Seite 180) Auf der Vorderseite noch ein zusätzlicher Gruß an Schönberg: „Herzliche Grüße Klaus Pringsheim". Pringsheim (1883–1972), Schwager von Thomas Mann, unter Mahler Volontär-Korrepetitor am Wiener Hofoperntheater. – *Karl Horwitz:* (1884 bis 1925) österreichischer Komponist und Dirigent, Schüler Arnold Schönbergs von 1904–1908. – *Alban Berg:* (1885–1935) Schönberg-Schüler seit 1904. – *Otto Klemperer:* (1885–1973) Dirigent, seit 1907 in Prag tätig. – *Arthur Bodanzky:* (1877 bis 1939) Dirigent, 1903 als Korrepetitor an der Wiener Hofoper, 1907–1909 in Prag engagiert. – Die unterzeichneten Musiker hatten sich zur Uraufführung von Mahlers Siebenter Symphonie am 19. September 1908 in Prag zusammengefunden.

8 [Ansichtskarte] N[ew] Y[ork] 22. Dec. [19]09

[In Alma Mahlers Handschrift:] Tausend Grüße und Wünsche fürs *neue Jahr* senden in alt-warmer Freundschaft

Alma M. Mahler

[In Gustav Mahlers Handschrift:] und Gustav Mahler
(Über Ihren lieben Brief habe ich mich sehr gefreut – hoffentlich komme ich zu einer Beantwortung [])

[In Alma Mahlers Handschrift:] Austria / Vienna / IX Li[e]chtensteinstr. 68–70 / Herrn Arnold Schönberg

Ansichtskarte: mit Ansicht des Schindler-Denkmals in Wien. Der darauf dargestellte Maler Emil Jacob Schindler war Alma Mahlers Vater.

9 Newyork[!] ? Jänner 1909

Mein lieber Freund Schönberg!
Das war lieb von Ihnen, mir so ausführlich zu schreiben. Was Sie mir über Ihre Eindrücke – früher und jetzt – sagen, verstehe ich sehr gut, und habe mir es [im] Grunde genommen immer genau so gedacht. – Sie sind da ganz anders als ich. Ich lasse mich ohne Bedenken umrennen – ohne Furcht und auf die Gefahr hin, mich an Jemanden zu verlieren. (Ich weiß nämlich innerlich doch genau, daß ich mich schon wiederfinden werde.) – Was liegt eigentlich daran, wer die Werke schreibt. Wenn sie nur zur rechten Zeit da sind. – Von allem Persönlichen etc. wird Ihnen meine Frau berichten. Ich möchte Sie nur [nicht] wieder ohne Antwort lassen – und dieß geschieht sicher, wenn ich nicht augenblicklich schreibe. – Ich lebe hier in einer schrecklichen Hetze. Auf Briefschreiben bin ich gar nicht eingerichtet (Sie sehen, ich habe nicht einmal Briefpapier und benutze das meiner Frau) und muß jeden Augenblick ausnützen. Um so lieber freilich lese ich Briefe und denke oft zu meinen Freunden und unterhalte mich im Stillen mit ihnen. Ihr Quartett habe ich mit und studire es zuweilen. Aber hart wird es mir. Es thut mir so schrecklich leid, Ihnen so schlecht folgen zu können; und hoffe auf die Zukunft, wo ich mal mehr „zu mir“ (also auch zu Ihnen) kommen kann. Mein[e] erste Symph.[onie] ist hier ziemlich durchgefallen – Sie sehen daraus, daß ich hier ziemlich incognito herumwandle. Und wie sehr ich mich eigentlich nach der Heimath sehne (worunter ich nämlich die wenigen Menschen meine, von denen ich verstanden werden möchte und die ich lieb habe.[)] Und dazu zählt Sie in vorderster Reihe

Ihr Freund[?]
Gustav Mahler

Grüßen Sie Freund Zemlinsky! Sind Sie wieder miteinander?

Austria / Herrn Arnold Schönberg / Wien / IX. Liechtensteinstr. 68/70. Absender: Mahler New York Hotel Savoy V Av.

Datierung: charakteristisch für Mahler, der oft das Datum nicht wußte. Der Poststempel lautet: N. Y. January 10, 1910, 8:30 pm. – *Ihr Quartett:* Schönbergs zweites Streichquartett (siehe auch Einleitung). – *Meine erste Symph.:* Mahler bezieht sich auf die New Yorker Aufführungen vom 16. und 17. Dezember 1909.

10 [Postkarte. Ohne Datum. Poststempel: Wien 25. V. 10]

Lieber Freund!
Eben fällt mir ein, daß ich *Montag* abends Probe im Singverein habe! Bitte, telefoniren Sie mich also Dienstag früh an, damit wir etwas verabreden. Leider bin ich diese ganze Woche nicht mehr frei.

Herzlichst Ihr
Mahler

Herrn/Arnold Schönberg/Wien / XIII / 7 Hietzinger Hauptstraße 113

Adresse: Schönberg war Anfang 1910 nach Hietzing übersiedelt. – *Probe im Singverein:* Chorprobe zur Uraufführung der Achten Symphonie (vgl. Mahlers Briefe an Emil Gutmann, S. 79 f., und Franz Schalk, S. 168 ff.).

11 [Ohne Datum]

Lieber Freund!
Also auf Wiedersehen morgen (Freitag) zwischen 9–10 Uhr. Tel. Döbling 348

Herzlichst Ihr
Mahler

Datierung: Jedenfalls nach 1907, vielleicht in Zusammenhang mit Postkarte Nr. 10. – *Tel. Döbling:* vermutlich die Telefonnummer der Villa Moll auf der Hohen Warte.

Stephen E. Hefling

GUSTAV MAHLER UND LEO SLEZAK

Der große Tenor Leo Slezak (1873–1946), der sein Berufsleben als Schlosser begonnen hatte, erreichte schon in jungen Jahren internationalen Opernruhm. Im Jahre 1898 wurde er zu einem Probesingen in die Wiener Hofoper geladen und schrieb später über seine erste Begegnung mit Mahler folgenden Bericht: „Hans Richter am Pult. Lohengrin: Heil König Heinrich . . . Ehe ich beginne, schreit eine Stimme aus dem finsteren Parkett: ‚Sie, ich mache Sie aufmerksam, wenn Sie mir schleppen, jage ich Sie zum Teufel!' Es war Direktor Mahler, der mich so liebevoll ermunterte." [1]

Zu dieser Zeit war der aus Mähren stammende Slezak noch in Brünn engagiert, hatte aber schon einen Dreijahreskontrakt mit dem Königlichen Opernhaus, Berlin, in der Tasche. Mahler wollte ihn vom Fleck weg engagieren. Da aber Ludwig Karpath dies indiskreter Weise in der Presse ausplauderte, war jede Hoffnung auf stillschweigendes Aussteigen aus dem Berliner Vertrag zunichte geworden. [2]

Erst am 23. Januar 1901 erschien der junge Tenor als Gast an der Wiener Oper, wo er als Arnold in Rossinis „Wilhelm Tell" sensationellen Erfolg erntete. Mahler begann sofort einen diplomatischen Feldzug, um ihn schon einige Monate vor Auslaufen des Berliner Kontrakts freizubekommen, und Slezak konnte im September 1901 als Mitglied in die Hofoper eintreten. Sofort wurde ihm eine Reihe dankbarer Partien übertragen, was die Eifersucht seines älteren Fachkollegen Erik Schmedes weckte. [3] Slezak gewann beim Wiener Opernpublikum große Popularität und zählte schon 1905 zu jener Handvoll gefeierter Sänger, die ein gleich hohes Gehalt wie Mahler bezogen. [4]

Mahlers Strenge gegenüber seinem Ensemble ist wohlbekannt. Er konnte, wie Slezak bemerkte, „der grausamste Despot" [5] sein. Im großen und ganzen jedoch scheint die Beziehung zwischen dem Sänger und seinem Direktor höflich reserviert gewesen zu sein und gelegentlich (siehe Brief 3) freundschaftlich. Es gab natürlich Perioden der Spannung: „Er selbst verzehrte sich in heiligstem Arbeitsfeuer, verlangte aber dasselbe auch von uns", schrieb Slezak. „Ich gehe rasend heim, wo ich Elsa [Slezaks Frau] bei allen Heiligen schwöre, daß ich das nicht länger aushalte. Nach einigen Stunden beginnen sich die Gemüter allmählich zu beruhigen, man steht auf dem Theater, er sitzt am Pult und dirigiert, und all die Galle und Empörung schmilzt dahin wie Märzenschnee in warmer Frühlingssonne."[6]

Mahler konnte bei der Feststellung von Unzulänglichkeiten sehr grob sein. So weigerte er sich, Slezak für die Partie des Narraboth in der geplanten (und verbotenen) „Salome"-Inszenierung in Betracht zu ziehen, weil er sich „keine Mühe gibt, sehr schlampig unrhythmisch singt und bei der 3. Vorstellung bereits umschmeißt. Der muß auch bei Troubadour und Arnold bleiben."[7] Slezak war jedoch, wie seine autobiographischen Schriften beweisen, ein Mann von Witz und bezwingendem Humor. Bevor er um eine Begünstigung bat, wie etwa um Urlaub für ein Gastspiel, pflegte er zu warten, bis Mahler bei einer Probe besonders zufrieden war.[8] Und Mahler war auch sichtlich bereit, ihm entgegenzukommen und ihm bei Neuinszenierungen die gewünschten Lieblingsrollen zu übertragen (Eleazar in Halévys „Jüdin", Raoul in Meyerbeers „Hugenotten")[9], wenn Slezak – als Gegenleistung – seinen Weisungen mehr Aufmerksamkeit schenkte (siehe Brief 2).

Die Namen Mahler und Slezak sind in manchen hervorragenden Wiener Aufführungen vereint. Der „Triumph", dessen Mahler auf der Slezak gewidmeten Photographie (siehe Seite 180) gedenkt, war die Premiere der neuinszenierten „Hugenotten". Die *Neue Freie Presse* rühmte Mahlers „Verschmelzung von Musik und Aktion" und Slezaks „vollen Erfolg" in der Partie des Raoul.[10]

Der längste und bedeutendste von Mahlers Briefen an Slezak (3) enthält eine interessante Stellungnahme zu Strichen in Wagner-Aufführungen. Felix von Weingartner, Mahlers Nachfolger an der Wiener Oper, hatte bereits bei seinem Dirigentendebut mahlerfreundliche Demonstrationen befürchtet.[11] Seine erste Vorstellung im Januar 1908 verging jedoch ohne Zwischenfall. Am 17. Juni 1908 hingegen war es so weit: Nachdem die Zeitungen bekanntgegeben hatten, Weingartner werde Wagners „Walküre", die Mahler ungekürzt aufgeführt hatte, mit einschneidenden Strichen darbieten, kam es bei der Vorstellung im Publikum zu Zornausbrüchen, in die sich die Rufe „Hoch Mahler!" mischten. Fünf Personen wurden daraufhin angehalten, darunter zwei Kapellmeister. Die Wiener Zeitungen, die Mahler so häufig angegriffen hatten, benützten nun Mahlers Leistungen, um Kritik an Weingartner zu üben.[12] Sie veröffentlichten auch eine

Polemik zwischen dem Richard Wagner-Verein in Graz und Weingartner, der einen „Offenen Brief" mit einem Paradoxon schloß: „Ich verehre Wagner so hoch, daß ich die Ehre haben muß, mich als einen geradezu enthusiastischen *Anti*-Wagnerianer zu bekennen."[13]

Auch Mahler hatte in der Saison 1907/08 in New York „Die Walküre" sowie zwei weitere Werke von Wagner dirigiert und dabei Kürzungen vorgenommen.[14] Dies war unter anderem durch eine Erklärung bekannt geworden, die Andreas Dippel, einer der Direktoren der Metropolitan Opera, der Wiener Presse gab: „Mahler wird auch den ‚Tristan' dirigieren und er hat – was in Wien jetzt besonders interessieren dürfte . . . einige Striche vorgenommen. Es ist unsere Absicht, im nächsten Jahre Wagner-Opern, in deren Leitung sich Mahler, Hertz und Toscanini teilen werden, in zyklischen Aufführungen ungestrichen, in Einzelaufführungen aber mit Strichen aufzuführen."[15] Zweifellos stützten sich Weingartner und seine Anhänger auf diese Erklärung, wenn sie die Wiener Kürzungen verteidigten.[16]

Mahler war zu jener Zeit in Österreich und kannte die Situation, obwohl er das Opernhaus nicht mehr betrat. Auch seine Darstellung der New Yorker Zustände (in Brief 3 an Slezak) war durchaus zutreffend. Die italienische Oper beherrschte tatsächlich das Repertoire, und Mahler selbst hatte keineswegs soviel Machtvollkommenheit wie in Wien.[17] Diese entmutigende Lage an der Metropolitan Opera bestimmte ihn ein Jahr danach, seine künstlerischen Aktivitäten in New York auf den Konzertsaal zu konzentrieren. Im Sommer 1908 aber, nach seiner ersten New Yorker Saison, hegte er noch hohe künstlerische Erwartungen in bezug auf das deutsche Repertoire in Amerika. Dadurch wird Alma Mahlers Behauptung, ihr Mann habe Striche bei Wagner aus persönlichen Gründen toleriert, äußerst fragwürdig: „Der Tod des Kindes, sein eigenes Leiden. Alles andere verlor daneben etwas an Wichtigkeit."[18]

Slezak debütierte am 5. März 1910 als Hermann in Tschaikowskys „Pique Dame" an der Metropolitan. Dies war die einzige Produktion, die Mahler in der Saison 1909/10 dirigierte. Der Sänger schrieb später einen nachdenklich-melancholischen Bericht über diese – ihre letzte – gemeinsame Arbeit: „Bei den Proben meist er und ich allein. Die anderen kamen oft gar nicht. Selten bekam er sein Ensemble zusammen. Resigniert saß er da, mit mir, ein anderer. Mit Wehmut suchte ich den Feuergeist von einst. – Er war milde und traurig geworden."[19]

Zweifellos zeigten sich Auswirkungen von Krankheit und Enttäuschung. Dennoch muß man sich vor Augen halten, daß Mahler zwischen November und April dieser Saison nicht weniger als neunzig Werke in siebenundvierzig Konzerten des New York Philharmonic Orchestra, einschließlich einer Tournee durch New England, dirigierte.[20] Der Feuergeist war noch nicht erloschen.

Die Briefe an Leo Slezak und die Photographie stammen aus der Sammlung von Walter Slezak (Manhasset, New York), dem Sohn des Sängers, der ein sehr bekannter Filmschauspieler ist. Wir danken Herrn Slezak, daß er diese Dokumente zugänglich gemacht hat. Auch dankt der Herausgeber Prof. Dr. Edward R. Reilly und Dr. Charles Brewer für wichtige Informationen.

[1] Leo Slezak, „Gustav Mahler", in: *Moderne Welt,* Jg. 3 (1921–22), Nr. 7, S. 17.

[2] Ludwig Karpath, *Begegnung mit dem Genius,* Wien 1934, S. 393–97.

[3] Leo Slezak, *Mein Lebensmärchen,* München 1948, S. 104–107. Vergleiche auch HLG, S. 623 und 939/39.

[4] Franz Willnauer, *Gustav Mahler und die Wiener Oper,* Wien 1979, S. 209.

[5] Leo Slezak, *Der Wortbruch,* Berlin 1927, S. 311.

[6] *Moderne Welt,* Jg. 3, Nr. 7, S. 16.

[7] *Gustav Mahler – Richard Strauss. Briefwechsel 1888–1911,* herausgegeben von Herta Blaukopf, Bibliothek der Internationalen Gustav Mahler Gesellschaft, München 1980, S. 102. Vergleiche auch GMB, Neuausgabe, Brief 299.

[8] *Moderne Welt,* Jg. 3, Nr. 7, S. 16.

[9] In: *Mein Lebensmärchen,* S. 51, bemerkt Slezak, daß Eleazar und Raoul schon lange vor seinem Wiener Engagement zu seinen Lieblingsrollen gehörten.

[10] J[ulius] K[orngold], *Neue Freie Presse,* 30. Oktober 1902, Morgenausgabe, S. 10.

[11] Felix von Weingartner, *Lebenserinnerungen,* Bd. 2, Zürich 1929, S. 157–160.

[12] Weingartner, S. 178–180 und 160–162; *Neue Freie Presse,* 17. Juni 1908, Morgenausgabe, S. 14, und 18. Juni, S. 14 sowie 19. Juni, S. 7; *Neues Wiener Tagblatt,* 18. Juni 1908 (M[ax] K[albeck]). Paul Stauber, *Das wahre Erbe Gustav Mahlers,* Wien 1909, S. 52, identifiziert Heinrich Jalowetz (1882–1946) als einen der angehaltenen Kapellmeister. Jalowetz war ein Schüler Schönbergs und ein Bewunderer Gustav Mahlers.
Die „Streichaffaire", auf die Mahler in Brief 3 eingeht, war Teil einer allgemeinen Kontroverse, die Mahlers Abgang von Wien umgab und zwei polemische Publikationen hervorbrachte: *Gustav Mahlers Erbe* von Paul Stefan (München 1908), und als Gegenangriff *Das wahre Erbe Mahlers* von Paul Stauber (Wien 1909).

[13] Siehe Stefan, S. 67–69, und *Neue Freie Presse,* 30. Juni 1908, Morgenausgabe, S. 11.

[14] Marvin von Deck, *Gustav Mahler in New York: His Conducting Activities in New York City,* Ph. D. Dissertation, New York University 1973, S. 99–111.

[15] *Neue Freie Presse,* 2. Juli 1908, Morgenausgabe, S. 12.

[16] Vergleiche Mahlers Brief an Karl Horwitz vom 27. Juni 1908 in: GMB, Neuausgabe, Brief 392. Horwitz war ebenfalls ein Schüler Arnold Schönbergs und Kapellmeister und gehörte neben Jalowetz zu den Organisatoren der Abschiedsdemonstration für Mahler am 9. Dezember 1907 auf dem Wiener Westbahnhof. Möglicherweise war er

der zweite Kapellmeister, der während Weingartners „Walküre" festgenommen wurde. festgenommen wurde.

[17] Von Deck, S. 116, 172 und 222.

[18] AM, S. 167. Kurz nach Mahlers dritter Ankunft in Amerika brachte die *New Yorker Staats-Zeitung,* 21. Oktober 1909, S. 9, ein langes Interview mit ihm, in dem er öffentlich die gleichen Ansichten äußerte wie in Brief 3 an Slezak: er ziehe ungekürzte Wagner-Vorstellungen vor, finde es aber zur Zeit unmöglich, solche in New York darzubieten.

[19] *Moderne Welt,* Jg. 3, Nr. 7, S. 17.

[20] Von Deck, Kapitel 6, besonders S. 176 und 212.

1 Maiernigg am Wörthersee, 30. Aug. [1903]

Mein lieber Herr Slezak!
Ihrem Wunsche gemäß habe ich also Ihr erstes Wiederauftreten auf den 20. August (in Aida) festgesetzt und freue mich sehr Ihnen gefällig sein zu können. Hoffentlich haben Sie Ihren Sommer recht angenehm verbracht und kommen erfrischt und gestärkt wieder zurück. Heuer harren Ihrer sehr schöne und interessante Aufgaben, die Ihnen sicherlich wieder neue Erfolge bringen werden.

Mit herzlichsten Grüßen und der Bitte, mich Ihrer Gemahlin zu empfehlen

Ihr stets ergebenster
Gustav Mahler

Datierung: vermutlich ein Schreibfehler Mahlers. Da der 20. August im Brieftext genannt wird, könnte der Brief am 30. Juli geschrieben worden sein. Daß es sich dabei um das Jahr 1903 handelt, erscheint eindeutig, da während Mahlers Direktionszeit „Aida" mit Slezak nur am 20. August 1903 angesetzt war.

2

DER DIRECTOR DES
K.K. HOF-OPERNTHEATERS

[Ohne Datum. Wien, Spätsommer 1903]

Lieber Herr Slezak!
Herr Wondra hat Ihnen ja doch den Grund gesagt, weshalb Sie den Eleazar erst später singen sollten. Die Jüdin muß aus gewißen Rücksichten Anfang Oktober heraus. – Wenn Sie mir versprechen können, daß das Studium der *Bohême* (übrigens für Sie eine hervorragend schöne Rolle) nicht darunter leidet, so kann es mir nur ein Vergnügen sein, wenn Sie jetzt schon den Eleazar singen. Allerdings habe ich auch in diesem Falle die Bitte, daß Sie bei einer solchen Neueinstudirung meinen Weisungen mit etwas mehr Aufmerksamkeit begegnen, als dieß in der letzten Zeit der Fall war. Außerdem soll im *Dezember* die *Stumme* heraus – und dann dürfen Sie nicht wieder über „Übermüdung" klagen. Also unter allen diesen Voraussetzungen soll es mich sehr freuen, Sie als Eleazar anzusetzen.

Mit besten Grüßen ergebenster
Mahler

Datierung: ergibt sich aus den erwähnten Premieren. – *Eleazar:* Hauptpartie in Halévys Oper „Die Jüdin", Neuinszenierung am Wiener Hofoperntheater am 13. Oktober 1903. – *Herr Wondra:* Chordirektor Hubert Wondra, ein Neffe des Operndirektors Wilhelm Jahn (Mahlers Vorgänger), war der artistische Sekretär des Hofoperntheaters. – *Studium der Bohème:* Puccinis Oper wurde am 25. November 1903 zum erstenmal im Hofoperntheater gespielt. – *die Stumme:* Aubers Oper „Die Stumme von Portici". Eine Neuinszenierung dieses Werks erfolgte erst im Februar 1907.

3 Toblach
Villa Altschluderbach

[Ohne Datum. Sommer 1908]

Verehrter Freund!
Leider muß ich befürchten, daß ich meinen Plan, Sie am Karersee zu besuchen nicht werde ausführen können. Meine kleine Schwägerin, die Tochter der Frau Moll hat sich auf unbegreifliche Weise ein infectiöses Fieber zugezogen, welches, unverständig behandelt, die inneren Ohrwege afficirt und schließlich durch eine Operation auf Tod und Leben (Trepanation) zur Heilung gebracht werden konnte. Die Armen müssen sich nun mit dem lieben Reconvalescenten nach dem *Lido* begeben, wo wir sie in den nächsten Wochen aufzusuchen gedenken. – Ich frage nunmehr an, wann Sie sich auf den Rückweg nach Wien begeben und ob Sie nicht auf Ihrer Route bei uns in Toblach eine Rast machen wollen. Es würde Ihnen und Ihrer Familie hier sicher sehr behagen, und wir würden uns sehr freuen, Ihnen unsere Herrlichkeiten zeigen zu können. –

Was die „Streichaffaire" (wieder einer von den Weingartner'schen Schwabenstreichen) betrifft, so möchte ich bei dieser Gelegenheit ebensowenig als sonst in eine Controverse verwickelt werden. Die Verhältniße von Newyork und Wien sind unvergleichbar. – Ich gehe für 3 Monate an eine Theaterentreprise, welche an und für sich nur für 5 Monate des Jahres berechnet, in ihrer ganzen Organisation eher einer italienischen Stagione gleicht. Und in der That ist die italienische Oper daselbst eigentlich der Kernpunkt des ganzen Unternehmens und die deutsche Oper gegenwärtig mehr geduldet als bodenständig. Ich kann nun, ohne nach berühmtem Muster als Don Quixote aufzutreten, unmöglich in diesem wenigen Wochen Personal, Publikum etc. reformiren wollen und muß mich daher zunächst dem dort üblichen

Streichwesen fügen. Besonders da es vor Allem darauf ankommt, das Publikum, welches durch verwahrloste Aufführungen disgustirt denselben fernbleibt, wieder durch überzeugende Leistungen heranzuziehen und zum Ausharren bis zum Schluß der Vorstellungen zu überreden. –

So that ich es auch, als ich in Wien eintrat; ich hob vor allem das Niveau der Gesamtleistung gehoben [!] und erst allmählig, ohne viel darüber zu reden, beseitigte ich die Striche. – Es geht daher nicht an, daß sich W[eingartner] oder seine Partisanen auf mich berufen, um für sein ganz unqualifizirbares Vorgehen einen Kronzeugen zu gewinnen. –

Sollte ich längere Zeit in New York zu wirken berufen sein, so zweifle ich gar nicht, daß ich mit der fortschreitenden Sanirung der künstlerischen Verhältniße auch die gänzlich *unberechtigten,* und an einem *deutschen Operntheater* gerade *unverzeihlichen* Verstümmlungen der Wagnerschen Werke verhindern werde.

Herzliche Grüße von uns Beiden an Sie Beide. Es wäre lieb, wenn Sie auch mal eine Karte losließen. Was macht denn Ihr lieber Junge?

Ihr ergebenster
Mahler

Datierung: siehe Einleitung. – *Karersee:* Bergsee in Südtirol. – *Meine kleine Schwägerin:* Maria Moll, die Tochter von Alma Mahlers Mutter Anna aus ihrer Ehe mit Carl Moll. – *die „Streichaffaire":* siehe Einleitung.

Sigrid Wiesmann

GUSTAV MAHLER UND EMIL STEINBACH

Der Dirigent Emil Steinbach (1849–1919), dessen Verbindung zu Mahler vermutlich durch seinen jüngeren Bruder Fritz Steinbach (siehe S. 201 ff.) vermittelt wurde, lud Mahler zu Beginn des Jahres 1904 ein, in Mainz seine Vierte Symphonie zu dirigieren. Mahler sagte zu, und die Aufführung konnte bereits am 23. März dieses Jahres stattfinden. Daß die Brüder Steinbach bei dieser (und wohl auch bei anderer) Gelegenheit Hand in Hand arbeiteten, geht deutlich aus den Konzertterminen hervor: Vier Tage nachdem Mahler bei Emil Steinbach in Mainz seine Vierte dirigiert hatte, führte er bei Fritz Steinbach in Köln seine Dritte Symphonie auf. In einem undatierten Brief (24. März 1904) an Alma berichtete Mahler, bereits in Köln, über das Mainzer Konzert: „Gestern also recht gut ausgefallen. Publikum soll recht warm gewesen sein, was ich nicht beurteilen kann. Ein bißchen verdutzt kamen mir die Leute schon vor, was ja kein Wunder wäre. Nachher war es sehr gemütlich bei Steinbach. Ich kam spät nach Hause, mußte aber schon zeitig aus dem Bette, bin mit einem ekelhaften Bummelzug eben hier angekommen und erwarte den hiesigen Steinbach . . ." (AM, S. 296 f.)

Emil Steinbach hatte 1867–69 am Leipziger Konservatorium studiert und anschließend in Karlsruhe bei Hermann Levi. Nach seinem ersten Engagement als zweiter Kapellmeister in Mannheim war er kurze Zeit erster Kapellmeister in Hamburg und ging dann als Hofkapellmeister nach Darmstadt. Mehr als dreißig Jahre seiner Berufslaufbahn, von 1877 bis 1909, wirkte er als Städtischer Kapellmeister in Mainz, wo er mehrere Jahre, von 1899 bis 1903, auch die Direktion des Stadttheaters innehatte. Seinen Ruf als Wagner-Dirigent begründete er mit der ersten öffentlichen Aufführung des „Siegfried-Idylls" und mit frühen Versuchen, die Wagnerschen Musikdramen ungekürzt aufzuführen. 1893 dirigierte er „Tristan und Isolde" und „Siegfried" an der Covent Garden Opera in London.

Mahler schätzte Emil Steinbach sehr hoch, denn er schrieb (vermutlich am 23. März 1904) aus Mainz an seine Frau: „Es ist ein Vergnügen anzuschauen, wie die Leute von Probe zu Probe immer entzückter sind. Steinbach, der im Anfang sehr zugeknöpft war, ist jetzt ganz aufgethaut, und so warm und herzlich, daß es eine Freude ist. – Da habe ich wieder einen sehr großen und wichtigen Anhänger gewonnen.“ (AM, S. 332)

Die drei erhaltenen Briefe von Mahler an Emil Steinbach befinden sich in der Pierpont Morgan Library (The Mary Flagler Cary Collection), New York, der wir an dieser Stelle für die Abdruckgenehmigung danken. Mahlers Mitteilungen dienen zur Vorbereitung der Aufführung der Vierten Symphopnie und zeigen anschaulich, wie und zu welchen Bedingungen er zu dieser Zeit seine Werke in Deutschland präsentierte.

1 [Ohne Datum. Wien, Januar 1904]

Verehrte[r] Herr College
Ich werde Ihnen sehr gerne zur Verfügung stehen, wenn ich es hier nur irgendwie einrichten kann. Über die „Bedingungen“ bitte ich um Ihre Vorschläge, da ich Ihre Gepflogenheiten nicht kenne, und auch nicht weiß, wie und von wem die Concerte fundirt sind. Vielleicht existirt als Maßstab ein Praecedenzfall (Strauss etc.) – Auch ich werde mich sehr freuen, wenn ein langgehegter Wunsch mir in Erfüllung geht, Sie kennen zu lernen. Ich müßte allerdings auch bitten, daß Sie die Vorproben übernehmen, und mir das Werk für eine oder 2 Proben fertig stellen. (hauptsächlich die Streicher haben sehr schwierige Aufgaben, und müßten speciell geschult werden.) Wer ist für das Sopransolo ausersehen? Es muß eine Sängerin sein, die eines kindlichen naiven Ausdrucks fähig ist, und besonders *gut* ausspricht! Verzeihen Sie meine Eile, und nehmen Sie herzlichsten Dank von Ihrem sehr ergebenen

Mahler

Datierung: mit ziemlicher Sicherheit Januar 1904, weil Steinbachs Antwort wegen Mahlers Konzerten in Heidelberg und Mannheim (siehe Brief 2), die am 1. und 2. Februar 1904 stattfanden, einige Zeit unbehandelt liegen blieb. – *das Sopransolo:* die Solistin war Stephanie Becker. Mahler schrieb nach der Generalprobe an seine Frau: „Alles geht recht gut, das Sopran-solo ist mit einem Fräulein Becker, einer Concertsängerin aus Köln, famos besetzt.“ (AM, S. 332)

2 [Ohne Datum. Wien, Anfang Februar 1904]

Verehrter Herr College!
Entschuldigen Sie, daß ich Ihnen erst heute antworte – ich komme eben von einer längeren Reise zurück, die mich auch in Ihre Nähe gebracht. (Mannheim und Heidelberg). – Ich erkläre mich also mit der mit [!] angebotenen Reiseentschädigung von 200 Mk einverstanden und werde mich am 22. März zur Probe einfinden. Sie werden vielleicht so lieb so [!] sein, Ihre Vorbereitungen für das Concert so zu treffen, daß Sie mir diese meine erste Probe ganz überlassen können; und da Sie so freundlich sein wollen, die Vorbereitungen für mein Werk selbst zu übernehmen, so bin ich überzeugt, daß diese einzige Probe für meine Zwecke vollauf genügen wird.

Mit herzlichstem Gruße Ihr sehr ergebener Gustav Mahler

Datierung: aufgrund des Hinweises auf die Aufführungen der Dritten Symphonie in Heidelberg und Mannheim (siehe Brief 1). – *Ihre Vorbereitungen für das Concert:* in dem Mainzer Konzert vom 23. März 1904 wurden neben Mahlers Vierter Symphonie (dirigiert von Mahler) noch folgende Werke unter der Leitung von Emil Steinbach aufgeführt: Klavierkonzert in d-moll von Anton Rubinstein und die Dritte Leonorenouvertüre von Beethoven. Joseph Hofmann, der Solist des Rubinstein-Konzertes, spielte außerdem Werke von Chopin, Stephanie Becker, die Solistin in Mahlers Symphonie, sang Lieder von Schumann, Mendelssohn und Schubert.

3 [Ohne Datum. Wien, vor dem 21. März 1904]

Verehrter Herr College!
Ich komme also Montag, 21. d. M. in Mainz an (am Nachmittag) und bitte, mir freundlichst im Laufe des Nachmittags oder des Abends eine Soloprobe mit der Sängerin des 4. Satz[es] vorzubereiten. Sie sind so lieb mir in den „Holländischen Hof", wo ich absteigen [werde], sagen zu laßen, wo ich Sie im Laufe des Tages sprechen kann. Mit herzlichsten Grüßen Ihr ergebenster

Mahler

Sigrid Wiesmann

GUSTAV MAHLER UND FRITZ STEINBACH

Bald nach der Uraufführung von Mahlers Dritter Symphonie am 9. Juni 1902 in Krefeld scheint sich der Städtische Musikdirektor von Köln, Franz Wüllner (1832–1902), an den Komponisten gewandt und eine Aufführung dieses Werks in der Kölner Oper in Aussicht gestellt zu haben. Mahler sagte freudig zu, obwohl er Bedenken hatte, das Werk „der Akustik eines Theaters . . . auszusetzen".[1] In der Originalausgabe von „Gustav Mahler Briefe"[2] wird als Adressat dieses Schreibens irrigerweise Wüllners Nachfolger Fritz Steinbach genannt. Erst durch Knud Martners Untersuchungen[3] konnte festgestellt werden, daß Mahlers respektvolle Zeilen an Franz Wüllner, den großen alten Herrn unter den deutschen Dirigenten, gerichtet waren. Wüllners unerwarteter Tod im September 1902 scheint die damals geplante Aufführung verhindert zu haben, sein Nachfolger Fritz Steinbach (1855–1916) jedoch griff das Vorhaben bald nach seinem Amtsantritt als Städtischer Musik- und Konservatoriumsdirektor und Leiter der Gürzenich-Konzerte wieder auf, und Mahler konnte am 27. März 1904 in Köln seine Dritte Symphonie vorstellen.

Fritz Steinbach hatte am Leipziger Konservatorium studiert, wo er den Kompositionspreis der Frankfurter Mozartstiftung errang, und seine Ausbildung bei Vinzenz Lachner in Karlsruhe und bei Gustav Nottebohm in Wien fortgesetzt. Seine wichtigsten Stationen als Kapellmeister waren Mainz und Meiningen, wo er als Hofkapellmeister, später sogar als Intendant der berühmten Hofkapelle wirkte, die einst Hans von Bülow geleitet hatte. Durch seine Berufung nach Köln wurde Steinbach, der vor allem als Brahms-Dirigent gerühmt wurde, der einflußreichste Mann in diesem Musikzentrum, das auch in Mahlers musikalischer Biographie eine Rolle spielen sollte.

Die Briefe von Mahler an Fritz Steinbach sind im Besitz der Library of Congress, Washington, USA, der wir für Autographkopien und Abdruckgenehmigung zu Dank verpflichtet sind. Brief 1 bereitet die erwähnte Aufführung von Mahlers Dritter Symphonie vor. Mahler traf, aus Mainz kommend (siehe auch die Briefe an Emil Steinbach, S. 197 ff.), am 24. März 1904 in Köln ein und scheint sich mit Steinbach sofort angefreundet zu haben. Nach einer der ersten Proben schrieb er an seine Frau nach Wien: „Nun also: der Fritze (Steinbach) ist nu ganz wech mit mir! Das Orchester entzückend, es ist eine wahre Freude! Chor war auch schon da: famos! Nur das Alt-Solo habe ich noch nicht gehört; ich probire jetzt (um 6 Uhr). – Das Schönste ist, ich habe die Uraufführung meiner V. Steinbach versprechen müssen . . ."[4]

Steinbachs Interesse für die Fünfte Symphonie kam Mahler nicht ganz unerwartet, denn er hatte in einem schon vor der Reise nach Köln geschriebenen Brief an den Verlag C. F. Peters in Aussicht gestellt, daß es dort zu einer Abmachung über die Uraufführung kommen könnte.[5] Daraus läßt sich schließen, daß es schon vor Brief 1 Korrespondenz zwischen Mahler und Fritz Steinbach gegeben hat, die freilich bisher nicht aufgefunden worden ist.

Die Briefe 2–5 geben Einblick in die Probleme und Schwierigkeiten, die der Uraufführung der Fünften Symphonie am 18. Oktober 1904 vorangingen. Sie bilden eine wichtige Ergänzung zu Mahlers Korrespondenz mit dem Leipziger Verlag C. F. Peters[6], der die Fünfte Symphonie erworben hatte. Das Werk wurde bei der Kölner Uraufführung zwiespältig aufgenommen. „Jeder Satz hat seine Liebhaber und seine Feinde", schrieb Mahler (vermutlich am 19. Oktober 1904) an seine Frau.[7] Obwohl auch, wie sich bald herausstellte, die Kritiken durchaus nicht sehr günstig waren, meldete sich Fritz Steinbach schon wenige Monate später aufs neue bei Mahler, um wegen einer Aufführung seiner Orchesterlieder in Köln zu unterhandeln (Briefe 6 und 7).

Damit endete offenbar die persönliche Beziehung zwischen Mahler und Fritz Steinbach, nicht jedoch die geistige Auseinandersetzung des Dirigenten Steinbach mit Mahlers Werk. Beim 84. Niederrheinischen Musikfest dirigierte er am 7. Juni 1913 eine Aufführung von Mahlers Achter Symphonie.

[1] GMB, Neuausgabe, S. 275 f.

[2] GMB, 1924, S. 308 f.

[3] *Selected Letters of Gustav Mahler,* hrsg. v. Knud Martner, London 1979, S. 265 f. und 434 f.

[4] AM, S. 296.

[5] Eberhardt Klemm, *Zur Geschichte der Fünften Sinfonie von Gustav Mahler.* Der Briefwechsel zwischen Mahler und dem Verlag C. F. Peters und andere Dokumente, in: Jahrbuch Peters 1979, Leipzig 1980 (abgekürzt zitiert: Klemm), S. 29 f.

[6] Klemm, siehe oben.

[7] AM, S. 312 f.

1

DER DIRECTOR DES
K.K. HOF-OPERNTHEATERS

[Ohne Datum. Wien, März 1904]

Verehrtester Herr College!
Da ich im Laufe dieser Woche meine Dispositionen treffen muß, bitte ich Sie um freundliche Angabe, wie es sich mit der Probe am Donnerstag (24.) verhält, um die ich möglichenfalls gebeten, und von welcher Sie andeutungsweise in Ihrem letzten Briefe gesprochen. –

Das Material ist ja bereits an Sie abgegangen, und erlaube ich mir, darauf aufmerksam zu machen, daß in der Partitur mit *rothe[r] Dinte* eine ganze Anzahl von *Änderungen* angegeben sind, die Sie wol so gütig sind, in den Orchesterstimmen eintragen zu laßen. – Auch in *Nro 5* bitte ich gefälligst Einsicht zu nehmen. – Es sind für die Damen *2 Eintragungen* vorgenommen. (weil erfahrungsgemäß die Soprane *allein* nicht ausreichen). Sie laßen sich leicht bewerkstelligen; die Stelle „geht in die Ohren". Ich möchte Ihnen vorschlagen, daß Ihr *1. Trompeter* das *Piston*-Solo auf der Trompete übernimmt – sodaß er im 1., 3., u. 6. Satz beschäftigt und in den übrigen pausiren und ausruhen könnte. – Seinen Part müßte natürlich in den anderen Sätzen ein anderer guter Trompeter übernehmen. – Es hat sich diese Maßnahme als sehr vortheilhaft erwiesen. –

Mit herzlichsten Grüßen Ihr sehr ergebener

Mahler

Datierung: aufgrund des Probentermins am 24. März 1904. Das Konzert (11. Gürzenich-Konzert) fand am 27. März statt; auf dem Programm stand nur Mahlers Dritte Symphonie. Das Altsolo sang Marie Hertzer-Deppe. – *in Nro 5:* 5. Satz der Dritten Symphonie mit Knaben- und Frauenchor. – *das Piston-Solo:* gemeint ist das Posthornsolo im 3. Satz. Mahler hat dieses Solo im Lauf der Jahre verschiedenen Instrumenten zugewiesen: 1. Trompete in B respektive Flügelhorn (im Partiturautograph), Flügelhorn (Erstausgabe), Piston (Revision der Erstausgabe), Posthorn (weitere Revision der Erstausgabe).

2

DER DIRECTOR DES
K.K. HOF-OPERNTHEATERS

[Ohne Datum. Wien, Ende März/Anfang April 1904]

Verehrter Freund!
Ich bin ganz ärgerlich über das Misverständniß, das der hiesige Materialverwalter in seiner „Beamtenhaftigkeit" verursacht und wegen einer solchen Lappalie einen Schriftenwechsel mit Köln eingeleitet hat, ohne mir ein Wort davon zu sagen. Entschuldigen Sie, bitte, die Belästigung, die Ihnen eventuell daraus entstanden. – Was meine V. betrifft, so habe ich an Peters berichtet, der Ihnen am 1. Juni die Orchesterstimmen einsenden wird. Ich sende Ihnen seinen Brief ein, aus dem Sie eine Bedingung ersehen, die er stellt. – Ich bitte Sie, freundlichst mir gelegentlich – aber jedenfalls bis zum Juni, mitzutheilen, ob Sie, und wann Sie den Termin festgesetzt haben, da ich hier noch vor Antritt meines Urlaubes meine Dispositionen zu treffen habe. Auch wäre es nöthig, sich bei Zeiten das Aufführungsrecht von der Berliner Gesellschaft zu erwerben. Sollten Sie meine Intervention hiezu benöthigen, so bitte ich, über mich zu verfügen. – Ich betone nochmals, daß es meinen Intentionen entschieden zuwider laufen würde, wenn etwa von der Berliner Seite für eine solche Uraufführung exceptionelle Bedingungen gestellt würden. Und wollen Sie auch nach dieser Richtung über mich verfügen.

Obwol zwischen uns davon natürlicherweise nicht die Rede war, so nehme ich an, daß die Bedingungen, unter denen ich für dieses Concert bei Ihnen engagirt bin, die gleichen sein werden, wie bei der früheren Gelegenheit.

Wie gerne erinnere ich mich noch immer an die lieben, und anregenden Tage, die ich in Ihrer Gesellschaft in Köln verlebt habe, und freue [mich] schon auf die nächsten.

Haben Sie nun nachträglich noch herzlichsten Dank für Gastfreundschaft, die ich in Ihrem Hause genossen, und empfehlen Sie mich bestens Ihrer lieben Frau.

Seien auch Sie herzlichst gegrüßt von Ihrem freundschaftlich ergebenen

Mahler

Der junge Leuer hat hier famos bestanden, und dem Kölner Conservatorium Ehre gemacht.

Bitte, wie ist denn die Adresse des *Glockenlieferanten.* Die von Ihrem Bur[e]au angegebene ist falsch, und der Brief unter derselben als *unbestellbar* zurückgekommen!

Datierung: Am 29. März 1904 schrieb Mahler aus Wien an Peters, daß Steinbach die Uraufführung der Fünften Symphonie im 1. Gürzenich-Konzert der nächsten Saison plane und bis 1. Juni die Orchesterstimmen benötige. Peters antwortete am 30. März (Klemm, S. 30 f.) – *das Misverständniß:* ungeklärt. – *Ich sende Ihnen seinen Brief:* offensichtlich der Brief von Peters an Mahler vom 30. März, in dem Peters verlangte, daß das Orchestermaterial zur Fünften Symphonie durch eine „Kölner Handlung" bezogen werde. – *Berliner Gesellschaft:* die Genossenschaft deutscher Tonsetzer, eine Urheberrechtsgesellschaft, der Mahler 1903 beigetreten war. – *Der junge Leuer:* Hubert Leuer, Absolvent des Kölner Konservatoriums, dem Steinbach vorstand. Leuer wirkte von 1904 bis 1920 als Tenor an der Wiener Oper. – *die Adresse des Glockenlieferanten:* möglicherwiese handelte es sich um das Glockenspiel, das in der Fünften Symphonie benötigt wird.

3

DER DIRECTOR DES
K.K. HOF-OPERNTHEATERS

[Ohne Datum. Wien, Anfang Juni? 1904]

Hochverehrter Herr College!
Wie Sie ja wissen, habe ich leider gar keinen Einfluß in dieser Sache. Meine Aufführungsrechte habe ich der „Genossenschaft" übertragen, und mich in Folge dessen jeder eigenen Initiative begeben. – Hoffentlich wird bis dahin ein anderer Rath geschafft sonst müßte ich zu meinem größten Leidwesen auf unser, mir sehr lieb gewordenes Vorhaben verzichten. In jedem Falle möchte ich Sie bitten, mir baldigst eine definitive Nachricht zukommen zu laßen, da ich meine Dispositionen hier rechtzeitig treffen muß. – Mit herzlichstem Dank und Grüße
Ihr sehr ergebener

Gustav Mahler

Hoffentlich habe ich mich nicht umsonst gefreut?!

Datierung: Am 3. Juni 1904 empfahl Peters, Mahler möge an Steinbach schreiben und diesen um „definitive“ Nachricht ersuchen. In seiner Antwort (vermutlich 4. Juni) versprach Mahler dem Verleger: „Ich werde also sofort an Steinbach schreiben.“ (Klemm, S. 32 f.) – *„Genossenschaft“:* vgl. Brief 2. – *unser, mir sehr lieb gewordenes Vorhaben:* die Uraufführung der Fünften Symphonie in Köln.

4

DER DIRECTOR DES
K.K. HOF-OPERNTHEATERS

[Ohne Datum. Wien, Ende September–Anfang Oktober 1904]

Verehrter Freund und College!
Vor allem herzlichsten Dank für die angenehme Nachricht! Ich werde Donnerstag Nachmittag in Köln ankommen und stehe Freitag zur ersten Probe zur Verfügung. – Ich habe hier mein Werk durchgespielt, und eine Menge kleiner Retouchen gemacht. Ich fand vor allem das Schlagwerk etwas überladen, und nicht überall die gewünschte Deutlichkeit erzielt. Nun hoffe ich, werden Sie auch zufrieden sein. – Die Bläser sandte ich nach Leipzig, von wo sie zur rechten Zeit die gedruckten Stimmen erhalten werden. Die *Streicher,* die ich sorgfältig corrigiren ließ, sende ich unter Einem an Sie nach Cöln. – Wie heißt dieses Hôtel, in dem wir nach dem Conzert nachtmahlten? Ich möchte da mein Zimmer bestellen. Viele herzliche Grüße an Sie und Ihre liebe Frau – Auf baldiges Wiedersehen! Ihr getreuer

Mahler

Datierung: Mahler hatte die Fünfte Symphonie in der zweiten Septemberhälfte mit dem Wiener Hofopernorchester (Wiener Philharmoniker) durchgespielt, wovon er dem Verlag Peters in einem Brief (vermutlich 27. September) berichtete. (Klemm, S. 41). – *Donnerstag:* der 13. Oktober 1904. – . . . *werden Sie auch zufrieden sein:* Diese Bemerkung läßt darauf schließen, daß zwischen den hier vorliegenden Briefen 3 und 4 weitere Briefe zwischen Mahler und Steinbach ausgetauscht wurden, die jedoch bisher nicht aufgetaucht sind. Auch Mahlers Briefe an Peters wiesen auf zusätzliche Korrespondenz zwischen Mahler und Steinbach hin.

5

DER DIRECTOR DES
K.K. HOF-OPERNTHEATERS

[Ohne Datum. Wien, Anfang Oktober 1904]

Verehrtester Freund!
Ich mache also von Ihrer Güte Gebrauch und bitte Sie, mir im *Dombotel* ein *ruhiges* Zimmer, (am liebsten im letzten Stock) mit *2 Betten* zu bestellen. Meine Frau kommt zwar erst zur *General*probe; ich möchte aber doch dann nicht erst wechseln müssen. – Sie laßen Sie [!] mich durch ein Billet wol wissen, wo ich Sie um 6 Uhr aufsuchen soll. Vielleicht im Conservatorium? Es wäre ganz nett, dann zusammen in's Theater zu gehen.

Die einzelnen Sätze haben folgende Überschriften.

1. Abtheilung

Nr. 1. Trauermarsch
Nr. 2. Stürmisch bewegt. Mit grösster Vehemenz.

2. Abtheilung

Nro 3. Scherzo

3. Abtheilung

Nro 4. Adagietto
Nro 5. Rondo – Finale

Schließlich bitte ich noch mir für das Concert freundlichst 3 gute Plätze (d. h. solche wo man *gut* hört) zu reserviren. Es dürften allerdings von draußen noch eine Anzahl Interessenten auf dem Schauplatz erscheinen, die wol alle befriedigt werden sollten. Z. B. hat sich mir mein Verleger mit Frau, Kapellmeister Fiedler aus Hamburg etc. – angekündigt. Bei der geringen Anzahl disponibler Plätze bin ich in einiger Sorge für diese Outsider. Hoffentlich werden sie die Reise nicht umsonst gemacht haben.

Die allerherzlichsten Grüße an Sie und Ihre verehrte Frau von Ihrem

sehr ergebenen
Mahler

Datierung: offensichtlich nach Brief 4 geschrieben (Zimmerreservierung!). – *Meine Frau kommt zwar erst zur Generalprobe:* Alma Mahler kam weder zur Generalprobe am 17. Oktober noch zur Uraufführung (vgl. AM, S. 311 f.). – *für das Concert:* am 18. Oktober 1904. Das Programm umfaßte neben Mahlers Fünfter Symphonie Vokalwerke von Schubert und die Dritte Leonorenouvertüre von Beethoven unter der musikalischen Leitung von Fritz Steinbach. – *mein Verleger:* Henri Hinrichsen (1868–1942),

Inhaber des Verlages C. F. Peters in Leipzig. – *Kapellmeister Fiedler:* Max F. (1859–1939), mit Mahler aus dessen Hamburger Zeit bekannt. Fiedler wirkte 1882–1908 als Lehrer am Konservatorium in Hamburg und dirigierte ab 1904 die Philharmonischen Konzerte. 1908–1912 Leiter des Boston Symphony Orchestra. Seiner Einladung folgend brachte Mahler bereits am 13. März 1905 die Fünfte Symphonie in einem Hamburger Philharmonischen Konzert.

PROGRAMM.

1. GUSTAV MAHLER: Fünfte Sinfonie.

I. Abteilung:

Nr. 1. Trauermarsch — attacca.

Nr. 2. Stürmisch bewegt. Mit größter Vehemenz.

II. Abteilung:

Nr. 3. Scherzo.

III. Abteilung:

Nr. 4. Adagietto. Nr. 5. Rondo — Finale.

Uraufführung unter persönlicher Leitung des Komponisten.

Pause von 15 Minuten.

Programm des ersten Gürzenich-Konzerts, 18. Oktober 1904 in Köln.

6

DER DIRECTOR DES
K.K. HOF-OPERNTHEATERS

[Ohne Datum, Wien, Frühjahr 1905]

Verehrter Freund!
Das Orchestermaterial zu meinen Liedern erscheint in den nächsten Wochen bei *Kahnt* in Leipzig, bis auf diejenigen Gesänge, die schon bei *Weinberger* erschienen sind. – Herr Weidemann steht zur Verfügung, wenn der Termin nicht [mit] dem Opernrepertoir collidirt.

Ich empfehle zur Aufführung die „Kindertodtenlieder", die ungefähr *20 Minuten* dauern. – Falls Sie noch eine 2. Nummer wünschen, werde ich Ihnen noch weitere Vorschläge machen.

Die 6. übergebe ich im Herbst dem Verleger.

Ich schreibe diese Zeilen in aller Eile vor dem Aufbruch zu einer größeren Tour und grüße Sie und Ihre liebe Frau (auch von meiner Frau) vielmals Ihr altergebener

Mahler

Datierung: Der Hinweis auf das Erscheinen der Lieder, die bei C. F. Kahnt im Juli respektive August 1905 (lt. Hofmeister-Bericht) herauskamen, macht das Frühjahr 1905 wahrscheinlich. Mit der „größeren Tour" könnte Mahlers Reise nach Straßburg im Mai gemeint sein. – *bei Kahnt:* In diesem Verlag erschienen die Rückert-Lieder sowie die zwei späten „Wunderhorn"-Lieder und kurz danach die „Kindertotenlieder". – *bei Weinberger:* Im Verlag Weinberger waren 1897 die „Lieder eines fahrenden Gesellen" und 1899–1900 die Lieder aus „Des Knaben Wunderhorn" mit Orchester erschienen. – *Herr Weidemann:* Friedrich W. (1871–1919), Bariton, 1903 von Mahler an die Wiener Hofoper engagiert, sang am 29. Januar 1905 in Wien die Uraufführung der „Kindertotenlieder". – *Die 6.:* Mahlers Sechste Symphonie erschien im Frühjahr 1906 bei C. F. Kahnt, Leipzig.

7

[Korrespondenzkarte ohne Datum. Poststempel:
Klagenfurt 16. VI. 05. Poststempel: Cöln 18. 6. 05.]

AN Herrn Generalmusikdirektor
Fritz Steinbach
IN Köln

Verehrter Freund!

Eben erhalte ich Ihr Telegramm hieher nachgesandt, mit dem Bemerken, daß es nicht möglich war Ihren Wünschen [zu] entsprechen, und daß Ihnen auch in diesem Sinne geantwortet werden mußte. Ich bin seit einigen Tagen schon in meinem Sommertusculum eingekehrt, und bedauere herzlichst, daß wir Sie in dieser Patsche (in der wir uns allerdings schon seit einem Monate selbst befinden) stecken lassen müßen: dummer Zufall, denn Weidemann hat noch nie abgesagt. Herzlichste Grüße an Sie und Ihre Frau von Ihrem freundschaftlich ergebenen

Mahler

in meinem Sommertusculum: Mahlers Villa in Maiernigg am Wörthersee. – *in dieser Patsche:* Friedrich Weidemann, den Mahler für die von Steinbach geplante Aufführung der „Kindertotenlieder" empfohlen hatte, war Anfang Juni 1905 erkrankt und auch in den Wiener Opernvorstellungen nicht aufgetreten. Das Konzert konnte jedoch nachgeholt werden: im 6. Gürzenich-Konzert am 9. Januar 1906 sang Weidemann unter Fritz Steinbachs Leitung in Köln die „Kindertotenlieder".

Eduard Reeser

GUSTAV MAHLER UND COSIMA WAGNER

Am 20. Januar 1888 erlebte der damals siebenundzwanzigjährige Gustav Mahler – seit August 1886 als 2. Kapellmeister am Neuen Stadttheater in Leipzig verpflichtet – seinen ersten (und für lange Zeit letzten) Triumph als schöpferischer Musiker. Zwar mußte bei der Uraufführung der von Carl Maria von Weber unvollendet nachgelassenen komischen Oper „Die drei Pintos" verborgen bleiben, wie groß Mahlers Anteil an der endgültigen Gestalt des Werkes war, aber es bedeutete an sich schon eine besondere Wertung seiner Leistung, daß nur Eingeweihte eine Ahnung davon haben konnten, wo die „Weberei" aufhörte und die „Mahlerei" begann – um Hans von Bülow zu zitieren, der übrigens das ihm von seinem jungen Schützling Richard Strauss begeistert empfohlene Werk nach der Lektüre des bei C. F. Kahnt erschienenen Klavierauszugs irritiert ablehnte. Viele namhafte Dirigenten und Musikkritiker befanden sich im Saal (selbst Eduard Hanslick war aus Wien angereist); aus ganz Deutschland waren die Intendanten und Direktoren der Operntheater erschienen (sogar der Manager der Metropolitan Opera in New York hatte sein Kommen angekündigt), und die meisten von ihnen entschlossen sich spontan, die vom Publikum ovationell begrüßte Novität in ihren eigenen Spielplan aufzunehmen. Das sächsische Königspaar war speziell zu dieser Vorstellung nach Leipzig gekommen und unterhielt sich während der Pause ausschließlich mit Mahler, wie dieser in seinen freudigbewegten Briefen an seine kränklichen Eltern in Iglau voller Stolz berichtete und hinzufügte: „Jedenfalls bin ich vom heutigen Tag an ein ‚berühmter Mann'. Kapellmeister Levi von Bayreuth war auch da, und gegen mich furchtbar enthusiastisch. Er erzählte mir auch, daß Cosima Wagner an ihn über mich einen vier Seiten langen Brief geschrieben hatte."[1]

Diese letzte Mitteilung klingt nicht völlig glaubwürdig, wenn man weiß, daß Cosima Wagner sich noch am 19. Juni 1889 in einem Brief an Hermann Levi wie folgt über Mahler äußerte: „Kapellmeister Mahler kenne ich. Ich habe einen ‚Tannhäuser' von ihm gehört; die Vorstellung war schlimmer als ich jetzt für möglich gehalten hatte, nachdem so viel bekannt geworden ist; aber er selbst machte mir einen nicht ganz unbedeutenden Eindruck."[2] Und anderthalb Jahre früher ein vier Seiten langer Brief über diesen „nicht ganz Unbedeutenden"? Dennoch muß Cosima ihrer ersten Begegnung mit Mahler[3] anläßlich der „Tannhäuser"-Aufführung in Leipzig am 13. November 1887 mit positiven Erwartungen entgegengesehen haben; im Juli 1887 hatte sie Felix Mottl (neben Hermann Levi und Hans Richter „Hausdirigent" in Bayreuth) berichtet, daß der Verwaltungsrat Adolf Grossmann – dem hauptsächlich das materielle Fortbestehen der Bayreuther Festspiele nach Wagners Tode zu verdanken ist – in Leipzig einer Aufführung von „Rienzi" beigewohnt hatte, „die alle entzückte, ihm aber wenig imponierte, mit Ausnahme des Kapellmeisters Mahler, der ihm sehr tüchtig erschien",[4] worauf Mottl antwortete: „Er ist, von allen Leuten, mir als sehr begabt bezeichnet worden, aber leider ein Jude."[5] Vermutlich haben diese letzten Worte genügt, um bei Cosima eine Schranke Mahler gegenüber zu errichten, die sie auch in späteren Jahren nie mehr ganz hat überwinden können.

Wie dem auch sei – daß Mahler viel daran gelegen war, von Cosima geschätzt zu werden, ist deutlich. Er hat seine unbegrenzte Verehrung für Richard Wagner[6] offenbar auch auf dessen Witwe übertragen. Seine Briefe an sie zeichnen sich, auch wenn sie deutlich erkennbar in Zeitdruck geschrieben sind, durch einen ehrfurchtsvollen, fast untertänigen Ton aus, den man sonst in seiner Korrespondenz kaum antrifft. Hat er immer noch gehofft, irgendwann als Dirigent in Bayreuth auftreten zu dürfen? Hermann Levi war schließlich von Wagner persönlich als „Parsifal"-Dirigent autorisiert worden, und Cosima hat Levi bis zum Ende seiner Laufbahn – 1894 wirkte er zum letztenmal in Bayreuth mit – in dieser Position gehalten, ungeachtet der immer schärfer werdenden Proteste aus deutsch-nationalen und antisemitischen Kreisen; 1884 hatte sie von Levis Gegnern eine Erklärung gefordert, „daß Generalmusikdirektor Levi moralisch unwürdig und künstlerisch unfähig sei, ‚Parsifal' zu dirigieren",[7] aber darauf waren sie natürlich die Antwort schuldig geblieben.

Levis „Parsifal" war übrigens für Mahler ein entscheidendes Ereignis gewesen, als er im Juli 1883 – soeben zum „Königlichen Musik- und Chordirektor" am Königlichen Theater in Kassel ernannt – seine erste Pilgerfahrt nach Bayreuth unternahm. Seinem Freunde Friedrich Löhr schrieb er nach seiner Rückkehr: „Schwerlich könnte ich Dir schildern, wie es mit mir jetzt ist. Als ich, keines Wortes fähig, aus dem Festspielhaus hinaustrat, da wußte ich, daß mir das Größte, Schmerzlichste aufgegangen war, und daß ich es unentweiht mit mir durch mein Leben tragen werde."[8] Tatsächlich hat er sich in späteren Jahren immer wieder mit dem „Bühnenweih-Festspiel" beschäftigen müssen, obschon es ihm nie vergönnt war, das Werk zu dirigieren, da Bayreuth ihm als Dirigent verschlossen blieb. Immerhin hätte er sich rühmen können, der erste gewesen zu sein, der Fragmente aus dem Werk im Konzertsaal aufführen durfte; als er nämlich während der Saison 1885–1886 an dem von Angelo Neumann geleiteten Königlichen Deutschen Landestheater in Prag tätig war, bekam er am 21. Februar 1886 die Gelegenheit, die „Verwandlungsmusik, große Chor- und Schlußscene des I. Actes" aus „Parsifal" konzertant zu dirigieren aufgrund einer speziellen Genehmigung Cosima Wagners gegenüber Angelo Neumann, als Dank für dessen große Verdienste um Bayreuth schon zu Wagners Lebzeiten.[9] Am 30. November 1887 – eine Woche nach der vorerwähnten „Tannhäuser"-Aufführung – konnte Mahler seine Liebe zur „Parsifal"-Musik erneut bezeugen: bei einem Wagner-Konzert im Leipziger Stadttheater, dessen ersten Teil der 1. Kapellmeister Arthur Nikisch absolvierte, dirigierte Mahler sowohl die Schlußszene des ersten, als auch die des dritten Aufzugs.[10]

Im Sommer 1889 besuchte Mahler zum erstenmal seit 1883 wieder einige Vorstellungen in Bayreuth;[11] aufgeführt wurden „Parsifal" unter Levi, „Tristan und Isolde" unter Mottl und „Die Meistersinger von Nürnberg" unter Richter. Eine neuerliche Begegnung mit Cosima Wagner ist nicht dokumentiert, dennoch wahrscheinlich, da Mahler 1888 zum Direktor der Kgl. Ungarischen Oper in Budapest ernannt worden war, eines der höchsten Ämter im damaligen Opernleben. Daß er in dieser Eigenschaft im Januar 1889 die strichlosen Erstaufführungen in ungarischer Sprache von „Rheingold" und „Walküre" zustandegebracht hatte, war in Bayreuth gewiß nicht unbeachtet geblieben.

Im Juli 1891 reiste Mahler wiederum nach Bayreuth (1890 hatten keine Festspiele stattgefunden), um sich diesmal zwei Aufführungen von „Parsifal" unter Levi und eine von „Tannhäuser" unter Mottl anzuhören; jetzt aber in seiner Funktion als 1. Kapellmeister am Stadttheater in Hamburg. Auch über diesen Aufenthalt ist nichts Näheres zu berichten, solange Mahlers Briefe an seine Schwester Justine nicht zugänglich sind.

Jedenfalls wird Cosima Wagner mit wachsendem Interesse Mahlers

Wirken als Wagner-Dirigent in Hamburg verfolgt haben. Zweifellos hat sie die Aufführungsstatistiken im Auge behalten, die in dem jährlich vom „Allgemeinen Richard-Wagner-Verein" herausgegebenen *Bayreuther Taschenkalender* erschienen sind; daraus ergibt sich, daß schon in Mahlers erster Saison in Hamburg (1891–92) diese Stadt sich mit 64 Wagner-Aufführungen an die Spitze der Liste placieren konnte, vor Berlin (50), Dresden (49), Leipzig (38), München (34), Wien (32) und Frankfurt a. M. (32).[13]

Es nimmt daher nicht Wunder, daß Mahler im Januar 1894 gebeten wurde, dem Tenor Willy Birrenkoven (1865–1955), der am Stadttheater in Hamburg engagiert war, im Hinblick auf dessen Auftreten bei den kommenden Bayreuther Festspielen beim Studium der Parsifal-Rolle behilflich zu sein. Mahler war dazu sofort bereit, obwohl er als Dirigent in Hamburg eigentlich überbelastet war; er tat es um so lieber, als er wußte, daß er damit seinem jüngeren Kollegen Richard Strauss, der als „musikalischer Assistent" in Bayreuth mitwirkte, einen Gefallen tun konnte. Schon am 2. Februar 1894 bittet er ihn um einen Klavierauszug für Birrenkoven, „damit ich ihn für Sie in Bayreuth ein wenig vorbereite",[14] und schreibt am 26. Februar: „Sein Talent und Ernst ist über allen Zweifel erhaben; aber seine Intelligenz läßt manches zu wünschen übrig."[15] Am 1. Juni aber scheint dieser Vorbehalt überwunden zu sein: „Mit Birrenkoven studiere ich jetzt eifrig den Parsifal, und habe eine rechte Freude an dem famosen Kerl."[16] Noch günstiger lautet sein Urteil am 17. Juni in seiner Mitteilung an Strauss, daß Birrenkoven „sich nunmehr bei den Parsifalproben in ungeahnter Weise entwickelt. An dem werden Sie in Bayreuth Ihre Freude haben. [. . .] Der arme Teufel ist zu sehr angestrengt, und ich kann mir mit äußerstem Aufwand von Anspannung kaum die Stunden für den Parsifal herausdrücken, der jetzt doch so wichtig ist."[17]

Auch Cosima Wagner wurde anscheinend von Mahler benachrichtigt.[18] Am 8. Mai 1894 schrieb sie an Levi: „Mit Mahler bin ich in eingehendem Verkehr und muß sein Wesen und seine Handlungsweise auf das wärmste rühmen. Ich entsinne mich dabei, daß Sie zuerst mir Mahler empfohlen haben."[19] Nachdem die Proben in Bayreuth angefangen hatten, schrieb Mahler an Arnold Berliner: „Birrenkoven erregt Aufsehen in Bayreuth, die Cosima und die anderen hatten *nichts mehr* zu tun mit ihm. Er singt übrigens die Eröffnungsvorstellung, *nicht* Van Dy[c]k!"[20]

Vom 28. Juli bis zum 4. August 1894 weilte Mahler (wahrscheinlich zuammen mit seiner Schwester Justine) in Bayreuth, wo er in der Wagnerschen Familienloge den Aufführungen von „Parsifal" unter Levi, „Tannhäuser" unter Richard Strauss und „Lohengrin" unter Mottl beiwohnte. Man kann sich vorstellen, was an diesen Abenden in Mahler vorgegangen sein muß . . .

Der Wiener Musikkritiker Ludwig Karpath, der mit Mahler von seinen Budapester Jahren her bekannt war, hat in seinen Erinnerungen ein Gespräch mit Mahler erwähnt, das während des ersten Zwischenakts der „Lohengrin"-Aufführung stattgefunden haben soll. Es war ihm aufgefallen, daß die Bayreuther Inszenierung des ersten Aktes eine merkwürdige Ähnlichkeit mit Mahlers Inszenierung in Budapest hatte. „Mahler blickte scheu um sich, zog mich von der Rampe weg und sagte: ‚Still, still, um Gottes willen machen Sie hier nicht solche Bemerkungen, man könnte annehmen, daß Ihr Urteil von mir stammte. Das muß unter allen Umständen vermieden werden. Ich gebe ohne weiteres zu, daß manches in meiner Inszenierung mit der hiesigen übereinstimmt, aber das ist ja gar nicht so verwunderlich. Frau Wagner sowohl wie ich haben den Geist des Werkes erkannt und aus diesem Geist geschöpft. Keineswegs möchte ich, daß darüber gesprochen werde, ich bitte Sie dringendst, behalten Sie Ihre Wahrnehmungen, die mich erfreuen, für sich.'"[21]

Auch zu den Festspielen von 1896 (1895 war in Bayreuth ein „Pausejahr") wurde Mahler von Cosima eingeladen; er wollte sich ihren dringenden Bitten nicht entziehen, obwohl er dadurch in Steinbach die Arbeit an seiner fast vollendeten Dritten Symphonie unterbrechen mußte. Auf dem Programm stand in diesem Jahr ausschließlich „Der Ring des Nibelungen" (zum erstenmal seit 1876!), der zwischen dem 19. Juli und dem 19. August fünfmal aufgeführt wurde:[22] zweimal dirigiert von Hans Richter (1. und 5. Zyklus), zweimal von Felix Mottl (2. und 3.) und einmal von Siegfried Wagner, der damit zum erstenmal öffentlich als Operndirigent fungierte. Mahler ist Zeuge dieses Debuts gewesen, wie Brief 2 an Cosima zeigt; er hat also dem 4. Zyklus (9.–12. August) beigewohnt – nicht dem 3. unter Mottl, wie De La Grange behauptet.[23]

Bei seiner Ankunft hatte Mahler das Gefühl, von Cosima und ihren Kindern ziemlich kühl begrüßt zu werden, was er Verleumdungen seitens der Sängerin Ernestine Schumann-Heink zuschrieb, mit der er bei den Proben in Hamburg oft schroff zusammengestoßen war; aber im Laufe seines Aufenthaltes stellte sich die warm-freundschaftliche Stimmung, die ihn 1894 so angenehm berührt hatte, bald wieder ein.[24]

Es ist bezeichnend, wie behutsam Mahler in seinem rückschauenden Brief an Cosima seine Vorbehalte gegenüber Siegfried Wagners Dirigieren durch blumenreiche Worte zu verhüllen sucht, nur um Cosima in der Verherrlichung ihres einzigen Sohnes nicht zu verletzen; aus jedem Wort geht seine unbegrenzte Verehrung für „Bayreuth" hervor. In dieser Hinsicht befand er sich in völligem Gegensatz zu Richard Strauss, der am 19. August in einem Brief an seine Braut Pauline de Ahna Bayreuth als „Schweinestall aller Schweineställe" bezeichnet;[25] er hat zwar nur dem 5. Zyklus unter Richter beigewohnt, aber er weiß dennoch über Siegfried Wagners Leistung zu melden, daß sie „miserabel" gewesen sein soll. Nun hatte Strauss – das ehemalige „enfant chéri" Cosimas, die die Hoffnung gehegt hatte, ihn mit ihrer Tochter Eva verheiratet zu sehen – am Anfang dieses Jahres mit Siegfried eine „denkwürdige Unterredung" gehabt, welche (wie er in seinem Notizkalender vermerkte) zu seiner „zwar unausgesprochenen, aber vollzogenen Trennung von Wahnfried-Bayreuth" geführt hatte.[26] Vielleicht wird Strauss auch der Umstand verärgert haben, daß er nach seinem „Tannhäuser" (1894) nun übergangen worden war, bestimmt aber die Tatsache, daß auch seine Pauline nach ihrem erfolgreichen Auftreten als Elisabeth und Solo-Blumenmädchen zu den Festspielen von 1896 nicht aufs Neue engagiert worden war.

Cosima hat Mahlers Lobrede auf Siegfried begreiflicherweise hoch geschätzt, wie aus ihrem Brief vom 31. Oktober 1896 hervorgeht: „Sie haben sich, lieber Herr Kapellmeister, über die Leistung meines Sohnes und das aus ihr sich Ihnen enthüllende Wesen des Vorgangs mit einer Intensität ausgedrückt, wie solche nur selten einem begegnet, wenn sie uns aber begegnet, muß der Eindruck ein unauslöschlicher bleiben. Ich wurde durch Sie an ein Wort erinnert, das Dr. Fiedler (den Sie vielleicht gekannt haben) mir nach dem Conzerte meines Sohnes in München schrieb: Hier handelt es sich um mehr als einen Beruf, hier ist eine Bestimmung. – Aber Sie haben recht, das ist ein Mysterium, davon sich nur wenig sagen läßt und das man in der Stille innerlich erlebt."[27]

Der Anlaß zu dieser Korrespondenz lag in der von Mahler anscheinend schon in Bayreuth geäußerten Bitte an Cosima, eine junge Sängerin, die seit September 1895 zum Ensemble der Hamburger Oper gehörte, unter ihre Obhut nehmen zu wollen: die dreiundzwanzigjährige Anna von Mildenburg, für deren Zukunft Mahler die größten

Erwartungen hegte. Daß sich schon bald zwischen den beiden ein Liebesverhältnis angebahnt hatte, das namentlich durch Indiskretionen von Anna in Hamburg stadtbekannt war, wird Cosima wohl schon im Sommer von Annas Kollegin Ernestine Schumann-Heink vernommen haben; im übrigen lassen Mahlers Äußerungen über seinen Schützling in seinen Briefen an Cosima seine zärtliche Zuneigung deutlich genug durchblicken. Mahlers Brief vom 24. Oktober 1896 (Nr. 1) ist unverkennbar eine Antwort auf eine Bitte Cosimas um nähere Auskünfte über die ihr noch unbekannte Sängerin, die ihr Mahler namentlich als Brünnhilde und Kundry empfohlen hatte und die sie gerne zu einem ersten Kennenlernen nach Bayreuth einladen wollte. Mahlers Rat, sich dazu persönlich an den Direktor Pollini (zu dem er selbst in einem gespannten Verhältnis stand) zu wenden, hat offenbar Erfolg gehabt, denn in dem erwähnten Brief vom 31. Oktober konnte sie ihm berichten: „Hofrat Pollini ist sehr entgegenkommend gewesen und hat es mir zugesagt, daß Fräulein von Mildenburg am 5. Dezember nach Bayreuth komme. [. . .] Ich bin nun sehr gespannt auf die Bekanntschaft mit Frl. v. M. Eine Kundry von 23 Jahren will mir kaum in den Sinn – aber wir können es versuchen. Würden Sie die Güte haben, wenn Ihre Zeit es Ihnen erlaubt, und das Fräulein dadurch nicht zu sehr angegriffen wird, den II. Akt Parsifal vom Blumengarten ab mit ihr durchzunehmen?“[28] Mahlers Brief vom 9. Dezember (Nr. 3) zeigt, daß sich Anna von Mildenburg Anfang Dezember zwei Tage in Wahnfried aufgehalten hat. Bei ihrer Ankunft fand sie einen Brief von Mahler vor, den sie später in ihre *Erinnerungen* teilweise aufgenommen hat und der so überzeugend Mahlers Begeisterung für Richard Wagner und seine Kunst zum Ausdruck bringt: „Sei mir gegrüßt in Bayreuth! Bald stehst Du in dem Raum, in dem einer der herrlichsten Geister gewaltet hat, die unter den Menschen gewandelt. Dieses Gefühl muß Dich über alle Befangenheit hinausheben, die Dich etwa beim Eintritt unter die gegenwärtigen Bewohner anwandeln könnte. Denke nur immer daran: *Er* wäre mit Dir zufrieden, denn Er schaut in Dein Herz und weiß alles, was Du kannst und willst. Nun, Du trittst Deinen Weg gerüstet an, wie selten eine! Dessen sei getrost!“[29]

Damit hatte er nicht zuviel gesagt; auch Cosima zeigte sich von Annas Stimme und Vortrag tief beeindruckt. Am 10. Dezember konnte sie Mahler wissen lassen, daß Direktor Pollini ihr den Urlaub für Anna von Mildenburg von Mitte Mai ab zugesagt hatte. Es gelang ihr schließlich auch noch, die Sängerin für eine Studienzeit im Februar frei zu bekommen. Dank der intensiven Vorbereitung mit Mahler konnte Anna von Mildenburg bei den Festspielen von 1896 die Kundry-Partie darstellen. Ihr Lehrmeister aber hat ihr Debüt nicht miterlebt, da er von seiner neuen Position vollständig in Beschlag genommen war: am 15. April 1897 war er an das k. k. Hof-Operntheater in Wien engagiert worden, vom 1. Juni an als Kapellmeister (neben Hans Richter) und ab 8. Oktober als Direktor.

Diese Stellung – wohl die glänzendste, die es im damaligen europäischen Musikleben gab – hatte er nur erreichen können, nachdem er sich am 23. Februar 1897 in Hamburg hatte katholisch taufen lassen; dennoch gab es in deutsch-nationalen Kreisen heftigen Widerstand gegen Mahlers mögliche Ernennung, und zu diesen Gegnern gehörte auch Cosima Wagner, die alles versuchte, um ihren Günstling Felix Mottl in Wien unterzubringen. Daß aber in diesem Fall ihre antisemitische Gesinnung nicht ausschlaggebend gewesen sein kann, wie De La Grange vermutet,[30] geht aus einem Brief an ihre intime Freundin Gräfin Marie von Wolkenstein hervor, der sie am 2. Juli 1899 schrieb: „Ich habe die denkbar besten Beziehungen zu Mahler, und ich bin sehr froh, ihn in Wien zu wissen. Fast in jedem Brief versichert er mir seine Teilnahme für Bayreuth, und er hat sie schon öfters bewährt."[31] Dem hatte also eine Meinungsverschiedenheit wegen des „Nornenseils" in der 1. Szene von „Götterdämmerung" keinen Abbruch tun können. Mahler hatte sich nämlich entschlossen, bei der ersten ungekürzten Aufführung dieses Werkes in Wien kein wirkliches Seil zu verwenden (das wegen der Dunkelheit auf der Bühne niemand wahrnehmen konnte), sondern die drei Nornen das Werfen des Seils nur durch Gebärden darstellen zu lassen. Dagegen hatte Cosima schriftlich Einspruch erhoben[32]; aber Mahler beharrte auf seinem Standpunkt und versuchte, Cosima von der Richtigkeit dieses Standpunktes zu überzeugen, indem er darauf hinwies, daß er diese Szene selbst in Bayreuth hatte scheitern sehen!

Immerhin blieb Cosima sich Mahlers jüdischer Abstammung ständig bewußt, und sie war (wie bei Hermann Levi) immer auf irgendeine unangenehme Erfahrung gefaßt. Als die erste Oper ihres Sohnes, „Der Bärenhäuter", die am 22. Januar 1899 in München unter der Leitung des Dichter-Komponisten ihre sehr erfolgreiche Uraufführung erlebt hatte, kurz danach in Wien einstudiert wurde, schrieb Cosima an Marie von Wolkenstein: „Einen merkwürdigen Konflikt traf ich in Wien an:

Mahler und Richter, der Jude und der Germane. In ihm spielt sich im kleinen das ab, was in unserer Welt sich im großen vollzieht. Die Lässigkeit des Deutschen läßt den Juden – will man gerecht sein – als den Verdienstvolleren erkennen. Mahler ist es, der den Bärenhäuter aufführt."[33] Dennoch fühlte sie sich berufen, nachdrücklich zu protestieren, als sie von ihrem Sohn vernahm, daß Mahler zahlreiche Striche in dem Werk vorgenommen hatte.[34] Zu seiner Bestürzung mußte Mahler erkennen, daß Cosima dem Werk ihres Sohnes völlig kritiklos gegenüberstand.[35] Er dagegen erkannte die dramaturgischen und musikalischen Schwächen der an sich liebenswürdigen Oper zu deutlich, um von seinem Rettungsversuch abzusehen; er versuchte, Siegfried von der Richtigkeit seiner Vorschläge zu überzeugen, wobei er darauf hinweisen konnte, daß gerade er die Werke Richard Wagners in strichloser Fassung aufzuführen pflegte, trotz allen Widerstandes. Aber weder Siegfried noch Cosima ließen sich für Mahlers Vorschläge gewinnen. Cosima hat in einem Brief vom 12. März 1899 an Fürst Ernst zu Hohenlohe-Langenburg die Kontroverse eindringlich geschildert: „Mein Sohn ist jetzt in Wien, um [den „Bärenhäuter"] dort in Szene zu setzen, und er schreibt mir von der Theilnahme, welche ihm das ganze Personal entgegenbringt. Director Mahler war sehr entgegenkommend, von größtem Eifer für das Einstudieren und Herausbringen des Werkes, aber, seltsam oder vielleicht sehr erklärlich: er hatte die unbegreiflichsten Striche vorgenommen, z. B. das ganze Gebet der Luisel, welche man als das Herz des Stückes bezeichnen könnte, und alles was andächtiger Stimmung, so daß mein Sohn ihn ruhig vor dem ganzen Personal frug: ‚Ist Ihnen denn das Religiöse so unangenehm?' Nun hat mein Sohn durch seine Gelassenheit die Hauptstelle doch wieder eingesetzt."[36]

Daß Mahler nach einer solchen Herausforderung – einem Künstler gegenüber, der sein erstes „Parsifal"-Erlebnis wahrlich „unentweiht durch sein Leben getragen" hat, wie er es damals in Bayreuth gelobt hatte – unerschüttert fortfuhr, seine besten Kräfte für die Vorbereitung der Aufführung des „Bärenhäuter" einzusetzen, spricht sowohl für seinen Charakter als auch für sein künstlerisches Verantwortungsgefühl. Seinem unermüdlichen Wirken war es zu verdanken, daß die Wiener Erstaufführung am 27. März 1899 Wagners Sohn einen sensationellen Erfolg brachte, der es ermöglichte, die Vorstellung in derselben Saison noch vierzehnmal zu wiederholen, fast immer unter Mahlers persönlicher Leitung. Wahrscheinlich liegt hierin der Grund für die lobende

Anerkennung Mahlers, die Cosima in dem oben zitierten Brief an Marie von Wolkenstein zum Ausdruck gebracht hat.

Aber Cosima war damit noch nicht zufrieden. Durch Vermittlung der Gräfin von Wolkenstein wußte sie bei der Verwaltung der Hofoper zu erreichen, daß am 11. Dezember 1899 noch eine Aufführung des „Bärenhäuter" stattfand, diesmal unter der Leitung des Komponisten, der damit die Möglichkeit bekam, Mahlers Striche in seiner Partitur wieder aufzumachen, was aber nicht verhindern konnte, daß die Oper danach endgültig vom Spielplan verschwand. Am 22. Oktober war ihm in einem offiziellen, von Mahler unterschriebenen Brief mitgeteilt worden, daß die Vorstellung „zu Gunsten des Pensions-Institutes" stattfinden würde. Von diesem Vorhaben wurde aber schließlich abgesehen, was Siegfried erst am Abend vor der Aufführung erfuhr; auf seine wütende Reaktion hin empfing er am nächsten Morgen nachstehenden Brief von Mahler,[37] der offenbar an der Änderung unbeteiligt gewesen war:

K. u. K. DIRECTION DES K. K. HOFOPERNTHEATERS

[Ohne Datum, Wien, 11. 12. 1899]

Mein lieber Herr Wagner!
Ich bin ebenso wüthend, wie Sie. Aus dieser Blüthe des Bureaukratismus ersehen Sie am besten, was ich hier zu leiden habe. – Bitte, lassen Sie sich dadurch den heutigen schönen Abend nicht vergällen! Denken Sie daran, lieber Freund, daß ganz Wien, und wir alle von der Oper an der Spitze, heute mit Dank und Liebe Ihrer gedenken; und daß dieß der Tribut ist, den ich wieder einmal den Schicksalsmächten zu zollen habe, daß ich eine große Freude erlebe.

In Eile, und *Muth!*

Ihr
Gustav Mahler

Ich werde aber von Ihrer Karte an richtiger Stelle Gebrauch machen. – Vielleicht ist sie von unberechenbarer Wirkung.

Siegfried und Cosima aber hatten für diesen Vorfall eine ganz andere Erklärung, die in einem Brief an Marie von Wolkenstein (*nach* der Vorstellung geschrieben und also mit Kenntnis von Mahlers Erklärung!) unmißverständlich enthüllt wird:

„Innigsten Dank für Deine Teilnahme an unserem Wiener Aufenthalt. Er war, was die Wiener anbetrifft, sehr angenehm. Der Semit fehlte auch dort nicht, und wirklich hatte Mahler Siegfried in eine Art Falle gelockt, indem man ihm erst abends vor der Aufführung sagte, diese könne nicht mit aufgehobenem Abonnement zugunsten des Pensionsfonds stattfinden, wie es verabredet war. Die Zeit wäre schlecht, das Haus würde leer sein. Fidi war so verstimmt, daß er einen Augenblick daran dachte, abzureisen. Dann fand er die hübsche Wendung, das Personal zu bitten, anzunehmen, das Haus würde gefüllt gewesen sein, und den Ertrag davon als einen Teil seines redlichen Verdienstes aus dem ‚Bärenhäuter' anzunehmen. Denn er hatte gehofft, die Ehre zu haben, für den Pensionsfonds zu dirigieren, und so kam er sich wie ein Eindringling vor, der ihnen überflüssiger Weise noch Arbeit auferlege. Er sprach diese Worte mit sanfter, aber hellklingender Stimme, und sie ergriffen mich wunderbar. Er war beim Eintreten vom ganzen Personal jubelnd empfangen worden. Nach seinen Worten aber waren sie tief gerührt und empfanden, welche Wendung der Güte er der boshaften Absicht, ihm zu schaden, gegeben."[38]

Im Lichte dieser Gesinnung macht es einen nicht gerade wahrhaften Eindruck, wenn Cosima am 28. Dezember 1899, also etwa gleichzeitig mit obenstehendem Erguß, Mahler ihre Dankbarkeit ausspricht für den Umstand, „daß das Werk meines Sohnes so sorgfältig an der Hofopernbühne erhalten war, daß er es nur mit einer kleinen Verständigungsprobe mit solcher Sicherheit vorführen konnte."[39] Und als ob sie das Gefühl hätte, Mahler gegenüber etwas gutmachen zu müssen, läßt sie hierauf folgen: „Wie ich Ihnen schon sagte, lieber Herr Direktor, stehe ich mit dem Wenigen, was ich vermag, zu Ihren Diensten, wenn Sie diesen oder jenen Künstler mir behufs Einstudirung einer Parthie senden wollen." Sie versteigt sich selbst ins Gemütliche mit der Bemerkung: „Bei dem vielen Schnee, welcher uns jetzt beschert ist, denke ich, dass Sie jetzt in guter Stimmung sein müssen und das wünsche ich Ihnen bei Ihrer angestrengten Thätigkeit sehr."[40]

Von Cosimas Angebot, ihm bei der Einstudierung bestimmter Rollen behilflich zu sein, hat Mahler sofort Gebrauch gemacht. Er schickte Anna von Mildenburg – die ihm nach Wien gefolgt war, dafür aber ihre Liebesbeziehung zu ihm hatte aufgeben müssen – nach Bayreuth, um sich bei Cosima auf die Isolde-Partie vorzubereiten, die sie am 13. Februar 1900 in Wien auf die Bühne bringen mußte. In ihren *Erinnerungen* hat Anna von Mildenburg über dieses Studium in Wahnfried, das drei Wochen dauerte, berichtet;[41] daß dabei auch oft über Mahler gesprochen wurde, zeigt ein Brief von Cosima an Felix Mottl vom 22. Januar 1900, in dem sie schreibt: „Mahler ist lebenslänglich engagiert. Mildenburg, die für ihn schwärmt und nicht genug des Vorzüglichen von ihm erzählen kann, sagt aber auch, wie alle, er sei verhaßt. Neulich, wie er an das Pult getreten war, rief einer: Da kommt der Krampus, der schwarze Teufel. Eine höchst merkwürdige Erscheinung gerade in Wien, diese Persönlichkeit."[42]

Gleich nach der Wiener Aufführung berichtete Anna von Mildenburg ihrer verehrten „Meisterin" ausführlich über den erfolgreichen Verlauf dieser Vorstellung; Cosima versäumte nicht, in ihrer Antwort vom 15. Februar 1900 ihre Freude darüber auszudrücken, „daß Direktor Mahler mit dem Resultat unserer Arbeit zufrieden war. Bitte sagen Sie ihm das."[43]

Einen Monat vorher hatte sie Mahler den rumänischen Bariton Demeter Popovici empfohlen und dabei den Wunsch geäußert, „daß Ihre energischen Bestrebungen für die Hebung des Drama's an der Wiener Hofoper sich eines immer grösseren Erfolges freuen mögen".[44] Später im Jahr (am 19. November) mußte sie Mahler bekennen, sich in den künstlerischen Qualitäten Popovicis geirrt zu haben; sie fühlte sich genötigt, sich deswegen bei Mahler zu entschuldigen, auch weil sie den Eindruck bekommen hatte, daß er sich verpflichtet fühlte, „auf Empfehlungsschreiben, welche ich hier und da an Sie zu richten mir gestatte, besonders zu antworten, und mit diesen Zeilen ersuche ich Sie, es fernerhin auszulassen. Bei Ihrer übergrossen Thätigkeit würde es mich einschüchtern, wenn ich mir sagen müsste, dass ich Ihnen eine überflüssige Correspondenz auferlege." Und dann schreibt sie weiter: „Soeben höre ich von einer ‚wundervollen Aufführung' der Meistersinger unter Ihrer Leitung, und ich danke Ihnen von Herzen, lieber Herr Direktor, dafür daß Sie unsere angestrengten Bemühungen um die Gründung des Styles in der Darstellung unserer Werke dadurch unterstützen, dass Sie das hier von den Künstlern Erlernte erhalten und fördern und die Merkmale der Inszenierung bei Ihnen einpflanzen. Auf solche Unterstützung müssen wir bauen, soll anders unsere Arbeit gedeihen." Die eigentliche Absicht dieses Schreibens aber wird endlich deutlich, indem Cosima die Verlobung ihrer Tochter Isolde (Wagners erstes Kind) mit dem Dirigenten Franz Beidler bekanntgibt, den sie Mahler mit folgenden Worten empfiehlt: „Mein künftiger Schwiegersohn ist ein junger, tüchtiger Musiker, der sich seit etlichen Jahren bei uns schon bewährt hat und in welchem ich hoffe eine tüchtige Stütze zu finden. Sollten Sie eines Assistenten bedürfen, oder einen Volontär-Dirigenten gerne bei sich aufnehmen, so würde ich mich freuen, ihn einige Zeit bei Ihnen zu wissen. – Ich wiederhole aber, geben Sie mir keine Antwort. Die Thatsachen sprechen und Ihres freundlichen Willens bin ich überzeugt."[45]

Es ist nicht bekannt, ob Mahler diesen Brief wirklich unbeantwortet gelassen hat; jedenfalls hat er Beidler nicht in Wien engagiert. Vielleicht hat Cosima sich später für diese Empfehlung Mahler gegenüber noch mehr geschämt als für diejenige von Popovici; denn Beidler, der in Bayreuth 1904 den „Ring" und 1906 selbst den „Parsifal" dirigieren durfte, erwies sich als ein unzulänglicher Dirigent und überdies als ein nicht ganz einwandfreier Charakter, was im Sommer 1906 zu einem völligen und endgültigen Bruch mit Cosima und Bayreuth führen sollte.[46]

Anfang Dezember 1900 wurde Anna von Mildenburg eingeladen, bei den Bayreuther Festspielen 1901 wiederum als Kundry mitzuwirken. Da die Sängerin aber nach einer sehr anstrengenden Saison in Wien dringend ihrer Sommerferien bedurfte, mußte sie zu ihrem größten Bedauern diese Einladung abschlagen. Cosima machte am 10. Dezember noch einen letzten Versuch sie umzustimmen, indem sie Mahler vorschlug, der Mildenburg *nach* den Festspielen einen Urlaub zu bewilligen, und um eine telegraphische Entscheidung bat.[47] Gleichzeitig schrieb sie Anna mit der Bitte, ihren Vorschlag bei Mahler zu unterstützen: „Direktor Mahler hat sich stets so freundlich gegen Bayreuth erwiesen, dass ich der Hoffnung einer Zusage bin. Ja, ich habe das Gefühl, als ob auf der Wiener Hofbühne das vertreten und erhalten bleibt, was wir hier wirken."[48] Als dennoch am 14. Dezember von Anna eine neuerliche Ablehnung in Bayreuth eintraf, war Cosima tief enttäuscht; Siegfried Wagner fühlte sich dadurch veranlaßt, der Künstlerin das folgende Telegramm zu schicken: „Was ist denn wieder los, aber Anderl! Ist das die Versicherung Deiner treuen Gesinnung, das der Dank für das Isolde-Studium. Gott weiss, wer da wieder dahinter steckt [!], denn dass unser braves Anderl einer derartigen herzlosen Handlung unfähig ist, davon lasst überzeugt sein Dein herzlich grüssender Siegfried Wagner."[49]

Daß hier kaum verhüllt ein Argwohn gegen Mahler ausgesprochen wird, muß Cosima geängstigt haben. Jedenfalls ließ sie Anna von

Mildenburg sofort wissen, daß sie nur allzu gut verstehen könne, „dass eine Thätigkeit, wie Sie sie ausüben, Ihre Gesundheit angreifen muss und dass Ihnen Ruhe und Erholung ein unbedingtes Bedürfnis ist [. . .] Tragen Sie Siegfried sein Telegramm nicht nach, wie auch dessen Fassung gewesen sein mag. Er hat mir nichts davon gesagt und war nur durch meine betrübte Überraschung mitfühlend betroffen." Und sie unterläßt nicht, aufs Neue zu versichern „dem Direktor G. Mahler tief erkenntlich [zu sein] dafür, dass das, was seine Künstler hier erfahren und sich aneignen, vorhält und er es bei sich fördert." [50]

Noch einmal konnte Mahler beweisen, wie sehr er bereit war, Cosima Wagner behilflich zu sein, soweit es ihm nur irgendwie möglich war.

Im deutschen Reichstag wurde im April 1901 über eine Verlängerung der Schutzfrist für geistiges Eigentum von 30 auf 50 Jahre (wie es in Frankreich und Belgien der Fall war) verhandelt. Von Bayreuth wurde diese Verlängerung nachdrücklich befürwortet, und zwar in Verbindung mit einer speziellen Schutzfrist für „Parsifal" nach Richard Wagners ausdrücklichem Willen, das „Bühnenweih-Festspiel" ausschließlich in seinem eigenen Theater in Bayreuth zur Aufführung kommen zu lassen. Im Reichstag wurde von liberalen und sozialdemokratischen Abgeordneten heftig gegen diesen Gedanken agiert, der nur als Versuch angesehen wurde, die finanziellen Belange der Familie Wagner zu fördern. Als der diesbezügliche Paragraph 33 im Reichstag schon abgelehnt worden war, versuchte Cosima Wagner noch einzugreifen mittels eines Rundschreibens an die Mitglieder des Reichstages vom 9. Mai 1901, womit sie die zahlreichen auf Unkenntnis der wirklichen Lage beruhenden Argumente der Opposition berichtigen wollte.[51] Obschon sie für den Künstler das Recht auf Wahrung seiner materiellen Interessen forderte, genau wie es jedem anderen Staatsbürger zustand, erklärte sie sich bereit, auf die Tantiemen aus den Aufführungsrechten von Wagners Werken schon nach dreißig Jahren zu verzichten, wenn sie damit erreichen könnte, daß Bayreuth das exklusive Aufführungsrecht für „Parsifal" erhalten bliebe.

Einen Abdruck ihres Rundschreibens hatte sie am 18. Mai 1901 auch an Mahler geschickt in der Hoffnung, „daß die Künstler mich in dem Schutz von ‚Parsifal' unterstützten, und Sie Mittel und Wege wüßten oder ersännen, um von Österreich aus eine künstlerische Demonstration dafür zu organisieren." [52] Mahler hat auf diesen Brief sofort positiv reagiert (vgl. Brief 4), mußte aber bekennen, nicht genügend „Spannkraft und Konzentration“ zu besitzen, um eigene Initiative in dieser Angelegenheit entwickeln zu können. Immerhin konnte er Cosima kurz danach eine juridische Auseinandersetzung „eines sachkundigen Freundes“ vorlegen (vgl. Brief 5), deren Schlußfolgerung dahin lautete, daß es keinen Sinn habe, etwas zu unternehmen, bevor eine „Tantiemen-Gesellschaft“ gegründet worden sei, da der Reichstag nie ein in drei Lesungen bereits erledigtes Gesetz, das unzweifelhaft vom Kaiser sanktioniert werden würde, aufs Neue zur Diskussion stellen würde. Diese Gesellschaft hätte zwei Punkte besonders zu betonen: erstens, daß von einer Verlängerung der Schutzfrist nicht mehr vornehmlich die Verleger Nutzen ziehen würden, und zweitens, daß die deutschen Komponisten aus der französischen „Société des Auteurs“ austreten und ihre Rechte zurückfordern könnten, wenn die Schutzfrist auch in Deutschland und Österreich auf fünfzig Jahre verlängert würde. Aufgrund dieser Überlegungen mahnte Mahler denn auch Geduld zu üben.

Aber in Bayreuth wollte man dennoch weiterhin aktiv bleiben, und so ging „im Festspielsommer 1901“ von dort aus ein „Aufruf“ in die Welt, unterschrieben von E. Humperdinck, Hans Thoma, Albert Niemann und Houston Stewart Chamberlain (bien étonnés de se trouver ensemble!), um Mittel und Wege zu finden, „dem ‚Parsifal‘ über die gesetzliche Schutzfrist hinaus die ihm gebührende Ausnahmestellung zu bewahren.“[53]

Alle Versuche, eine solche Sonderstellung für „Parsifal“ zu sichern, sind bekanntlich fehlgeschlagen. Cosima hat den „Gralsraub“ in Amerika (1903) und Holland (1905) – diese beiden Länder waren nicht der Berner Konvention angeschlossen – nicht verhindern können, und sie hat schließlich erleben müssen, daß „Parsifal“ nach 1913 in jedem Provinztheater straflos „entweiht“ werden konnte.

Bei all ihren Bemühungen um die großen Werke ihres Gatten verlor Cosima Wagner die weniger anspruchsvollen Märchenopern ihres Sohns, den sie als den einzigen wertvollen Komponisten seiner Zeit betrachtete, keineswegs aus den Augen. Wenn die Intendanten und Direktoren sich nicht aus eigenem Antrieb entschlossen, ein Werk Siegfrieds in ihren Spielplan aufzunehmen, schaltete Cosima sich diskret ein, um mit diplomatischem Geschick und aufgrund ihrer in Fachkreisen ständig wachsenden Autorität Aufführungen anzubahnen. Nach dem „Bärenhäuter", der es innerhalb von zwei Jahren zu mehr als einhundertfünfzig Aufführungen gebracht hatte, kamen „Herzog Wildfang" 1901 in München und „Der Kobold" 1904 in Hamburg zur Uraufführung. Gustav Mahler hatte weder auf die eine, noch auf die andere Oper reflektiert, und so geschah es, daß „Der Kobold" in Wien nicht in der Hofoper, sondern im Kaiserjubiläums-Stadttheater (die spätere Volksoper) zur Erstaufführung kam. Mahlers Ablehnung hatte Siegfried in eine schwierige Lage gebracht: er war nicht sicher, ob und wie er Mahler für seine neue Oper „Bruder Lustig" interessieren sollte. In dieses Dilemma griff wiederum Cosima ein. Am 8. Juni 1905 schrieb sie Mahler einen langen Brief, der mit der Bitte um vertrauliche Mitteilungen über Anna von Mildenburg anfing, da sie „über die Leistungen dieser begabten Künstlerin sehr Verschiedenes, ja Entgegengesetztes" vernommen habe; und dann kommt sie auf die zweite Frage, die „gleichfalls intimer Art" ist:

> „Sie betrifft die neue Oper meines Sohnes ‚Bruder Lustig', welche Director Simons im Jubiläumstheater, wie er dies mit dem Kobold tat, gern aufführen möchte . . . Mein Sohn sagte zu mir, dass er mit der Einsendung seines Werkes Ihnen, hochgeehrter Herr Director, nach der Zurückweisung des ‚Kobold' nicht gut lästig fallen könnte, dass er aber zugleich keinen Formfehler begehen möchte, indem er es unterliess, bei der Direction der k. k. Hofoper (bevor er mit Director Simons verhandelte) anzufragen, ob die geschätzte Direction auf sein Werk reflectierte. Ich übernahm es, diese Anfrage zu stellen und sagte ihm, dass er keineswegs mit der Zusendung seines Werkes zudringlich sein brauche, mit der damaligen schönen Aufführung seines Bärenhäuter hätten Sie Ihre Theilnahme für sein Schaffen genugsam bewiesen, und wenn Repertoire- oder sonstige Gründe Sie verhinderten, den Kobold anzunehmen, so hätten Sie gewiss Kenntnis von der Partitur, vermuthlich auch von der Aufführung genommen und wüssten, was er als Bühnendichter und Musiker vermöchte. Daher würden Sie mir gewiss ohne vorherige Kenntnis sagen, ob Sie auf den Bruder Lustig reflectieren oder nicht. Dürfte ich, hochgeehrter Herr Director, um eine telegraphische Antwort bitten, welche es Ihnen ersparte, mir Ihre Gründe anzugeben und meinem Sohn gestattete, seine Entscheidung bald dem Director Simons zukommen zu lassen?"[54]

Wie gewöhnlich hat Mahler sofort reagiert,[55] denn schon am 13. Juni 1905 geht ein zweiter Brief von Cosima an ihn ab, in dem sie ihren Dank ausspricht für seine Mitteilungen über Anna von Mildenburg, welche sie veranlassen, eine mehrfache Besetzung der Kundry-Rolle für die Festspiele 1906 zu versuchen; sie fährt dann fort:

„Für die liebenswürdige Beantwortung meiner zweiten Frage danke ich ebenso herzlich und dies vielleicht in noch gesteigerter Weise. Freilich ging ich von der Annahme aus, dass die Leistungen meines Sohnes als Dirigent, als Dichter und Componist, als Bühnenmeister der Bayreuther Festspiele es zuliessen, dass seine Werke abseits vom persönlichen Gefallen oder Nicht-Gefallen daran, dem Publikum vorgeführt würden – (wie dies etliche Bühnen gethan) – welches dann sein Gutdünken auszusprechen hätte.

Ihre Antwort auf meine Annahme, lieber Herr Director, zeigt mir, dass Sie ein solches Verhältnis zu den Componisten nicht aufstellen, sondern vorerst jedes Werk gründlich kennen lernen wollen, um es im Falle der Annahme vertreten und nöthigenfalls durchsetzen zu können. Dies ist nicht nur begreiflich, sondern es macht Ihnen Ehre. Nun liegt aber hier ein besonderer Fall vor und ich bitte Sie, die Geduld zu haben, seiner Darlegung durch mich zu folgen. Nach der Aufführung des Bärenhäuter in Wien zeichneten Sie meinen Sohn dadurch aus, dass Sie ihn um seine nächste Oper (ohne Kenntnis von derselben) ersuchten. Leider war Siegfried bereits an München gebunden; er gedachte aber der Ehre, welche Sie ihm in Bezug auf Herzog Wildfang erwiesen und sandte Ihnen deshalb seinen Kobold zu allererst ein. Gewiss mit unzähligen Dingen in Anspruch genommen, behielten Sie es, lieber Herr Director, längere Zeit, und auf die Anfrage über Ihre Entscheidung lehnten Sie es ohne Begründung ab. Hiermit wurde eine neue Lage geschaffen. Es ist für meinen Sohn schwierig, fast bis zur Unmöglichkeit, Sie und sich selbst in die peinliche Lage einer abermaligen Ablehnung zu versetzen und Sie wären der Künstler nicht, der Sie sind, wenn Sie bei dem andern Künstler Stolz und Zartgefühl nicht verstünden und würdigten. Nun erfreuen Sie uns aber durch die gütige Mitteilung, dass Sie mit grossem Interesse dem neuen Werk entgegensehen. Wollen Sie diesem Gefühl nicht herzhaft trauen und daraufhin – wie für den Wildfang – die Aufführung beschliessen? Möge der Kobold Ihnen, sei es durch Inhalt oder durch Form, durch Dichtung oder durch Musik nicht behagt und sie ihn für die k. k. Hofoper nicht geeignet befunden haben, so werden sie ihn gewiss nicht als einer Aufführung unwerth beurtheilen, sonst würden Sie keine Theilnahme für das nächstfolgende Werk empfinden können. Diese Theilnahme rufe ich an und erbitte von ihr, dass sie hochherzig den warm und vertrauensvoll empfindenden Künstler bewege, den kritisch prüfenden Director zu besiegen. Sollte die Theilnahme meinen Anruf willkommen heissen, so bäte ich abermals um ein telegraphisches Wort: bemeistert aber das Widerstreben die Theilnahme, so würde ich die schweigende Kundgebung davon verstehen, werfe ich es mir doch bereits vor, Ihre vollbesetzte Zeit mit meiner Zusprache solange in Anspruch genommen zu haben.“ [56]

Mahler aber ließ sich selbst von dieser konzentrierten Überredungskunst nicht verführen. Ob er die Partitur von „Bruder Lustig“ doch noch angefordert, aber nach einer gründlichen Durchsicht schließlich abgelehnt hat, ist nicht mehr festzustellen. Jedenfalls hatte diese Oper am 13. Oktober 1905 im Hamburger Stadttheater Premiere und wurde in der Wiener Hofoper nicht aufgeführt – übrigens auch nicht im Kaiserjubiläums-Stadttheater . . .

Nach diesem Briefwechsel hat der persönliche Kontakt zwischen Cosima Wagner und Gustav Mahler wahrscheinlich aufgehört. Die schwere Herzschwäche, die Cosima im Dezember 1906 befiel und sie nötigte, die Leitung der Bayreuther Festspiele ihrem Sohn zu übertragen, hat ihrer weiteren Korrespondenz einen anderen Sinn und Inhalt gegeben. Als aber Anna von Mildenburg (seit 1909 mit dem österreichischen Schriftsteller Hermann Bahr verheiratet) im Sommer 1911 in Bayreuth erschien, um zum erstenmal seit 1897 wieder als Kundry aufzutreten, wird sie anläßlich ihrer Besuche bei der überaus verehrten „hohen Frau“ zweifellos über Mahler gesprochen haben, dessen früher Tod kurz zuvor sie schmerzlichst ergriffen haben muß; dabei wird sie sicherlich erfahren haben, daß Cosima Wagner, ungeachtet des Zwiespalts in ihrer Einstellung zu dem genialen jüdischen Künstler, von Dankbarkeit erfüllt gewesen sein dürfte für das Ausmaß dessen, was Gustav Mahler sein Leben lang, wie kaum ein anderer, für „unsere Sache“ geleistet hat.

[1] Vgl. Hans Holländer, *Gustav Mahler vollendet eine Oper von Carl Maria von Weber,* in: Neue Zeitschrift für Musik, 116, Nr. 12 (Dezember 1955), S. 131.

[2] Vgl. *Cosima Wagner – Das zweite Leben. Briefe und Aufzeichnungen 1883–1930. Herausgegeben von Dietrich Mack,* München – Zürich 1980, S. 191.

[3] Vgl. HLG, S. 170.

[4] Vgl. Richard Graf Du Moulin Eckart, *Die Herrin von Bayreuth,* München – Berlin 1931, Bd. II, S. 156.

[5] Egon Voss, *Die Dirigenten der Bayreuther Festspiele,* Regensburg 1976, S. 24.

[6] Alma Mahler erzählt, daß Mahler als junger Mensch in Wien am Schluß eines Konzertes [im März 1875] zu gleicher Zeit mit Richard Wagner in die Garderobe kam. „Er hatte Wagner nie vorher gesehen, und seine Ehrfurcht und Liebe waren so groß, daß sein Herz aussetzte. Mahler stand knapp hinter Richard Wagner, der seinen Winterrock bekam und sich in die Ärmel hineinmühte . . . Gustav Mahler aber war durch dieses plötzliche Erlebnis in seligem Schreck wie vereist, gelähmt, er war nicht im stande, dem vergötterten Menschen in seinen Winterrock zu helfen! Er gestand mir, daß er noch mehrere Jahre an diesem Zwischenfall gelitten hat." Vgl. Alma Mahler-Werfel, *Mein Leben,* Frankfurt a/M 1960, S. 35.

[7] Vgl. Dietrich Mack, *Von der Christianisierung des Parsifal in Bayreuth,* in: Neue Zeitschrift für Musik, Jg. 129, Nr. 10 (Oktober 1964), S. 467. – HLG, S. 305 hat diese Erklärung irrtümlich als Cosimas eigene Meinung über Levi aufgefaßt.

[8] GMB, Neuausgabe, Brief 20, S. 24.

[9] Vgl. HLG, S. 859. – Übrigens war es auch Mahler, der am 19. und 20. Dezember 1885 „Das Rheingold" und „Die Walküre" „in der Original-Bayreuther-Ausstattung" als Novitäten in Prag dirigierte.

[10] Vgl. HLG, S. 171. (Die Bemerkung *as in Prague* beruht auf einem Irrtum.)

[11] Vgl. Mahlers undatierten Brief an Friedrich Löhr in GMB, Neuausgabe, Brief 78, S. 76; ebenso Knud Martner, *Selected Letters of Gustav Mahler,* London – Bristol 1979, S. 402 f. – Übrigens war auch 1888 von einer Reise Mahlers nach Bayreuth die Rede, um eine Zusammenkunft mit Ödön von Mihalovich aus Budapest möglich zu machen. (Vgl. Edward R. Reilly, *Gustav Mahler und Guido Adler,* Wien 1978, S. 20 f.). Mahlers Reise nach Bayreuth wurde aber offenbar unnötig, weil David Popper, damals in Budapest tätig, bei der Prager Erstaufführung der „Drei Pintos" am 18. August 1888 mit Mahler zusammentraf.

[12] Vgl. HLG, S. 236.

[13] Vgl. *Bayreuther Taschenbuch mit Kalendarium für das Jahr 1893,* Berlin 1892, S. 223 ff.

[14] Vgl. *Gustav Mahler – Richard Strauss. Briefwechsel 1888–1911. Herausgegeben von Herta Blaukopf,* München – Zürich 1980, S. 24.

[15] Vgl. *Gustav Mahler – Richard Strauss,* S. 29.

[16] Vgl. *Gustav Mahler – Richard Strauss,* S. 35.

[17] Vgl. *Gustav Mahler – Richard Strauss,* S. 38.

[18] Die Briefe Mahlers an Cosima aus dieser Zeit scheinen in Bayreuth nicht erhalten zu sein. Die Autographe von Cosimas Briefen an Mahler sind offenbar verschollen, ausgenommen zwei (vom 31. Oktober 1896 bzw. 10. Dezember 1896), die er Anna von Mildenburg geschenkt hat und die sich jetzt in ihrem Nachlaß in der Österreichischen Nationalbibliothek befinden. Abschriften für das Archiv in Wahnfried scheinen erst bei den späteren Briefen Cosimas angefertigt worden zu sein.

[19] Vgl. *Cosima Wagner – Das zweite Leben,* S. 797.

[20] Vgl. GMB, Neuausgabe, Brief 130, S. 114. – In einer Fußnote wurde die folgende Erläuterung hinzugefügt: „Mahler hatte auf Bitten von Frau Cosima Wagner Birrenkoven den Parsifal einstudiert. Nach der ersten Probe in Bayreuth beauftragte Frau Wagner Birrenkoven Mahler zu sagen, daß niemals ein Vertreter der Rolle so

vortrefflich vorbereitet nach Bayreuth gekommen sei. Zu wiederholen waren nur solche Stellen, die ohne Kostüm nicht einstudiert werden können, zum Beispiel das Ablegen der Rüstung im dritten Akt. Birrenkoven hatte so großen Erfolg, daß Frau Wagner ihn auch den Lohengrin wiederholt singen ließ." Unter „wiederholt" muß verstanden werden, daß Birrenkoven als Lohengrin in Bayreuth 1894 mit den Tenören Ernst van Dyck und Emil Gerhäuser alternieren durfte.

21 Vgl. Ludwig Karpath, *Begegnung mit dem Genius,* Wien – Leipzig ²1934, S. 24–25.

22 Vgl. *Bayreuther Festspielführer 1931,* S. 245. – Für die exakten Daten vgl. das von Friedrich Wild redigierte „Handbuch für Festspielbesucher" *Bayreuth 1896,* Leipzig – Baden-Baden 1896, III., S. 22.

23 Vgl. HLG, S. 378. – Die Mitteilung ebenda, daß Mahler am 20. August 1896 Bayreuth verlassen habe, ist ebenfalls unrichtig; am 13. August schrieb Bruno Walter an Hugo von Hofmannsthal, daß Mahler mit seiner älteren Schwester „morgen" aus Bayreuth zurückerwartet werde. Vgl. *Bruno Walter, Briefe 1894–1962,* Frankfurt a. M. 1969, S. 20.

24 Vgl. HLG, S. 378. – Hier hat ein noch ungedruckter undatierter Brief Mahlers an Anna von Mildenburg, worin er „soeben aus Bayreuth zurückgekehrt" seine dortigen Erlebnisse schildert, als Vorlage gedient. Briefautograph in der Österreichischen Nationalbibliothek, Theatersammlung.

25 Willi Schuh, *Richard Strauss,* Zürich – Freiburg 1976, S. 425.

26 Vgl. Schuh, a. a. O., S. 424.

27 Original in der Österreichischen Nationalbibliothek, Wien. – Teilweise abgedruckt in Anna Bahr-Mildenburg, *Cosima Wagner an Gustav Mahler,* Münchener Neueste Nachrichten (Datum nicht ermittelt). Zeitungsausschnitt in der *Sammlung Eleonore Vondenhoff,* Kat. Nr. 1073.

28 Original in der Österreichischen Nationalbibliothek, Wien. – Teilweise publiziert in Anna Bahr-Mildenburg, *Cosima Wagner.* Typoskript eines am 11. April 1946 in Wien gehaltenen Vortrags, jetzt in der *Sammlung Eleonore Vondenhoff,* Kat. Nr. 2237.

29 Vgl. Anna Bahr-Mildenburg, *Erinnerungen,* Wien – Berlin 1921, S. 39. Vgl. auch GMB, Neuausgabe, Brief 199, S. 184. – HLG, S. 410 f., hat diesem Brief das Datum „Ende Februar 1897" gegeben, da Anna von Mildenburg erst zu diesem Zeitpunkt mit ihrem Studium bei Cosima in Bayreuth anfing; er muß aber gestehen, daß der Ton dieses Briefes *affectionate and more humorous than usual* ist, worüber er sich mit Recht gewundert hat, da Mahler gerade begann, sich innerlich von Anna von Mildenburg zu lösen (deren Eifersucht auf und Geringschätzung für seine kompositorische Arbeit ihn immer mehr enttäuschte und erbitterte). – Auch Knud Martner, a. a. O., S. 210 und 425) versetzt den Brief in den Februar, weil er damaligen Hamburger Presseberichten entnehmen konnte, daß Anna von Mildenburg (die zwischen dem 31. Januar und dem 27. März 1897 nicht in Hamburg aufgetreten ist) während dieses Monats in Bayreuth weilte. Beiden Forschern ist offenbar der kurze Aufenthalt im Dezember entgangen.

30 Vgl. HLG, S. 378.

31 Vgl. Du Moulin Eckart, a. a. O., Bd. II, S. 574 f.

32 Vgl. NBL, S. 108. Vgl. HLG, S. 483 f.

33 Vgl. Du Moulin Eckart, a. a. O., Bd. II, S. 578.

34 Vgl. HLG, S. 510.

[35] Bruno Walter, der als junger Kapellmeister in Berlin im März 1900 den „Bärenhäuter" dirigiert hat, erwähnt in seinem Buch *Thema und Variationen* (Stockholm 1947, S. 193), daß Cosima Wagner ihm nach der Vorstellung stolz versichert habe, „Der Bärenhäuter" sei „die schönste komische Oper seit den Meistersingern"!

[36] Vgl. *Briefwechsel zwischen Cosima Wagner und Fürst Ernst zu Hohenlohe-Langenburg,* Stuttgart 1937, S. 183.

[37] Original im Richard-Wagner-Museum, Bayreuth.

[38] Vgl. Du Moulin Eckart, a. a. O., Bd. II, S. 591.

[39] Original verschollen, Abschrift im Richard-Wagner-Museum, Bayreuth.

[40] Während ihres Wiener Aufenthaltes war Cosima mit Mahler zusammen bei einem Diner (vgl. Du Moulin Eckart, a. a. O., Bd. II, S. 592). Mahler hat ihr bei dieser Gelegenheit offenbar gesagt, daß er sich im Schnee besonders wohl fühle.

[41] Vgl. Anna Bahr-Mildenburg, *Erinnerungen,* S. 69 f.

[42] Vgl. *Cosima Wagner – Das zweite Leben,* S. 503 f.

[43] Vgl. *Cosima Wagner – Das zweite Leben,* S. 507.

[44] Vgl. Brief von Cosima Wagner an Gustav Mahler, datiert 16. Januar 1900. Original verschollen; Abschrift im Richard-Wagner-Museum, Bayreuth.

[45] Vgl. *Cosima Wagner – Das zweite Leben,* S. 557 f.

[46] Vgl. Cosimas Brief an Franz Beidler vom 11. August 1906, in *Cosima Wagner – Das zweite Leben,* S. 685 f.

[47] Original verschollen, Abschrift im Richard-Wagner-Museum, Bayreuth.

[48] Vgl. *Cosima Wagner – Das zweite Leben,* S. 562.

[49] Vgl. Anna Bahr-Mildenburg, *Cosima Wagner in ihren Briefen an mich,* in Neue Freie Presse, Wien, 4. Mai 1930, S. 36. – Photokopie in der *Sammlung Eleonore Vondenhoff,* Kat. Nr. 2247.

[50] Vgl. a. a. O. – Erst 1911 sollte Anna von Mildenburg Gelegenheit bekommen, in Bayreuth wieder die Kundry zu verkörpern, nachdem sie dort 1909 als Ortrud aufgetreten war. Bis zum Ende (1930, als Cosima und Siegfried Wagner starben) blieb sie mit „Wahnfried" in Freundschaft verbunden.

[51] Cosimas Brief an die Mitglieder des Reichstags ist vollständig abgedruckt in *Cosima Wagner – Das zweite Leben,* S. 576–582.

[52] Vgl. *Cosima Wagner – Das zweite Leben,* S. 583.

[53] Vgl. *Cosima Wagner – Das zweite Leben,* S. 851.

[54] Vgl. AM, S. 345 f. (In der Neuausgabe 1971 nicht enthalten.)

[55] Mahlers Antwort scheint in Bayreuth nicht erhalten zu sein, ebensowenig seine Reaktion auf Cosimas nächsten Brief.

[56] Vgl. AM, S. 346 f.

Mahlers Briefe an Cosima Wagner, die hier wiedergegeben sind, befinden sich im Richard-Wagner-Museum und Nationalarchiv der Richard-Wagner-Stiftung, Bayreuth; für die Abdruckgenehmigung sowie für zahlreiche weitere Informationen und Kopien sei an dieser Stelle gedankt.

1 Hamburg, Bismar[c]kstrasse 86
24. Oktober 1896

Hochverehrte Frau!

Fräulein von Mildenburg berechtigt allerdings zu den höchsten Erwartungen. Ihre Stimme ist ein in allen Lagen ausgeglichener Sopran von seltener Schönheit und Kraft; sie ist ungewöhnlich hoch gewachsen, ihr Gesicht jedes Ausdrucks fähig – des heiter kindlichen, und des dämonisch erregten. Wenn ich noch hinzufüge, daß ihr Darstellungstalent, ihr Eifer und Ernst gleichen Schritt mit ihren anderen Vorzügen hält, so ist damit zur Genüge ausgesprochen, welche Hoffnungen ich auf diese noch sehr junge, und *unverbildete* Künstlerin setze, die derzeit nur noch von Wenigen nach ihrer ganzen Bedeutung erkannt ist. Sie ist erst seit einem Jahre bei der Bühne, und hat in dieser kurzen Zeit so unglaubliche Fortschritte gemacht, daß sie sogar die Übelgesinnten in Erstaunen versetzt hat. – Ich wüßte Niemanden, den ich für würdiger halten möchte, von Ihnen, hochverehrte Frau, zu der hohen Aufgabe erwählt und geleitet zu werden. – Wenn es gelänge, sie wenigstens für die Zeit ihrer Anfängerschaft den verderblichen Strömungen des Theaterwirrwarrs zu entreißen, und ihre erste Entwicklung unter Ihren Schutz und Führung zu stellen, so wäre vielleicht für Bayreuth eine feste Säule gewonnen; und es erscheint mir gerade in diesem Moment, wo durch Ihren Sohn ungeahnter Weise eine so herrliche Gewähr für die Zukunft „unserer Sache" erstanden ist, bedeutungsvoll, daß dem Unternehmen eine so unberührte ungeschwächte Kraft zugeführt werden könnte.

Aber – nun kommt leider das *Aber!* Sie ist noch auf 3½ Jahre an Pollini gebunden! Und ich glaube, es giebt kein Mittel sie von ihm in Güte loszubekommen. – Nicht einmal, wie ich fürchte, zu einem kurzen Urlaube nach Bayreuth. – Beinahe möchte es mir scheinen, daß ein direktes Ansuchen von Ihrer Seite, gnädige Frau, zweckmäßiger wäre; denn mir wird er es wol rundweg abschlagen, wenn er nicht gerade in sehr rosiger Laune ist. – Ich bitte mir zu schreiben, ob Ihnen dieser Vorschlag genehm ist, oder ob Sie es vorziehen, daß ich mein Glück versuche. –

Welche Sorgen hat es mir schon gemacht, wenn ich mit gebundenen Händen zusehen muß, wie dieses junge, geniale Geschöpf unrettbar dem Schlendrian und der gewöhnlich[en] Theaterroutine – mit einem Worte, allen bösen Geistern des Handwerks überliefert wird – Schritt für Schritt – mit sehenden Augen in den Abgrund. Sie muß eine „Partie" nach der anderen „fertig stellen", und mit ganz ungenügenden Proben singen; und bisher war ich mit wenigen Ausnahmen noch nicht einmal im Stande, mit ihr eine Rolle *zu Ende* zu studiren. Unausgereift muß sie immer wieder vor die Rampe. – So hat sie im Laufe des letzten Jahr[s] die *Senta,* die *Ortrud, Elisabeth, Venus,* und die *3 Brünnhilden auswendig* gelernt, (anders kann man es nicht nennen) und mit *1,* höchstens *2* Bühnenproben gesungen. – Sie selbst weiß das Alles sehr gut, und Niemand leidet mehr darunter, als sie. – Wäre sie frei, so weiß ich, daß sie schon morgen in Bayreuth vor Ihnen stände, und sich gänzlich in Ihre Hände geben würde. – Mein Rath geht nun dahin, daß alle Mittel versucht werden müssen, damit sie von Ihnen, hochverehrte Frau gehört und beurtheilt werden kann.

Wenn Sie sich Ihre Meinung über sie gebildet haben, und dieselbe ebenso günstig ausfällt, als ich es zuversichtlich hoffe, so könnten ja zunächst die heurigen Ferienmonate (Juni, Juli, August) zu einem Aufenthalte und Studium in Bayreuth benützt werden. – Ich würde bis dahin, diejenigen Aufgaben, für die Sie sie ausersehen, musikalisch fertig stellen. – Im Verlaufe dieser Zeit wird es sich zeigen, ob sie von Ihnen nicht nur auserwählt sondern auch berufen werden soll. Ist sie diejenige, welche in Bayreuth nöthig ist, so könnte im schlimmsten Falle dann auch ein „heroischer" Ausweg gesucht werden. Räthlich erscheint es mir, daß zunächst bei Dir. Pollini nur ein kurzer Urlaub blos zum Zwecke ihrer Vorstellung in Bayreuth nachgesucht wird; ein *längerer* Urlaub kann derzeit von P. gewiß nicht erreicht werden.

Schließlich bitte ich um Entschuldigung, daß ich Ihren Brief, gnädige Frau, nicht umgehend beantwortete. – Eine heftige Migräne verhinderte mich in den letzten 2 Tagen an allem Denken. – Indem ich mich Ihnen und Ihren Kindern auf's höflichste empfehle bin ich mit der Versicherung treuester Ergebenheit von mir und meiner Schwester

ehrfurchtsvoll zeichnend
Gustav Mahler

Fräulein von Mildenburg: Anna von M., am 29. November 1872 in Wien geboren, daselbst von Rosa Papier als Sopranistin ausgebildet, erstes Engagement seit September 1895 am Hamburger Stadttheater, heiratete 1909 den österreichischen Schriftsteller Hermann Bahr (1863–1934) und starb am 27. Januar 1947 in Wien. Ab 1921 war sie als Pädagogin in München und ab 1938 in Berlin tätig. – *für die Zukunft „unserer Sache":* Siegfried Wagner (1870–1930), der einzige Sohn von Richard und Cosima Wagner, hatte im August 1896 zum erstenmal öffentlich in Bayreuth dirigiert. Ab

1906 leitete er die Festspiele. – *Pollini:* Bernhard P. (eigentlich: Baruch Pohl, 1838–1897), seit 1874 Direktor des Hamburger Stadttheaters. – *Ihren Brief:* Dieser Brief Cosimas an Mahler wurde bis jetzt nicht aufgefunden.

2 [Ohne Datum. Hamburg, Ende Oktober 1896]

Hochverehrte Frau!

Ihre gütigen Zeilen empfieng ich soeben, und ich hoffe, daß sie bei Hofr[at] Pollini den gewünschten Erfolg haben. – Erst aus den Zeitungen erfahre ich, daß schon für diesen Sommer eine Wiederholung der Festspiele geplant ist, und wie dringlich daher die Sache ist. – Anbetracht dessen beeile ich mich, gnädige Frau, Sie sofort darauf aufmerksam zu machen, daß Frl. v. Mildenburg ihrer *ganzen Anlage* nach nur für die Brünnhilde oder Kundry in's Auge zu fassen ist. Keine andere Rolle würde ihrem Wesen entsprechen. Was ihre Stimme betrifft so ist dieselbe so groß und ausdauernd, daß sie spielend alle Schwierigkeiten besiegt; und deshalb bietet ihre Jugend kein Hinderniß, sondern ist ganz im Gegentheil ein seltener Vortheil ihrer Individualität. – Dießmal würde es[!] man es glauben, wenn ihr Wotan sagt: nicht kos' ich dir mehr den kindischen Mund. Für Rollen wie die Sieglinde fehlt ihr das sogenannte „Weibliche“. (ich bitte mich nicht miszuverstehen – aber man ist gewöhnt den Nachdruck auf das Passive, Hingebende zu legen, wenn man von „weiblich“ spricht, und nur in diesem Sinne sage ich es.) – Dagegen, wo das Heroische, Dämonische, Active in den Vordergrund tritt, ist sie in ihrem Element. – Ich werde mit ihr für den vorliegenden Zweck die Brünnhilde aus dem Siegfried durchnehmen. Diese Partie durchläuft in zusammengedrängtester Weise alle Phasen des Brünnhildencharakters. Jedenfalls braucht man die kürzeste Zeit zum Studium, und ich möchte, daß sie Ihnen wenigstens nach einer Richtung, der musikalisch-poetischen, Vollkommenes vorführt. – Sie werden sie sehen und hören, und dann entscheiden. –

Was Sie mir, hochverehrte Frau über Ihren Sohn mittheilen, habe ich geahnt, und ich kann immer nur wieder mein Erstaunen ausdrücken und meine freudige Bewunderung, daß es ihm möglich geworden ist, so ohne alle „Routine“ seine Aufgabe zu lösen. – Da muß wirklich eine Vereinigung von *Begabung* und *Naturell* zusammenwirken, um es verständlich zu machen. – Es ist da offenbar ein hohes Bewuß[t]sein der Mission und ein sieghafter Glaube an die Nothwendigkeit derselben vorhanden, und dieß ist wol das, was [man] am Besten die „Gnade Gottes" nennen kann und – von „Gottes Gnaden" nennt man solche Menschen. –

Gewiß sehe ich alles, was er voriges Jahr gethan nur als den Anfang an. Wenn es nicht so traurig wäre, so wäre es amusant, alle die verschiedenen „Stimmen" sich neben einander zu imaginiren, die sich nach altgewohnter Weise laut gemacht haben. – Es wundert mich nicht, daß nur die Wenigsten erkannt haben, welcher Geist da wirksam war; aber das hat mich immer wieder starr gemacht, daß die rein äußerliche Thatsache von den Widersachern nicht wenigstens anerkannt worden ist, daß es glänzend „gegangen" ist, und daß der junge Mann, der an dem Dirigentenpulte saß, zum erstenmale überhaupt den Taktstock geschwungen hatte. Wenn Einem von denen damals das Herz so gestockt hätte, wie mir, als der erste Unfall im Rheingold passirte, und wenn er dann im Verlaufe der Abende sich immer sicherer und sicherer und stufenweise bis zur hellsten Begeisterung sich erhoben gefühlt hatte, dann hätte er wahrscheinlich geschwiegen; sicherlich aber nicht einen Zeitungsartikel in die Welt gesetzt. Denn, was da geschah, gehört zu den Geheimnißen, durch welche sich Menschen verbunden fühlen.

Ich schreibe dieß in höchster Eile, zwischen Berufsgeschäften, um wegen Frl. v. M. nichts zu versäumen; und ich bitte meine Flüchtigkeit zu entschuldigen, da ich den Brief nicht wieder durchlesen kann. –

Ist es nicht recht, wenn ich Ihnen mittheile, daß Frl. v. M. eine sehr geringe Gage von P. bezieht? – Ich habe ihr Ihre Grüße übermittelt, über welche sie ganz glücklich ist. Sie empfiehlt sich Ihnen, hochverehrte Frau, und auch ich, wie meine Schwester, erlauben uns die Versicherung unserer

ehrfurchtsvollsten
Ergebenheit
Gustav Mahler.

Datierung: Offenbar kurz nach Brief 1 geschrieben. – *Ihre gütigen Zeilen:* bisher nicht aufgefunden. – *über Ihren Sohn:* Dieser Abschnitt nimmt zweifellos Bezug auf die Leistung Siegfried Wagners als Dirigent des 4. Ring-Zyklus 1896 in Bayreuth. – *was er voriges Jahr:* Wie für viele Künstler und Schullehrer begann für Mahler das Jahr jeweils im September. Vgl. z. B. Mahlers Brief an Anna von Mildenburg vom 9. Dezember 1895 (GMB, Neuausgabe, Nr. 156, S. 137 f.), wo die Rede ist von einem Kritiker, „der voriges Jahr [d. h. anläßlich der Uraufführung der ersten drei Sätze der Zweiten Symphonie am 4. März 1895 in Berlin] am meisten geschimpft hat." – *zum erstenmale überhaupt den Taktstock geschwungen hatte:* In dieser Annahme hat Mahler geirrt. Seit Dezember 1893 hatte Siegfried Wagner bereits eine Reihe von Konzerten mit Werken seines Vaters und seines Großvaters dirigiert; überdies hatte ihn Cosima 1894 in Bayreuth die Generalprobe von „Lohengrin" dirigieren lassen. – *das Herz so gestockt hätte, wie mir:* Dieses Wort macht klar, daß Mahler der Aufführung des „Ring" unter der Leitung von Siegfried Wagner in Bayreuth persönlich beigewohnt hat.

3 [Hamburg,] Hoheluft, Bismarckstrasse 86

$\frac{9}{\text{XII}}$ 96

Hochverehrte Frau!
Mit herzlichstem Dankgefühl empfieng ich Ihre gütigen Zeilen. – Es war mir leider nicht vergönnt, die Zeit der letzten Wochen mit Frl. v. Mildenburg zum Studium dieser schwierigsten aller Frauengestalten auszunützen, da sie von Hofr[at] Pollini in letzter Stunde gezwungen wurde, – unnöthiger Weise – eine neue Rolle fertig zu stellen; und ich mußte mich darauf beschränken, die mir von Ihnen, hochverehrte Frau, bezeichnete Szene rein musikalisch auszugestalten. Nun muß ich nur wünschen, daß Ihre mächtige Fürsprache H. P.[ollini] das Zugeständniß abnöthigen wird, die Dame schon im Mai von hier zu entlassen. Ich zittere allerdings, wenn ich daran denke, wie unverstehend P. in solchen Fällen zu verfahren gewöhnt ist. Ich hoffe eben darauf, daß in diesem Falle seine Eitelkeit seinem Egoismus das Gleichgewicht halten wird, und daß er einem von *Ihnen* ausgesprochenen Wunsche willfahren wird. – Wie wichtig es ist, was Sie fordern, kann keinem Ernstdenkendem auch nur einen Augenblick zweifelhaft sein. – Für alle Fälle möchte ich es nicht unterlassen, darauf hinzuweisen, daß mich meine Erfahrungen mit Frl. v. Mildenburg zu der zuversichtlichen Überzeugung berechtigen, daß sie, rein intuitiv, in das Wesen ihrer Aufgabe eindringen, wenn sie die richtige Anleitung hierzu empfangen wird. – Wenn H. P. dem vereinten Andringen unerschütterlichen Widerstand entgegensetzen sollte, so wäre im schlimmsten Falle selbst die Zeit vom 1. Juni ab nicht zu kurz, wenn ich bis dahin Frl. v. M. im Allgemeinen mit ihrer Aufgabe vertraut gemacht habe. – Ich würde Sie, hochverehrte Frau, dann bitten, mir durch gelegentliche Mittheilungen darin beizustehen. Wenn ich Ihre Andeutung richtig verstanden habe, so wären 4 Momente in der Darstellung auseinanderzuhalten.

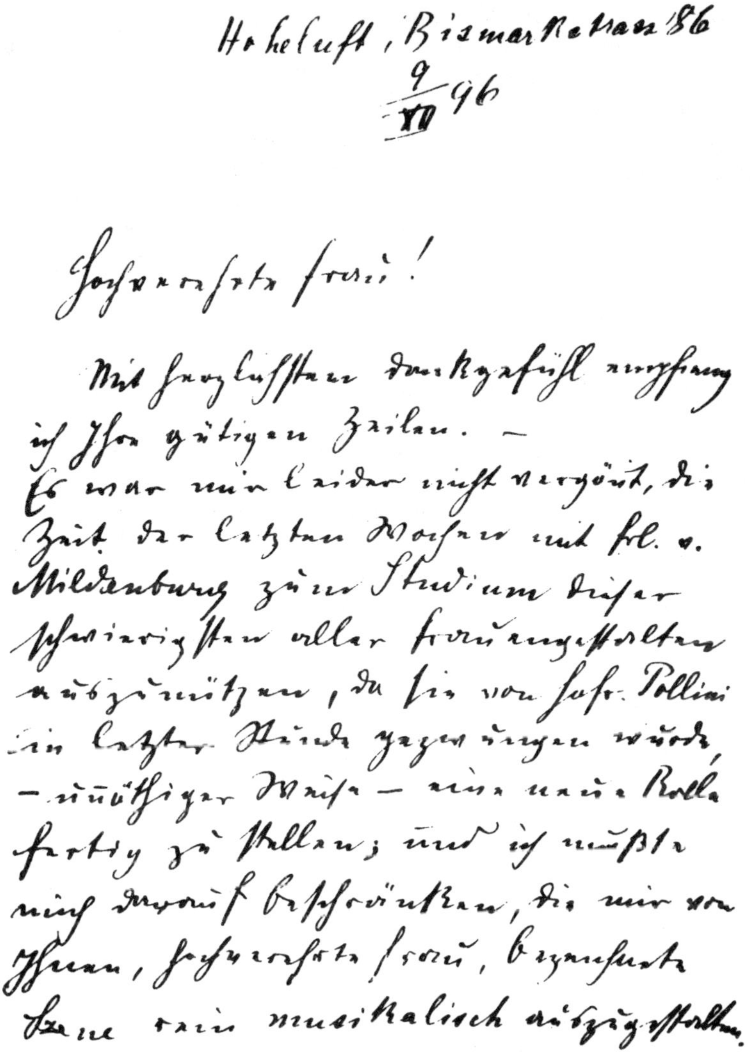

Hoheluft, Bismarckstrasse 86
9/XII 96

Hochverehrte Frau!

Mit herzlichstem Dankgefühl empfing ich Ihre gütigen Zeilen. —
Es war mir leider nicht vergönnt, die Zeit der letzten Wochen mit Frl. v. Mildenburg zum Studium dieser schwierigsten aller Frauengestalten auszunützen, da sie von Hofr. Pollini in letzter Stunde gezwungen wurde, — unnöthiger Weise — eine neue Rolle fertig zu stellen; und ich mußte mich darauf beschränken, die mir von Ihnen, hochverehrte Frau, bezeichnete Scene rein musikalisch aufzustellen.

Erste Seite von Mahlers Brief an Cosima vom 9. Dezember 1896, vgl. Brief 3.

Der *erste Akt* – das Ringen nach Selbsterlösung; die *Szene mit Klingsor* – Kundry widerwillig dem Banne Klingsors unterliegend; die *Szene mit Parsifal* – Kundry in der ihr von Klingsor zugewiesenen Aufgabe dämonisch aufgehend (das „*Wollen*“ in seiner höchsten Energie); der *dritte Akt* – die Erlösung durch *Gnade* (der „Wille“ gänzlich gebrochen). – Diese 4 Momente wären dann im letzten Sinne *in 2* aufzulösen, wie es dem Dualismus der menschlichen Seele entspricht; da einerseits zwischen dem *ersten und dritten Akt,* andererseits zwischen der *ersten u. zweiten* Szene des 2. Aktes das innere Band sich von selbst ergiebt.

Wenn ich Sie nicht recht verstanden habe, bitte ich um einige aufklärende Worte.

Ich werde, sowie sich mir der günstige Augenblick einfindet, zunächst mit Frl. v. M. eine eingehende Lektüre des Werkes beginnen; hierauf das musikalische Studium der Partien[!] vollenden, so daß bis zu ihrem Eintreffen in Bayreuth jedenfalls alle Vorarbeiten beendet sein werden, und die Dame dann in der Lage sein wird, Ihre Unterweisungen voll zu verstehen und auszuführen. – Sie selbst ist noch ganz bewegt von ihrem Aufenthalte in Bayreuth, und schon diese beiden Tage bedeuten für ihre Entwicklung eine neue Aera. – Es ist mir ungemein rührend, wie sehr sich dieß schon in ihrem ganzen Wesen ausspricht; ich muß unwillkührlich über den Paralellismus mit der Kundry lächeln. Tragisch ist nur der Konflikt, in welchen solche Naturen durch die Berührung mit dem gemeinen Tagewerk gerathen müssen. – Nehmen Sie, hochverehrte Frau, meine[n] tiefgefühlten Dank für Ihre große Güte entgegen und erlauben Sie mir die Versicherung meiner unerschütterlichen Treue. –

Meine Schwester empfiehlt sich, wie ich, Ihnen und Ihrer verehrten Familie

Ihr ehrfurchtsvoll ergebenster
Gustav Mahler

Ihre gütigen Zeilen: bisher nicht bekannt geworden. – *Diese 4 Momente:* In ihrem auf S. 217 erwähnten Brief vom 10. Dezember 1896 (Original in der Theatersammlung der Österreichischen Nationalbibliothek, Wien) antwortet Cosima: „Ihre Auffassung der vier großen Momente, welche in die Erscheinung zu treten haben, ist absolut richtig.“

4

DER DIRECTOR DES K. K. HOF-OPERNTHEATERS

[Ohne Datum. Wien, etwa 20. Mai 1901]

Hochverehrte Frau!
Ich beeile [mich], Ihnen den Empfang Ihres mir sehr werthen Schreibens zu melden und Ihnen zu danken, daß Sie in dieser Angelegenheit auch an mich gedacht. –

Sie könnten auch kaum Einen finden, der Ihnen in dieser Sache bereitwilliger und verständnißvoller folgen wird. – Ich bin nicht sehr erfinderisch in diplomatischen Mitteln – die Wege, wie eine Agitation für eine so gerechte – hinsichtlich des Parsifal geradezu *erhabene* Sache mit Erfolg in's Werk gesetzt und betrieben werden könnte, kann ich nicht auffinden. Doch stehe ich Ihnen mit Leib und Seele dafür zur Verfügung. – Wenn Sie mir einen Wink geben wollen, wie ich Ihnen dienlich sein kann, so werde ich keine Mühe scheuen – keine zu gering finden, um nach Leibes= und Seelenkräften zur Erreichung unseres Zieles (Erlauben Sie mir, dieß von nun ab als ein gemeinschaftliches zu betrachten) beizutragen.

Sollte eine Petition der Künstler oder überhaupt der geistigen Menschen von Nutzen sein, so zweifle ich nicht daran, daß Keiner fehlen wird. Auch wenn die österreichischen Machthaber herangezogen werden sollen, so werde ich Mittel und Wege zu finden wissen, an dieselben heranzutreten. Nur bitte um irgend eine Direktive, da ich so in Arbeit (die nicht aufgeschoben werden kann) eingesponnen bin, daß ich nicht Spannkraft und Concentration genug besitze, um selbst die richtige Initiative zu finden. Ich schreibe dieß in aller Eile, nur unter dem Eindruck Ihrer lieben Zeilen. Jedenfalls bitte ich auch zu bedenken, daß am 1. Juni hier Alles fort ist (meine Person mit eingeschlossen) und dann nicht vor Mitte September etwas zu beginnen ist.

Ich weiß nicht, wie viel Zeit noch zu Gebote steht. –

Alles dieß werden Sie hochverehrte Frau erwägen, und mir dann sans façon mittheilen was ich nun thun soll. –

Ich bitte mich da einfach als Soldaten zu betrachten, der des Befehles harrt und bin

Ihr wahrhaft ergebener
Gustav Mahler

den Empfang Ihres mir sehr werten Schreibens: Brief Cosima Wagners vom 18. Mai 1901, abgedruckt in *Cosima Wagner – Das zweite Leben. Briefe und Aufzeichnungen 1883–1930.* Herausgegeben von Dietrich Mack, München – Zürich 1980, S. 583 f. – *in dieser Angelegenheit:* der von Cosima Wagner unternommene Versuch, die im deutschen Autorengesetz auf dreißig Jahre festgesetzte Schutzfrist auf fünfzig Jahre zu verlängern und darüber hinaus für Bayreuth das Alleinaufführungsrecht von „Parsifal" für immer zu sichern. (Vgl. S. 224 f.)

5

DER DIRECTOR DES K. K. HOF-OPERNTHEATERS

[Ohne Datum. Wien, Ende Mai 1901]

Hochverehrte Frau!
Ich erlaube Ihnen beifolgend die Ausführungen eines sachkundigen Freundes, den ich in der mich sehr beschäftigenden Angelegenheit zu Rathe gezogen, vorzulegen. In aller Kürze und Sachlichkeit scheinen mir die Bemerkungen sehr treffend und Ihrer Beachtung werth.

Ich bitte zu bedenken, was auch dort in der Schlußbemerkung gesagt ist, daß in der Hauptsache bis zum Jahre 1913 Alles gesichert ist, und daß bei einigem guten Willen und Ausdauer innerhalb dieser Zeit Vieles durchzusetzen sein wird. Nur Eines: Jetzt *nichts* übereilen oder gar schief anfangen!

Mit ehrerbietigsten Grüßen in aller Eile

Ihr ganz ergebenster
Gustav Mahler

Datierung: dem Inhalt nach bald nach Brief 4 geschrieben. – *eines sachkundigen Freundes:* vermutlich der Wiener Rechtsanwalt Dr. Emil Freund (1859–1928), mit dem Mahler seit seiner Schulzeit befreundet war und der ihm als finanzieller Berater und in Vertragsangelegenheiten oft zur Seite stand. Zu Freunds „Ausführungen" vgl. S. 224 f.

Kurt Blaukopf

GUSTAV MAHLER UND WILHELM ZINNE

Der in Hamburg lebende Wilhelm Zinne – sein Name ist uns aus der Literatur über Anton Bruckner und durch seine an Bruckner gerichteten Briefe vertraut – war mit Mahler in dessen Hamburger Zeit auf zweierlei Art verbunden: durch die Verehrung für Bruckner und durch die gemeinsame Begeisterung für das Radfahren. Über Zinnes Leben und Wirken sind uns nur wenige Einzelheiten bekannt. In einem Brief, den Zinne am 12. Juli 1886 an Bruckner schrieb, heißt es: „Sie nennen mich ‚Professor'. Das bin ich nicht. Ich bin vielmehr Volksschullehrer, also nicht Fachmusiker. Allerdings ist meine Hauptnebenbeschäftigung die Musik . . . Ich gehe selbst so weit, die ‚Komposition' meine spezielle Richtung zu nennen. Das letzte bedeutende Werk ist eine Symphonie (in c-moll) von 5 Sätzen." [1] Der komponierende Volksschullehrer scheint sich später vor allem als Musikrezensent betätigt zu haben. So bezeichnet Mahler ihn in einem Brief an Hermann Behn (vgl. S. 22) vom 5. Februar 1895 als „Referenten der Frankfurter Zeit", und der „Neue Theateralmanach" von 1899 (Berlin 1899) nennt ihn als Opernrezensenten der „Neuen Hamburger Zeitung".

Carl Wilhelm Zinne (wie er mit vollem Namen hieß) wurde 1858 in Hannover geboren und starb 1934 in Hamburg. Ein Nachruf, der im „Hamburger Anzeiger" vom 26. Juli 1934 erschien, bezeichnet ihn als Musikkritiker von „strengem, fast hartem Urteil", der begeistert für Bruckner eintrat und der die Entwicklung der Musik bis zu Richard Strauss – nicht jedoch über diesen hinaus – mit positiver Anteilnahme verfolgt hat. Proben von Zinnes kompositorischen Arbeiten finden sich in Zinnes Nachlaß, der an die Musikbücherei der Hamburger Öffentlichen Bücherhallen gelangt ist. Zu diesem Nachlaß gehören auch einunddreißig Bände der gesammelten Kritiken Zinnes aus den Jahren 1886 bis 1931 mit dem Titel *Konzerte und Oper in Hamburg / von / W. Zinne / Musikrezensent der „Neuen Hamburger Zeitung"*. Diese Sammlung, die mit Verzeichnissen der darin besprochenen Werke, Solisten und Dirigenten versehen ist, harrt offenbar noch der musikhistorischen Aufarbeitung, die neues Licht auf die Musikgeschichte Hamburgs und damit auf Mahlers Wirken in Hamburg werfen könnte. Eine knappe Charakteristik von Mahlers Tätigkeit als Operndirigent in Hamburg hat Zinne in einem 1925 erschienenen Aufsatz gegeben. Darin nennt er Mahler einen Feuerkopf und ein ehrliches, reinliches Kunstgenie: „Er verstand, den Wind oft umzulenken, den Pollini [der Direktor des Hamburger Stadttheaters] blies, der selbst, im Gegensatz zu Mahler, gewiß kein Streiter für Heiligtümer gewesen. Und diese Reinheit, Zielkundigkeit, Ehrlichkeit, die allumfassende Musikseele Mahlers haben starke Spuren hinterlassen: ein leuchtendes, reines Blatt hiesiger Operngeschichte . . ."[2]

Zinnes Freundschaft mit Mahler ist zuerst wohl durch Mahlers Eintreten für Bruckner bewirkt worden. Am 15. April 1892 dirigierte Mahler im Hamburger Stadttheater das „Te Deum" von Bruckner. Schon damals muß Zinne nähere Bekanntschaft mit Mahler gehabt haben, denn er vermerkt in einem Brief an Bruckner vom 18. April 1892 seinen „persönlichen Umgang mit Mahler". Im weiteren Verlauf hat Zinne versucht, Mahler in seiner Absicht zur Aufführung von Werken Bruckners zu ermutigen und hat ihm deswegen die Partituren der Achten Symphonie und der Messe in D von Bruckner überlassen. Tatsächlich hat Mahler die Messe (und das „Te Deum") in das Programm seiner Karfreitagaufführung von 1893 aufgenommen. Die erste schriftliche Mitteilung Mahlers – auf einer Visitenkarte – bezieht sich auf dieses Ereignis vom 31. März 1893.

Die übrigen Mitteilungen Mahlers an Zinne – fünf Postkarten und ein Brief – haben den Ankauf eines Fahrrades und gemeinsame Radpartien zum Gegenstand. Fahrräder wurden in Deutschland seit 1881 gebaut. In der Folgezeit entstanden in Hamburg mehrere Vereine, die sich der Propagierung dieses bald sehr beliebten Sports widmeten. Was das Fahrrad für Mahler bedeutet haben mag, läßt sich aus einem Aufsatz ablesen, den die ihm seelenverwandte Natalie Bauer-Lechner veröffentlicht hat. Darin heißt es, das Rad sei für den in der Stadt wohnenden Menschen „das Mittel, sich das Land oder doch wenigstens das nächste Stück Natur zuzuführen, in einer Zeit, welche früher nicht dazu gereicht hätte, aus den Häusern herauszukommen."[3]

Mahler, für den Radfahren nicht bloß ein sportliches Vergnügen, sondern auch ein Therapeuticum war (vgl. Brief an Hermann Behn, S. 23), ließ sich sein Rad bereits im Sommer 1895 an seinen Ferienort Steinbach am Attersee schicken und durchstreifte auch im Sommer 1896 „radelnd" das Salzkammergut. Mehrere Fahrten nach Unterach werden von Natalie Bauer-Lechner erwähnt[4], außerdem eine Fahrt von Salzburg nach Berchtesgaden.[5] Auch Mahlers Besuch bei Johannes Brahms in Ischl (Juli 1896) erfolgte per Fahrrad.[6] Er blieb diesem Sport viele Jahre treu.

Mahlers Schreiben an Wilhelm Zinne sind im Archiv der Musikbücherei der Hamburger Öffentlichen Bücherhallen verwahrt. Sie werfen einiges Licht auf die sonst wenig dokumentierte ungehemmte Heiterkeit Mahlers. Zinne hat diese Korrespondenzstücke auch Alma Mahler zugänglich gemacht. Dies muß nach dem Erscheinen der Briefausgabe von 1924 (2. Auflage 1925) geschehen sein, denn am 16. Juli 1926 schrieb Alma Mahler aus Breitenstein an Zinne: „Die Karten sind reizend in ihrer heiteren harmlosen Art, wie Mahler sie nicht oft und nicht jedem zeigte. Die Karten kommen in eine spätere Auflage der Mahlerbriefe, d. h. in die nächste." Diese Absicht wurde nicht verwirklicht. Das mag rechtfertigen, daß wir diese seltenen Zeugnisse von Mahlers unbeschwerter Lebensfreude und naivem Wortwitz zugänglich machen. Es sind zudem Belege der Freundschaft zwischen dem Komponisten und einem Musikenthusiasten, den Josef B. Förster später den „kampflustigen Zinne" genannt und den Mahler anfangs „Lieber Herr Zinne" und zuletzt „Lieber Freund" angeredet hat.

Für freundliche Hilfe bei der Ermittlung biographischer Daten von Wilhelm Zinne bin ich Frau Alena Barber-Kersovan zu Dank verpflichtet.

[1] Anton Bruckner, *Gesammelte Briefe.* Neue Folge. Gesammelt und herausgegeben von Max Auer. Regensburg 1926, S. 390.

[2] Wilhelm Zinne, *Musik in Hamburg seit der Jahrhundertwende.* In: Hamburg in seiner wirtschaftlichen und kulturellen Bedeutung für Deutschland. Festschrift für die deutsche Lehrerversammlung in Hamburg 1925, S. 100.

[3] Natalie Bauer-Lechner, *Fragmente.* Wien 1907, S. 187 f.

[4] NBL, S. 39 und S. 48.

[5] NBL, S. 55.

[6] Vgl. Brief an Anna von Mildenburg v. 11. Juli 1896, in: Kurt Blaukopf, *Gustav Mahler.* Sein Leben, sein Werk und seine Welt in zeitgenössischen Bildern und Texten, Wien 1976, S. 207.

1 [Visitenkarte. Ohne Datum. Hamburg, 31. März 1893]

KAPELLMEISTER GUSTAV MAHLER

dankt vielmals, und frägt, ob Hr. Zinne nach der Aufführung nicht mit ihm, Dr. Berliner u. vielleicht mit Sichel zusammen sein möchte.

HAMBURG

[Auf der Rückseite:]
In diesem Falle bittet er, ihn nach der Aufführung am Eingange zur Bühne zu erwarten.

Datierung: Auf der Visitenkarte findet sich eine Bleistiftnotiz von W. Zinne mit dem Wortlaut: „betrifft Erstauff[ührung] von Bruckners d-moll-Messe, zu der er meine Partitur benutzte, Z." Diese Aufführung im Hamburger Stadttheater fand am Karfreitag, dem 31. März 1893 statt. – *Dr. Berliner:* Arnold B. (1862–1942), Physiker, mit Mahler befreundet. – *Sichel:* William S., Chordirektor am Hamburger Stadttheater. Er leitete die Choreinstudierung für die von Mahler dirigierte Aufführung.

2 [Postkarte. Ohne Datum. Poststempel: Hamburg 23. April 1895]

Lieber Herr Zinne!
Wann wird Velocipedfahrenlernen angefangen? Velocipedfahrenmüssens innerster Drang beseelt mich! In Sie treffen Wollens – doch nicht Könnens ew'gem Mißgeschick

Ihr
hoffentlich baldigster
Gustav Mahler

Velociped: Fahrrad.

3 [Postkarte. Ohne Datum. April/Mai 1895]

Lieber Herr Z.! Wann machen wir unseren ersten Ausflug? Ich habe bereits die erste Staffel der Meisterschaft beschritten [?]! Bezüglich des Velocipeds, so bleibe ich wohl bei Reeck hängen! Es ist aber gewiß nicht schlecht. Er rechnet mit *340 Mk* für ein Vehikel und auch die

Zahlungsbedingungen sind nicht schlecht. – Wohin soll ich denn das *alte* senden und resp. [ektive] was habe ich dafür zu bezahlen?
Ich freue mich schon auf unsere erste Ausfahrt

Herzlichst Ihr
Mahler Oberstraße 87

Es ist so schwer, den Leuten bei Reek auszukommen, wenn sie einen in den Händen haben!
Könnten Sie mich morgen 9 1/2 früh abholen?

Datierung: ergibt sich aus der Abfolge der Mitteilungen über den geplanten Erwerb eines Fahrrads. – *Reeck* (auch in der Schreibweise „Reek"): Fahrradhändler in Hamburg (vgl. S. 23).

4 [Postkarte. Ohne Datum. Hamburg, April/Mai 1895]

Lieber Freund!
Ich habe Sie dringendst zu sprechen! Ich habe mich noch immer nicht zu einem *Rad* entschlossen, und möchte dieß auch nicht thun, ohne Ihre Meinung einzuholen. – Es ist mir auch aufsagend [?], daß die *englischen* Räder (zum Beisp. „Premier") bloß *250 Mk* kosten etc. – Könnten Sie mich nicht morgen *Sonntag in der Früh,* wann es Ihnen beliebt, aufsuchen? Oder geben *Sie* mir ein Rendez-vous. Es ist übrigens höchste Zeit für mich, sonst verlerne ich wieder Alles, was ich gelernt habe!

Herzlichst Ihr Mahler
Oberstraße 87

Datierung: siehe Anmerkung zu 3.

5 [Postkarte. Ohne Datum. Hamburg, April/Mai 1895]

Lieber Freund!
Mein Rad wird morgen zusammengestellt, und ich soll es nachmittag prüfen! Könnten Sie mitkommen? Ich habe von 3–6 Uhr Zeit. Falls Sie

könnten, bitte, lassen Sie mich durch eine C[orrespondenz] K[arte] wissen, und Zeit und Ort, wo ich Sie treffen könnte. Ist es vielleicht um *5 Uhr* möglich? Wir könnten uns dann an der *Hauptpost Stephansplatz* treffen!

Gustav Mahler

Datierung: siehe Anmerkung zu 3.

6 [Postkarte. Ohne Datum. Hamburg, vor dem 31. Mai 1895]

L. Fr.!
Ich fahre *Freitag*. –

Sehe ich Sie noch einmal?

Auch haben Sie mich übrigens noch nicht als angehenden Champignon [!] bewundert! (Bereits *2. Staffel* der Meisterschaft erreicht!).

Ich fahre täglich ½ 9 aus!

herzlichst Ihr
Mahler

Datierung: Mahler kündigt seine Abreise an, die am Freitag, dem 31. Mai 1895 erfolgte.

7 [Ohne Datum. Poststempel: Hamburg 30. Mai 1895]

Lieber Freund!
Ich fahre morgen Abend ab. Falls ich Sie nicht mehr wiedersehen sollte sage ich Ihnen auf fröhliches Wiedersehen nach den Ferien! Ich errege allgemeine Bewunderung auf meinem Rad. Ich scheine wirklich für das Rad geboren zu sein und werde bestimmt noch einmal zum Geheimrad ernannt werden.

Soweit bin ich schon, daß mir alle Pferde ausweichen – nur mit dem *Läuten* bin ich noch schwach; bei dieser Gelegenheit steige ich manchmal (sehr rapid) ab – ich kann es noch nicht übers Herz bringen, so einen Taxameter einfach umzurennen – obwohl sie es eigentlich verdienten, da sie sich immer in der Mitte der Straßen aufhalten, ohne jede Rücksicht darauf, daß für einen so schwungvollen Radfahrer ohnehin alle Straßen zu schmal sind.

Also All(noch)heil!
Ihr ergebenster
Gustav Mahler
Fahr-Radius
und Straßen-Durchmesser

PERSONENREGISTER

Das Register erfaßt nur im Text genannte Personen, nicht aber die in bibliographischen Hinweisen genannten Autoren.

PERSONENREGISTER

REGISTER DER ERWÄHNTEN WERKE VON GUSTAV MAHLER

[1] Weil es, nach Mahler, schwer möglich sei, von einer Tonart der „ganzen Symphonie" zu sprechen, sei es besser, keine Tonart anzugeben. Vgl. Mahlers Brief an den Verlag Peters (GMB, Neuausgabe, S. 293).

DIE MITARBEITER DIESES BANDES

BLAUKOPF Herta (1924), Herausgeberin der „Bibliothek der Internationalen Gustav-Mahler-Gesellschaft“; eigene Ausgaben innerhalb dieser Reihe: *Gustav Mahler – Richard Strauss, Briefwechsel 1888–1911,* München 1980; *Gustav Mahler Briefe, Neuausgabe,* Wien 1982

BLAUKOPF Kurt (1914), Professor für Musiksoziologie an der Hochschule für Musik in Wien. Neben zahlreichen soziologischen Publikationen: *Gustav Mahler oder Der Zeitgenosse der Zukunft,* Wien 1969; *Mahler. Sein Leben, sein Werk und seine Welt in zeitgenössischen Bildern und Texten,* Wien 1976.

FLOTHUIS Marius (1914), Musikwissenschaftler und Komponist, seit 1937 in enger Verbindung mit dem Concertgebouw-Orchester, von 1955 bis 1974 dessen künstlerischer Leiter. 1974–1982 Ordinarius für Musikwissenschaft an der Universität Utrecht. Vorstand der Gustav-Mahler-Stichting Nederland. Zahlreiche Publikationen, besonders zur Mozart-Forschung.

FÜSSL Karl Heinz (1924), Komponist, Professor für Formanalyse an der Hochschule für Musik in Wien. Mitarbeiter an zahlreichen wissenschaftlichen Ausgaben, seit 1973 Generalherausgeber der Kritischen Gesamtausgabe der Werke Gustav Mahlers.

HEFLING Stephen E. (1951), Assistant Professor für Musikwissenschaft an der Yale University, New Haven. Dissertation: *A Documentary and Analytical Study of Selected Works of Gustav Mahler,* Yale University 1982.

HELLER Friedrich C. (1939), Professor für Musikgeschichte an der Hochschule für Musik in Wien. Mitarbeiter zahlreicher musikhistorischer Werke, darunter Flotzinger/Gruber, *Musikgeschichte Österreichs,* Herausgeber von: Heinrich Kralik, *Gustav Mahler,* Wien 1968; Erwin Ratz, *Gesammelte Aufsätze,* Wien 1975.

REESER Eduard (1908), Ordinarius für Musikgeschichte an der Universität Utrecht von 1947 bis 1974, Präsident der Internationalen Gesellschaft für Musikwissenschaft 1972–1977. Zahlreiche Publikationen zur niederländischen Musikgeschichte, vor allem über Alphons Diepenbrock; *Gustav Mahler und Holland,* Wien 1980.

REILLY Edward R. (1929), Lehrtätigkeit an der University of Georgia 1965–1972, wo er an der Aufarbeitung des Nachlasses von Guido Adler mitwirkte, seit 1972 Professor für Musik am Vassar College, Poughkeepsie, New York. Zahlreiche Publikationen, darunter *Gustav Mahler und Guido Adler. Zur Geschichte einer Freundschaft,* Wien 1978.

REVERS Peter (1954), Musikwissenschaftler und Komponist, seit 1981 Assistent am Institut für Musikgeschichte der Hochschule für Musik in Wien. Dissertation: *Die Liquidation der musikalischen Struktur in den späten Symphonien Gustav Mahlers,* Universität Salzburg 1980.

ROMAN Zoltan (1936), Konservatoriumsausbildung in Ungarn, Universitätsstudium in Kanada, Professor für Musikwissenschaft an der University of Calgary, Alberta. Mitherausgeber der Kritischen Gesamtausgabe der Werke Gustav Mahlers, in der er die Liederbände betreut.

STEPHAN Rudolf (1925), seit 1967 Ordinarius für Musikwissenschaft an der Freien Universität Berlin. Herausgeber der Schönberg-Gesamtausgabe. Zahlreiche Publikationen, darunter Monographien über Mahlers II. und IV. Symphonie („Meisterwerke der Musik", München, Heft 5 und Heft 21), Mitherausgeber der Kritischen Gesamtausgabe der Werke Gustav Mahlers *(Das klagende Lied).*

VONDENHOFF Bruno (1902–1982), Konzert- und Operndirigent in Königsberg, Freiburg/Breisgau, Frankfurt/Main, Aufführungen zahlreicher Mahler-Werke in den Frankfurter Museumskonzerten, Professor an der Staatlichen Hochschule für Musik in Frankfurt, Übersetzer von musikalischen Schriften und Libretti. – Eleonore *Vondenhoff* (1900), in Wien als Schauspielerin ausgebildet (1922 Engagement ans Burgtheater), seit 1927 verheiratet mit Bruno Vondenhoff, Sammlerin von Dokumenten und Materialien über Hermann Hesse und Gustav Mahler (ab 1922). Publikationen: *Gustav Mahler Dokumentation, Materialien zu Leben und Werk,* herausgegeben von Bruno und Eleonore Vondenhoff, Tutzing 1978.

WIESMANN Sigrid (1941), Theater- und Musikwissenschaftlerin, Lehrbeauftragte an der Hochschule für Musik in Wien, Mitarbeiterin am Institut für Musiktheater, Bayreuth, von 1978 bis 1982. Herausgeberin von *Gustav Mahler in Wien,* Stuttgart 1976.

WILLNAUER Franz (1933), Musikwissenschaftler, 1960–1964 als Musikkritiker Mitarbeit bei zahlreichen Zeitungen und Rundfunkstationen, 1963–1972 in leitenden Positionen an den Theatern in Stuttgart, Münster und Freiburg/Breisgau, seit 1972 Leiter der Kulturabteilung der Bayer AG, Leverkusen. Zahlreiche Publikationen, darunter *Gustav Mahler und die Wiener Oper,* Wien 1979.

Bibliothek der Internationalen Gustav Mahler Gesellschaft

GUSTAV MAHLER BRIEFE	Neuausgabe, erweitert und revidiert von Herta Blaukopf Paul Zsolnay Verlag Wien – Hamburg 1982
Herta Blaukopf	Gustav Mahler – Richard Strauss, Briefwechsel 1888–1911 R. Piper & Co. Verlag, München
Eduard Reeser	Gustav Mahler und Holland/Briefe Universal Edition, Wien
Edward R. Reilly	Gustav Mahler und Guido Adler Zur Geschichte einer Freundschaft Universal Edition, Wien

Kritische Gesamtausgabe der Werke Gustav Mahlers

Herausgegeben von der Internationalen Gustav Mahler Gesellschaft

I. Symphonie	Universal Edition, Wien
II. Symphonie	Universal Edition, Wien
III. Symphonie	Universal Edition, Wien
IV. Symphonie	Universal Edition, Wien
V. Symphonie	C. F. Peters, Frankfurt/Main
VI. Symphonie	C. F. Kahnt, Lindau
VII. Symphonie	Bote & Bock, Berlin
VIII. Symphonie	Universal Edition, Wien
IX. Symphonie	Universal Edition, Wien
X. Symphonie – Adagio	Universal Edition, Wien
Das Lied von der Erde	Universal Edition, Wien
Das klagende Lied	Universal Edition, Wien
Kindertotenlieder (Orchester- und Klavierfassung)	C. F. Kahnt, Lindau
Lieder eines fahrenden Gesellen (Orchester- und Klavierfassung)	Josef Weinberger Ltd., London

Weitere Bände in Vorbereitung